Dietger Lather

FÜR DEUTSCHLAND IN DEN KRIEG

Dietger Lather

Für Deutschland in den Krieg

Auslandseinsätze der Bundeswehr und was Soldaten, ihre Angehörigen und die deutsche Gesellschaft darüber wissen müssen

Tectum

Dietger Lather
Für Deutschland in den Krieg.
Auslandseinsätze der Bundeswehr und was Soldaten, ihre Angehörigen
und die deutsche Gesellschaft darüber wissen müssen
Tectum Verlag Marburg, 2015
ISBN 978-3-8288-3535-1

Lektorat: Saskia Schulte

Umschlagabbildung: Deutscher Scharfschütze auf dem Weg zur Stellung,
Fotografie von PO 2nd Class Walter Wayman
Druck und Bindung: Finidr, Český Těšín

Besuchen Sie uns im Internet
www.tectum-verlag.de

Bibliografische Informationen der Deutschen Nationalbibliothek
Die Deutsche Nationalbibliothek verzeichnet diese Publikation in der
Deutschen Nationalbibliografie; detaillierte bibliografische Angaben sind
im Internet über http://dnb.ddb.de abrufbar.

Die Waffen sind unheilvolle Geräte,
nicht Geräte für den Edlen.
Nur wenn er nicht anders kann, gebraucht er sie.
Ruhe und Frieden sind ihm das Höchste.
Er siegt, aber er freut sich nicht daran.
Wer sich daran freuen wollte,
würde sich ja des Menschenmordes freuen.

Wer im Kampfe gesiegt,
der soll wie bei einer Trauerfeier weilen.

Lao Tse
Tao te King – Das Buch vom Sinn und Leben

Für alle,
die in den Einsatz gehen
oder
ihn nicht vergessen können

Inhalt

Vorwort

Die Idee zu diesem Buch wurde von einem Freund zusammen mit dem Espresso im wahrsten Sinne des Wortes serviert. Er legte dazu ein Buch über die Karrieren in der Bundeswehr auf den Tisch. Da ich auf dem Gipfel der meinigen bereits angekommen war und die Aussicht genoss, die angebotene frühzeitige Pension zu genießen, wunderte ich mich. Es wäre doch wunderbar, so die Erklärung dazu, wenn jemand ein Sachbuch schreiben würde, der selbst den Wandel der Bundeswehr erlebt hat und mehrfach im Einsatz gewesen war. Zu Beginn sprachen wir noch über einen Ratgeber für Einsatzfragen. Manche Projekte entwickeln jedoch eine Eigendynamik. So hat sich das vorliegende Buch von einem reinen Ratgeber auch zu einer Streitschrift gewandelt.

Viel zu oft wird über die Einsätze der Bundeswehr mit Worten berichtet, die sie nicht im Entferntesten realistisch beschreiben. Bereits in der Diskussion um zukünftige Einsätze werden verniedlichende Worte gewählt, »Risiken« anstelle von »Gefahren« geschildert und das Unwort »Krieg« wird wo immer möglich vermieden.

Der verkürzt zitierte Spruch, Deutschland am Hindukusch zu verteidigen, begründete auch in seiner ursprünglichen Version keinen Einsatz in Afghanistan. Über die Wortwahl von Politikern ist viel geschrieben worden und auch über ihren Unwillen, Krieg beim Namen zu nennen. Doch auch in der Bundeswehr selbst werden sprachliche Weichmacher benutzt oder mit einer formalisierten militärischen Sprache Berichte über die Realität von Einsätzen vernebelt. Das oft zu vernehmende Argument, man könne die Grausamkeit eines Krieges in der friedensliebenden, allumfassende Sicherheit suchenden Gesellschaft nicht kommunizieren, vermag ich nicht zu teilen. Im Gegenteil, die Tabuisierung des Gewalterlebens, die in Bereichen der Bundeswehr selbst praktiziert wird, führt zum Leben in einer parallelen Welt. In Publikationen wird von jungen Offizieren bereits gefordert, andere Normen und Werte zu leben als die Bevölkerung. Es mögen Anfänge sein, doch ihnen gilt es zu begegnen. Deswegen setze ich mich dafür ein, Dinge beim Namen zu benennen, Tabuisierungen zu bekämpfen, Soldaten auf alle Höhen und Tiefen menschlicher Reaktionen in Extremerfahrungen vorzubereiten sowie darüber ehrlich und in der Öffentlichkeit zu sprechen.

In einigen Kapiteln greife ich mehrmals auf meine eigenen Erfahrungen zurück. In ihnen wird der andere Charakter dieses Buches deutlich: Es ist nämlich auch als Ratgeber gedacht für all diejenigen, die in Einsätze der Bundeswehr gehen, vor allem Soldaten, aber auch Zivilisten. Welche Belastungen sich aus den Einsätzen für Familien und Angehörige ergeben, wird besonders in den Kapiteln 4 und 5 angesprochen. Welche Emotionen treten bei Soldaten und ihren Familien auf und wie geht man mit den daraus resultierenden Ängsten um? Wie kann man sich im Familien- und Verwandtenkreis sowie im sozialen Umfeld auf Einsätze vorbereiten? Wie erlebt man die Einsätze? Welche Erfahrungen werden vielleicht in den extremen Situationen des Gefechts gemacht? Wie wird die Rückkehr in die dann neue, alte Welt Deutschland erlebt? Wie bereits angesprochen werden dabei Themen berührt, die bisher in der Diskussion von offizieller Seite tabuisiert werden.

Soldaten lieben es, ihren Waffen Kosenamen zu geben und sie mit martialischen Bildern zu schmücken, deren Aggressivität den Betrachter oftmals erschreckt, vermutet der doch eine humanitäre Operation. Zudem erfinden Soldaten auch für die Zivilbevölkerung in den Einsatzgebieten und insbesondere für die Gegner Namen, die sie herabsetzen. Im Gegensatz dazu wird der interkulturellen Kompetenz bei den weltweiten Einsätzen der Bundeswehr eine Schlüsselqualifikation zuerkannt, um sich in fremden Kulturen angemessen zu verhalten. Zweifelsohne sind deutsche Soldaten in den Einsatzgebieten anerkannt und oft willkommen. Es darf aber bezweifelt werden, ob dies das Ergebnis einer interkulturellen Kompetenz ist. Selten liegen Anspruch und Wirklichkeit so weit auseinander wie auf diesem Gebiet.

Pazifistische Kreise behaupten oft, Soldaten würden in der Ausbildung zum Töten gedrillt. Als seelenlose Maschinen würden sie gut trainiert im Extremfall funktionieren. Nichts ist so falsch wie diese gerne geglaubten Vorurteile. Doch wie begründet man den Einsatz von Waffen, der letztlich Menschenleben tötet? Die dem Töten zugrunde liegende Ethik wird kaum thematisiert, Einsätze eher unter juristischen Aspekten beurteilt. Diesem Thema ist ein gesondertes Kapitel gewidmet, in dem auch die Rolle der christlichen Religionen kritisch betrachtet wird.

Hätte ich damals, als mir der Espresso zusammen mit der Buch-Idee gereicht wurde, geahnt, wie viel Engagement aufzubringen ist, um solch ein Projekt zum Abschluss zu bringen, wäre meine Zusage zögerlicher ausgefallen. Ohne die Hilfe, die ich von Soldaten, Wissenschaftlern und Autoren erhalten habe, hätte ich das Buch kaum im vorliegenden Umfang schreiben können. Besonders danke ich Saskia Schulte, die mich als Lektorin immer wieder mit der bundeswehreigenen Fachsprache konfrontierte und Formulierungen einforderte, die ein jeder verstehen kann. Ohne sie wäre das Buch nicht in dieser Qualität erschienen. So mag sich manch Uniformierter über die zivile Sprache wundern, mit der ein militärischer Begriff nicht eindeutig zu erläutern ist. Dafür verstehen es mehr Leser. Für jeden Hinweis, der eine bessere Formulierung mit sich bringt, bin ich dankbar. Wenn ich im Buch von Soldaten schreibe, sind natürlich die Soldatinnen eingeschlossen. Die in offiziellen Schriften gewählte Schreibweise »Soldaten und Soldatinnen« ist in den Zitaten übernommen, hätte aber ansonsten lediglich die Seitenzahl erhöht.

Die Zusammenarbeit mit dem Tectum Verlag habe ich als sehr angenehm empfunden. Sie war von einer offenen und konstruktiven Zusammenarbeit geprägt, die auch den Stil des Verlegers Heinz-Werner Kubitza auszeichnet. Mein Dank gilt ebenfalls Sabine Manke und Ina Beneke, die das Werden des Projektes von Beginn an begleiteten.

Die manchmal ungewöhnlichen Arbeitszeiten wie auch die wiederholten Fragen, ob das Geschriebene verständlich sei, haben meine Frau, Marion Näser-Lather, nur hin und wieder aus der Fassung gebracht. Ihre Anregungen und Kommentierungen sowie die inhaltlichen Diskussionen waren sehr wertvoll.

1. Geburtswehen eines souveränen Staates

Am Anfang war das Misstrauen

Die Bundesrepublik Deutschland ist ein junger Staat – mit seinen 24 Jahren noch nicht einmal eine Generation alt. Geboren aus der Vereinigung zweier deutscher Staaten wurde sie von ihren nächsten Nachbarn zunächst misstrauisch und mit Sorge beobachtet. Der britische Minister für Handel und Industrie, Nicolas Ridley, der an den Fortbestand der *balance of power* glaubte und der Vereinigung beider deutscher Staaten öffentlich widersprach, verlor sein Amt. Dabei hatte er nur Margaret Thatchers Obstruktionspolitik gegenüber der Vereinigung Deutschlands enthüllt. Sie selbst sprach beim Staatsbankett der zwölf Regierungschefs der damaligen Europäischen Gemeinschaft am 8. Dezember 1989 den Satz: »Zweimal haben wir die Deutschen geschlagen, jetzt sind sie wieder da«[1].

Etwas vornehmer liest sich die Gegnerschaft des italienischen Ministerpräsidenten Andreotti, der sagte: »Ich mag Deutschland sehr ... Ich mag das Land so sehr, dass ich mir wünsche, es wären noch zwei Länder.«[2]

Das Unbehagen, ein vereinigtes Deutschland könne sich auf seine alte Stärke besinnen und zum bestimmenden Machtfaktor in Europa werden, verdrängte anfangs die historische Erkenntnis, dass geteilte Staaten fast immer Resultat und Ursache von Kriegen waren. Auch die zu diesem Zeitpunkt schon über 44 Jahre andauernde Integration der Bundesrepublik Deutschland in die westliche Staatengemeinschaft und in die kollektiven Sicherheitssysteme demokratischer Staaten, an erster Stelle der NATO, vermochte dieses Unbehagen nicht zu dämpfen.

---

1 Volkery, in: *Spiegel Online*, 10.09.2009

2 Ghelli, in: *Zeit Online*, 06.05.2013

Der Wandel zur weltweit einsetzbaren Armee

Die Vereinigung Deutschlands verunsicherte auch viele höhere und höchste Offiziere der Bundeswehr. In die Genugtuung darüber, zum Zusammenbruch des Warschauer Paktes beigetragen zu haben, mischten sich Zweifel, ob die Bundeswehr zukünftig noch ihren ursprünglichen Verteidigungsauftrag wahrnehmen müsse. Umringt von Freunden erschien ein Angriff auf Deutschland sehr unwahrscheinlich, wenn er nicht sogar auszuschließen war. Den Auftrag der Streitkräfte, die Bundesrepublik Deutschland zu verteidigen, sahen sie als erfüllt an. In Streitkräften aufgewachsen, die auf die Verteidigung des eigenen Staates fixiert waren, versagten sie sich innerlich einer Verpflichtung, außerhalb des eigenen Landes eingesetzt zu werden. Viele der Offiziere äußerten Zweifel, ob es mit dem Grundgesetz überhaupt vereinbar war, die Bundeswehr zur Kriegsführung außerhalb Deutschlands einzusetzen. Mit dieser Auffassung wurden ironischerweise die bereits existierenden Planungen in einem multinationalen Bündnis – der NATO – völlig außer Acht gelassen. Marine- und Luftwaffenoperationen beinhalteten schon immer das Eindringen in die Hoheitsgebiete angreifender Staaten. Teile des Heeres und der Luftwaffe waren in die sogenannte NATO-Feuerwehr integriert.[3] Sie war eine schnell verfügbare multinationale Truppe in Stärke einer Brigade, verstärkt durch Luftstreitkräfte. Aufgestellt wurde sie, um bei einem Angriff sofort an den Flanken des NATO Bündnisses eingesetzt zu werden. Im Verteidigungsfall der NATO wären die integrierten deutschen Einheiten zum Beispiel in Norwegen, in Anatolien oder in Italien eingesetzt worden. Die Beschränkung der Verteidigung auf das Gebiet der Bundesrepublik Deutschlands schloss ebenfalls die im Grundgesetz enthaltenen Optionen aus, im Rahmen eines Systems kollektiver Sicherheit weltweit eingesetzt zu werden.

Das geschilderte Unbehagen innerhalb der militärischen Elite spiegelte sich in der Politik wider. Mit dem Zusammenbruch des Warschauer Paktes, dem Ende des Kalten Krieges, forderten viele Politiker eine Friedensdividende. Der Verteidigungshaushalt wurde wiederholt gekürzt, bis die Ein-

---

[3] Die AMF (Allied Command Europe Mobile Forces) war dem Oberbefehlshaber der NATO in Europa (Supreme Allied Commander Europe, SACEUR) unterstellt. Der Verband wurde mit der Schaffung der NATO Response Forces im Jahr 2002 aufgelöst.

sicht wuchs, die Bundeswehr dürfe nicht zum Steinbruch der Finanzpolitiker verkommen. Die Rechtmäßigkeit des ersten größeren Einsatzes der Bundeswehr 1993 in Somalia ließen die Freien Demokraten, obwohl sie Regierungspartei waren, vom Bundesverfassungsgericht überprüfen. Das Studium des Grundgesetztes hätte das Verfahren jedoch überflüssig machen können. In diesem Vorgehen offenbarte sich die Kapitulation einer politischen Elite vor den Herausforderungen, die an einen souveränen Staat gestellt werden. Anstelle Strategien zu entwickeln, wozu zukünftig Streitkräfte der Bundesrepublik eingesetzt werden sollen, wurden juristische Grundsatzfragen diskutiert. So wurde die politische Verantwortung an das Bundesverfassungsgericht abgegeben. Das Gericht verwies diese Verantwortung an das Parlament zurück.

Die Vereinigung Deutschlands wurde zunächst vor allem von den angrenzenden Nationen wachsam, teils mistrausch begleitet. Mit der Bestätigung, dass Deutschland seine Sicherheit unverändert in multinationalen Strukturen suchen wird, schwand der Argwohn gegenüber einem möglicherweise wiedererstarkenden Deutschland. In den ‚Verteidigungspolitischen Richtlinien' von 1992 wird dazu ausgeführt:

> »Verteidigungsvorsorge kann künftig nicht auf das eigene Territorium beschränkt bleiben, denn sie ist ein kollektiver Ansatz. Für Deutschland bedeutet Verteidigung immer Verteidigung im Bündnis im Sinne einer erweiterten Landesverteidigung. Ein Teil der deutschen Streitkräfte muß daher zum Einsatz außerhalb Deutschlands befähigt sein.«[4]

Hierbei ist zu berücksichtigen, dass Verteidigungspolitische Richtlinien vom Verteidigungsminister herausgegeben werden – ein Dokument des Verteidigungsministeriums, das natürlich im Kabinett vorgestellt wird, nicht jedoch der Billigung der Regierung bedarf. Die vom damaligen Verteidigungsminister Volker Rühe gewählte Vorgehensweise war der gesellschaftlichen Situation geschuldet. Über die Rolle der Bundeswehr jenseits der Verteidigung Deutschland und deren Einsatz als Instrument der Außenpolitik herrschte weder in der Gesellschaft noch im Kabinett ein Konsens. So sind auch die

---

4 VPR 1992, Ziffer 38

Aussagen zum Leitbild und Selbstverständnis des Soldaten als Auffassung des Verteidigungsministeriums zu werten:

> »Unsere Soldaten müssen künftig aber auch bereit sein, in einer eng verflochtenen Welt neben der Verantwortung für ihr Land Mitverantwortung für die bedrohte Freiheit und das Wohlergehen anderer Völker und Staaten zu übernehmen. Sie sollen mit derselben Tatkraft und Tüchtigkeit, mit der sie ihre Kampfaufträge durchführen, zur internationalen Kooperation, zur Hilfe und zur Rettung fähig sein. Soldatische Professionalität muß sich dazu an den realen Bedingungen von Krieg, Gefahr und menschlichem Elend orientieren, unter denen Soldaten künftig ihren Dienst leisten werden. Dieser notwendige Anpassungsprozeß stellt eine erhebliche Herausforderung dar – mit Blick auf Führung, Ausbildung und Erziehung. Unter allen Herausforderungen, die wir bewältigen müssen, ist die geistige Auseinandersetzung mit den revolutionär veränderten Bedingungen für unsere Sicherheit von besonderem Gewicht.«[5]

Im Unterschied zu den Vereidigungspolitischen Richtlinien wird ein Weißbuch von der Regierung gebilligt. Im Weißbuch des Jahres 1985 zur Lage und Entwicklung der Bundeswehr war deren Auftrag noch ausführlich in den Kategorien Frieden, Krise und Krieg beschrieben.[6]

Neun Jahre später erscheint im Jahr 1994 das nächste Weißbuch. Der Auftrag der Bundeswehr wird jetzt an die gewandelte Rolle der Streitkräfte als Instrument der Außenpolitik angepasst. Eine Rolle, über die im Jahr 1994 kein gesellschaftlicher Konsens herrschte. In der öffentlichen Diskussion wurde der Auftrag der Bundeswehr von vielen unverändert aus der Verfassung abgeleitet. Nach Artikel 87a stellt der Bund Streitkräfte zu seiner Verteidigung auf. Im Weißbuch wird die Verteidigung Deutschlands immer noch als bedrohlichster, gleichzeitig aber als unwahrscheinlichster Fall beschrieben. Deswegen wird man einen Auftrag der Bundeswehr für den Kriegsfall vergeblich suchen. Die mögliche Beteiligung an Kriegen wird mit den Worten umschrieben, zur Bewältigung »der wahrscheinlichen interna-

5 VPR 1992, Ziffer 53
6 Weißbuch 1985, S. 72 ff.

tionalen Krisen und Konflikte«[7] beizutragen. Den Spagat zwischen verfassungsmäßigem Auftrag und der zukünftigen Rolle als weltweit einsetzbare Streitmacht löst das Ministerium, indem es den Auftrag in fünf gleichrangige Aufgaben unterteilt.

»Die Bundeswehr

- schützt Deutschland und seine Staatsbürger gegen politische Erpressung und äußere Gefahr;
- fördert die militärische Stabilität und die Integration Europas;
- verteidigt Deutschland und seine Verbündeten;
- dient dem Weltfrieden und der internationalen Sicherheit im Einklang mit der Charta der Vereinten Nationen und
- hilft bei Katastrophen, rettet aus Notlagen und unterstützt humanitäre Aktionen«[8].

Vor allem die letzten beiden Strichaufzählungen nutzte das Verteidigungsministerium, um den Wandel zur weltweit einsetzbaren Armee in der Öffentlichkeit zu verankern. Das hier gewählte Vokabular war am ehesten zu vermitteln. Dem Weltfrieden zu dienen und humanitär tätig zu werden, war ein selbst von Gegnern der Bundeswehr kaum angreifbarer Auftrag für die Streitkräfte. Der Krieg hingegen war in den Dokumenten, die für die Öffentlichkeit bestimmt waren, tabuisiert worden. Die weitgehende Vermeidung des Begriffes Krieg setzte sich jedoch genauso in den militärischen Dokumenten fort. Die in einem zweijährigen Diskussionsprozess im Bundesministerium der Verteidigung und in den obersten Führungszirkeln des Heeres entstandene »vorläufige Leitlinie für die operative Führung des Heeres« vermeidet konsequent, von Aufträgen des Heeres im Krieg zu sprechen. Stattdessen wird der oben angeführte Auftrag der Streitkräfte für das Heer in Schutzaufgaben, Gestaltungsaufgaben sowie Hilfs- und Sonderaufgaben unterteilt.[9] Was sich später in Afghanistan für den Soldaten ganz real als Krieg darstellte, wird in diesem Dokument den Gestaltungsaufgaben zuge-

---

[7] Ebd., S. 89
[8] Ebd.
[9] Operative Leitlinie, S. 15 ff.

ordnet.[10] Es werden Begrifflichkeiten gewählt, die eher verschleiern als auf zu erwartende Realitäten vorzubereiten.

In den Streitkräften wurde die geforderte geistige Auseinandersetzung über das sich wandelnde Selbstverständnis der Bundeswehr keineswegs als selbstverständlich angesehen. Das Zentrum für Innere Führung in Koblenz versteht sich als zentrale Bildungseinrichtung, an der die Unternehmensphilosophie der Bundeswehr – die »Innere Führung« – beständig weiter entwickelt wird. Die Integration der Streitkräfte in die Gesellschaft ist ein Wesensmerkmal der Inneren Führung. 1991, ein Jahr vor dem Erscheinen der Verteidigungspolitischen Richtlinien hätte man also am Zentrum eine Diskussion über den oben erwähnten Anpassungsprozess erwarten können. Doch selbst bei einem Seminar für Kommandeure lehnten es die Dozenten – auf den Verteidigungsauftrag der Bundeswehr verweisend – ab, über Auslandseinsätze und die oben angesprochenen Herausforderungen zu diskutieren. Als im Jahr 1994 die konzeptionellen Grundlagen für das Kommando Spezialkräfte entworfen wurden, fragte ein beteiligter Generalstabsoffizier in einer Sitzung, ob diese Soldaten in einem Einsatz außerhalb Deutschlands auch töten dürften, während in unserem Land Frieden herrsche. Es folgte eine Diskussion, deren bejahendes Ergebnis bei mehr als einem anwesenden Stabsoffizier ungläubiges Staunen auslöste, weil sie die Konsequenzen weltweiter Einsätze nicht durchdacht hatten.

Anhand dieser beiden Begebenheiten zeigt sich beispielhaft, dass der weltweite Einsatz auch in Kriegsgebieten mit den Konsequenzen des Kampfes und des Tötens keineswegs von allen akzeptiert war. Die in den Verteidigungspolitischen Richtlinien geschilderte erhebliche Herausforderung wurde nicht in aller Konsequenz zu Ende gedacht. Es trat eher eine gegenteilige Entwicklung ein. Die notwendige, breite Diskussion innerhalb der Bundeswehr über den in der Realität grundlegend veränderten Auftrag der Streitkräfte, weltweit eingesetzt zu werden, wurde bei den Berufssoldaten, die ihren Beruf mit dem Selbstverständnis ausübten, das eigene Land zu verteidigen, nicht geführt. Jedoch diskutierten vor allem Zeitsoldaten

---

10 Ich war zunächst an zentraler Stelle an der Erarbeitung der Operativen Leitlinie beteiligt und habe damals die Auffassung vertreten, dass der Begriff »Krieg« nicht mehr vermittelbar sei. Gleiches traf für den Begriff »Angriff« zu, der nach damaliger Auffassung nicht die defensive Ausrichtung der Streitkräfte widerspiegelte.

in inneren Zirkeln über den Wandel, den manch einer nicht mitvollziehen wollte und deswegen die Bundeswehr verließ. Es fand ein schrittweiser Wandel statt, der sich im Wesentlichen klassisch militärisch in den Kategorien Befehl und Gehorsam vollzog. Die Bundeswehr ist eine Armee, die in den Einsätzen lernte, mit Kampf, Verwundung, Verstümmelung und Tod umzugehen. Sie durchlief einen schmerzhaften und in der militärischen Bürokratie oftmals zum vorübergehenden Stillstand verdammten Lernprozess – einen Lernprozess, der sich aus den militärischen Erfahrungen speiste und sich damit zwangsläufig auf die Verbesserung der Ausbildung, der Ausrüstung und der funktionalen Abläufe von Operationen konzentrierte. Ethische und moralische Aspekte wurden dabei oftmals ausgeblendet oder die Diskussion darüber den religiösen Einrichtungen innerhalb der Streitkräfte überlassen.

Damit die Bundeswehr in Deutschland als weltweit verfügbare Streitkraft gesellschaftliche Akzeptanz erlangte und die Zustimmung des Parlamentes zu den Einsätzen erreicht werden konnte, wurde bei Einsätzen vor allem ihr humanitärer und defensiver Charakter betont. Die bundeswehrinternen wie auch öffentlichen Diskussionen um diesen Wandel standen in krassem Widerspruch zu den Auffassungen innerhalb der NATO und vor allem zum Selbstverständnis der anglo-amerikanischen Streitkräfte. Bei dem wichtigsten militärischen Bündnispartner, den Vereinigten Staaten von Amerika, widerspricht eine defensive Ausrichtung der Streitkräfte dem nationalen Selbstverständnis als Weltmacht. Der Golfkrieg des Jahres 1991 bewies dies mit der Operation *Desert Storm* eindrucksvoll. Auch in den Folgejahren wurden die Streitkräfte der USA unverändert darauf ausgerichtet, mit offensiven Operationen einen Krieg zu gewinnen. Die sogenannten *war fighting capabilities* wurden ausgebaut, um weltweit eingreifen zu können. Auf den am 11. September 2001 erlittenen nationalen Schock reagierten die USA mit der Ausrufung des Krieges gegen den Terrorismus. Dieser *war against terrorism* wurde in Deutschland als »Kampf« gegen den Terrorismus bezeichnet und so bereits sprachlich in seinen Konsequenzen weichgespült. Schließlich führten die US-amerikanischen Streitkräfte einen Krieg in Afghanistan, um die Terrorherrschaft der Taliban zu beenden. Die Bundeswehr an einem Krieg zu beteiligen, war zum damaligen Zeitpunkt jedoch unvorstellbar. Selbst der Einsatz der deutschen Spezialkräfte wurde vor der Öffentlichkeit geheim gehalten – eine zum Scheitern verurteilte Kommunikationsstrategie. Ein US-amerikanischer Oberstleutnant lobte in einem Interview die Professionalität der deutschen Kräfte in Afghanistan.

Die in der Allianz eingesetzten deutschen Offiziere wurden von ihren alliierten Kollegen hingegen mit Forderungen konfrontiert, sich vollständig in die Operationen des Bündnisses einzubringen. Es wurde den bisher in der Weltpolitik militärisch abstinenten Deutschen eine Zeitspanne zugebilligt, um sich an die Verantwortlichkeiten einer souveränen Nation und einer wirtschaftlichen Großmacht zu gewöhnen. Die unverhältnismäßig lange Dauer des Wandels, das deutsche Zögern, sich uneingeschränkt zu beteiligen und die strikt defensive Ausrichtung deutscher Einsätze wurden jedoch mit zunehmender Verwunderung zur Kenntnis genommen. Die Deutschen wurden als *sunshine soldiers* verspottet, die es verlernt hätten zu kämpfen, die keinen Mut zum Kampf besäßen. »Die Deutschen müssen das Töten lernen«[11], titelte der *Spiegel* im Jahr 2006 und nahm Bezug auf die Kritik der Alliierten. Nur selten vernahm man Stimmen, die den deutschen Soldaten zwar zubilligten, kämpfen zu können, aber den Politikern die Schuld daran gaben, dass der Beruf des Soldaten von den Deutschen nicht vollständig ausgeübt werden durfte. Offiziere und Generale, die in NATO-Verwendungen eingesetzt waren oder bereits Erfahrungen im Einsatz mit Alliierten besaßen, drängten auf *robuste Mandate*, die auch den Kampfeinsatz legitimierten.[12] Der Satz, der Kampf unterscheide Männer von Buben, machte die Runde. Die Reputation der Streitkräfte wurde in internationalen Einsätzen von den Bündnispartnern an der Bereitschaft zum Kampf und unterschwellig an der Anzahl der Toten gemessen.[13] Nichts zeigte deutlicher die kulturellen Unterschiede zwischen US-amerikanischen und britischen zu den deutschen Streitkräften. Die ethische und moralische Fragwürdigkeit, den Wert von Streitkräften an der Anzahl von Gefallenen zu messen, wird an späterer Stelle aufgegriffen.

---

11 *Der Spiegel*, 20.11.2006

12 Mit dem aus dem Englischen übernommenen Adjektiv robust wird ein Kampfeinsatz umschrieben, der auch den offensiven Einsatz von Waffen erlaubt. Mit dem Mandat des Bundestages werden die dafür notwendigen Regeln festgelegt.

13 *Der Spiegel*, 20.11.2006

Es ist dem damaligen Verteidigungsminister Volker Rühe gelungen, die Öffentlichkeit in Deutschland schrittweise auf die neuen Aufgaben der Bundeswehr vorzubereiten. Langsamer und behutsamer, als einige Generale und Admirale es vorschlugen, aber doch schnell genug, um zumindest im Bundestag eine breite Mehrheit zu den Einsätzen der Bundeswehr zu erlangen. Die Prinzipien der Inneren Führung, die Soldaten vom Wandel zu überzeugen, damit sie aus Einsicht handeln würden, missachtete er. Den Gehorsam der Soldaten erzwang er unter anderem dadurch, dass er abweichende Meinungen unnachgiebig ahndete, weil er eine aus der Bundeswehr in die Öffentlichkeit getragene Diskussion fürchtete, die seine politischen Zielsetzungen gefährden könnte. Doch auch ohne die eigentlich notwendige interne Auseinandersetzung über die gewandelte Rolle der Bundeswehr war es eine Dekade nach dem Einsatz in Somalia für die jüngeren Soldaten selbstverständlich geworden, dass weltweite Einsätze zu ihrem Beruf gehören werden.

Hingegen waren noch im Jahr 2000 weit über 90 Prozent der an der Führungsakademie der Bundeswehr lehrenden Oberste nicht bereit, freiwillig einen Einsatz auf dem Balkan auf sich zu nehmen. Dies spiegelte sich auch in der Umfrage des Deutschen Bundeswehrverbandes wider: Danach würden circa 73 Prozent der Berufssoldaten ihren Kindern abraten, in ihre Fußstapfen zu treten.[14] An diesen Beispielen wird deutlich, wie groß die innerliche Distanz in der Führungsschicht der Streitkräfte gewesen war, die Bundeswehr zu einer weltweit einsetzbaren Streitmacht umzugestalten. Trotz alledem genießen die deutschen Streitkräfte in den Einsätzen mittlerweile eine sehr hohe Reputation.

Der Hindukusch – Zur Verschleierung einer fehlenden nationalen Strategie

Die Legitimation der Wehrpflicht war seit der Vereinigung Deutschlands im politischen und öffentlichen Raum diskutiert worden. Zwar argumentierten die Befürworter der Wehrpflicht, sie sei legitimes Kind der Demokratie, doch in den Einsatz durften die Wehrpflichtigen nicht. Der war den Frei-

---

[14] Strohmeier, S. 11

willigen, den Zeit- und Berufssoldaten vorbehalten. Spätestens mit der im Weißbuch 1994 getroffenen Feststellung, die Verteidigung Deutschlands sei der unwahrscheinlichste Auftrag für die Bundeswehr, argumentierten die Befürworter einer Abschaffung, damit sei der Wehrpflicht jegliche Grundlage entzogen. Die damalige Regierungskoalition und vor allem die CDU/CSU hielten jedoch die Wehrpflicht für unverzichtbar. In dieser Situation erläuterte der damalige Verteidigungsminister Dr. Peter Struck auf der Pressekonferenz am 5. Dezember 2002 die Gedanken zur Weiterentwicklung der Bundeswehr und stellte sich wie üblich den Fragen der Journalisten. Michael Inacker, Journalist der *Frankfurter Allgemeinen Sonntagszeitung* verknüpfte mit seiner Frage die weltweiten Einsätze der Bundeswehr mit der Aufrechterhaltung der Wehrpflicht:

> »Sie (Struck, d. Verf.) haben davon gesprochen, dass es nicht mehr der primäre Auftrag ist, die Landesverteidigung zu betreiben. Andererseits haben Sie deutlich gemacht, dass man in Afghanistan schon auch etwas für die Sicherheit des eigenen Landes tut. Wäre das quasi eine Uminterpretation, dass man sagt, Landesverteidigung bedeutet eben auch, am Hindukusch möglicherweise Soldaten einzusetzen, und wäre das dann die Rechtfertigung zur Aufrechterhaltung der Wehrpflicht?«[15]

> »... Herr Inacker. Ich will jetzt nicht so weit bis zum Hindukusch gehen, aber theoretisch könnte man schon sagen, die Sicherheit der Bundesrepublik Deutschland wird auch am Hindukusch verteidigt.«[16]

Seine Antwort wurde zum wohl bekanntesten Ausspruch zum Afghanistaneinsatz, auch wenn sie seitdem verkürzt wiedergegeben wird: Deutschland wird auch am Hindukusch verteidigt. Struck äußerte in einem späteren Interview, seine Antwort darauf sei spontan gewesen. So spontan wie die Antwort gewesen sein mag, so falsch war sie. Wie beschrieben wurden Wehrpflichtige nicht zu Einsätzen herangezogen, sondern nur Zeit- und Berufssoldaten. Warum also die Wehrpflicht aufrechterhalten, um »theoretisch« die Sicherheit Deutschlands zu verteidigen? Es war Bequemlichkeit.

---

[15] Struck, 05.12.2002

[16] Ebd.

In einem Dokument des Bundeswehrverbandes findet sich der reale Grund: 40 Prozent der Berufs- und Zeitsoldaten wurden zunächst als Wehrpflichtige in die Streitkräfte eingezogen.[17] Allein aus diesem Grunde wurde seitens des Militärs an der Wehrpflicht festgehalten. Im Verteidigungsministerium war es daher inoffiziell verboten, über eine Alternative zur Wehrpflicht nachzudenken. Die offizielle Sprachregelung bemühte sich natürlich, die Wehrpflicht als legitimes Kind der Demokratie darzustellen und deren Beitrag zur Integration der Bundeswehr in die Gesellschaft zu betonen. Geradezu paradox mutete aber die Argumentationslinie an, aus gesamtgesellschaftlicher Sicht sei die Beibehaltung der Wehrpflicht notwendig. Das Militär begründete die Wehrpflicht mit dem Recht auf Kriegsdienstverweigerung und den daraus hervorgehenden Zivildienstleistenden. Ohne deren Dienst würde der Sozialstaat leiden und die medizinische Versorgung seiner Bürger.

In der Regierungserklärung vom 11. März 2004 hatte Struck seinen wohl bekanntesten Ausspruch zum Afghanistaneinsatz leicht abgewandelt:

> »Unsere Sicherheit wird nicht nur, aber auch am Hindukusch verteidigt, wenn sich dort Bedrohungen für unser Land, wie im Falle international organisierter Terroristen, formieren.«[18]

Der Kampf gegen den Terrorismus wird nun als Legitimation für den gewandelten Auftrag der Streitkräfte herangezogen. Allerdings sind reguläre Streitkräfte kaum geeignet, um Bedrohungen durch den Terrorismus zu begegnen. Lediglich Spezialkräfte sind es in einem gewissen Umfang. Terrorismus wird vor allem durch die Aufklärung der Geheimdienste, deren nationale und multinationale Zusammenarbeit mit anderen Diensten und im Inland durch die Polizei bekämpft. Also trägt auch dieses Argument kaum, um weltweite Einsätze zu begründen. Insbesondere der Afghanistaneinsatz war primär der Solidarität innerhalb der NATO-Allianz geschuldet. Deutschland sollte und wollte ein verlässlicher Bündnispartner bleiben und nicht einem drohenden Zerfallsprozess in der NATO Vorschub leisten. Damit war die Bundeswehr ein Instrument der Außenpolitik geworden. Innenpolitisch war diese Argumentation für die Gesellschaft nicht tragfähig.

---

17 Wittmann, 2010
18 Struck, 11. 03. 2004

Es musste eine Bedrohung für die Republik konstruiert werden, die den Einsatz von Streitkräften legitimierte. Noch Jahre später verlor Horst Köhler sein Amt als Bundespräsident, weil er den Einsatz der Marine außen- und wirtschaftspolitisch begründete. In den Streitkräften indes wurde dies übereinstimmend so bejaht und man bedauerte, dass kein im Amt befindlicher Politiker den Mut fand, die Gründe für die weltweiten Einsätze zu nennen.

Zum Erfolg und zur Aussichtslosigkeit von Einsätzen

Die Behauptung, dass Krisen nicht militärisch gelöst werden können, ist ein politisches Mantra. Dies bestimmte in jüngster Vergangenheit die Position der Bundesregierung zu den internationalen Militäreinsätzen in Libyen, Syrien und jüngst in der Ukraine sowie im Irak. Andererseits war es eine übereinstimmende Auffassung in den Neunzigerjahren, dass militärische Präsenz in Krisengebieten notwendig sei, um ein sicheres Umfeld für den zivilen Wiederaufbau von Staaten zu schaffen. Diese Einsicht war für den Einsatz in Somalia, in Bosnien-Herzegowina, im Kosovo und in Mazedonien sowie für Afghanistan bestimmend gewesen. Den damit verbundenen Aufgaben stellte sich das Verteidigungsministerium und endsandte Soldaten in die Einsätze. Aber von den wichtigsten Ministerien stellten weder das Auswärtige Amt, das Innenministerium, das Justizministerium noch das Ministerium für wirtschaftliche Zusammenarbeit und Entwicklung die notwendigen Ressourcen bereit, um den zivilen Wiederaufbau in den Krisengebieten entscheidend zu unterstützen. Auch war ein ressortübergreifender Ansatz, eine zwischen den oben genannten Ministerien abgestimmte Strategie, nicht erkennbar. Die Gründe sind vielfältig. Soldaten können in den Einsatz befohlen werden, für Polizisten und Beamte gilt das Prinzip der Freiwilligkeit. Außer dem Verteidigungsministerium verfügt kein anderes Ministerium über Operationszentralen, um umfangreichere Auslandseinsätze steuern zu können. Zusätzliche finanzielle Mittel stellte das Finanzministerium kaum bereit, was die Bereitschaft der Ministerien senkte, sich außerhalb ihrer originären Aufgaben zu engagieren. Polizisten und Richter wurden in Deutschland benötigt, wozu also sie in Einsätze entsenden, die nicht einmal überzeugend begründet waren.

Am Beispiel des vollständig gescheiterten ersten deutschen Ansatzes zum Aufbau von Polizeistrukturen in Afghanistan wird dies besonders deutlich. Da für den zweiten Ansatz nur sehr wenige Polizisten, Entwicklungshelfer und Diplomaten in den Einsatzgebieten anwesend waren, übernahmen zunächst die Streitkräfte deren Aufgaben. Der Soldat wurde in Deutschland wie in Afghanistan plötzlich als Entwicklungshelfer in Uniform wahrgenommen, der in einem humanitären Einsatz den zivilen Wiederaufbau unterstützt. Soldaten übernahmen Polizeiaufgaben und bildeten afghanisches Sicherheitspersonal aus.

Der Einsatz in Somalia stand hingegen unter völlig anderen Prämissen. Die UNO-Mission in Somalia (UNOSOM) war als humanitäre Operation geplant, um die Hungersnot der Bevölkerung zu lindern. Deutschland wollte sich in einer befriedeten Region in Somalia beteiligen. Der erste größere Einsatz nach der Vereinigung Deutschlands bei UNOSOM war als logistische Operation zur Unterstützung einer indischen Brigade in Belet Huen geplant. Militärischer Zwang, also der Einsatz von Waffen, war den Soldaten untersagt, es sei denn für die Selbstverteidigung.[19] Als die anfängliche militärische Planung im Verteidigungsministerium abgeschlossen war, waren auf dessen Fluren bereits Gerüchte im Umlauf, die indische Brigade werde nicht nach Belet Huen kommen. Der Einsatz wurde trotzdem durchgeführt, um Politik und Öffentlichkeit in Deutschland auf Auslandseinsätze vorzubereiten und um Deutschland als unverändert verlässlichen Bündnispartner zu etablieren. Ein Einsatz in einem »sicheren Umfeld«, so die offiziellen Verlautbarungen, war dafür besonders gut geeignet.

Wo allerdings findet sich in einem vom Bürgerkrieg erschütterten Land ein »sicheres Umfeld«? Neben Volleyball spielenden Soldaten explodierte eine Granate, die wundersamerweise keinen deutschen Soldaten verletzte. Der Vorfall wurde nicht publik. Über den Granateinschlag auf dem »sicheren« Umfeld des Flughafens von Mogadischu wurde in den Morgennachrichten berichtet, weil ein Reporter anwesend war, der sich beinahe enthusiastisch über die professionelle Reaktion der dort lagernden Soldaten äußerte. Es wurde niemand verletzt, weil die Granate nicht detonierte. Sicherlich gab es weitere Vorfälle. In die öffentliche Wahrnehmung hingegen gelangte ein Schuss, der möglicherweise auf einen Wachposten gefeuert

19 Deutscher Bundestag, Drucksache 12/5248, 24.06.1993

wurde. Vielleicht hat der diensthabende Offizier dies als normales Ereignis eingestuft und deshalb den Vorfall nicht unverzüglich an das Ministerium gemeldet. Die Atmosphäre in Deutschland hingegen war so aufgeheizt, dass der Vorfall zum Anlass genommen wurde, in der Bundespressekonferenz wiederholt zu fragen, ob der Verteidigungsminister Volker Rühe die Bundeswehr noch unter Kontrolle hätte. Von ihm wurde weiterhin das »sichere Umfeld« beschworen, in dem die Soldaten eingesetzt wären. Tatsächlich versank Somalia erneut im Bürgerkrieg, nachdem Mohammed Farah Aidid, ein dominanter politischer Führer und Kriegsherr, von der UNO zur Gefangennahme ausgeschrieben wurde und die USA auf sein Ergreifen ein Kopfgeld ausgesetzt hatten. An den Folgen dieser Maßnahmen scheiterte letztlich die UNOSOM in Somalia.

Für Volker Rühe hingegen war der Einsatz unter innen- und außenpolitischen Gesichtspunkten erfolgreich. Die Bundeswehr war in Somalia gewesen, hatte ein Lager aufgebaut und konnte es unter extremen klimatischen Bedingungen betreiben. Sie hätte UNOSOM unterstützen können, wenn Indien sich entschieden hätte, eine Brigade nach Somalia zu endsenden. So verpackten die Streitkräfte wieder ihr Material und reisten ohne Verluste wieder zurück nach Deutschland. Die Bundeswehr hatte Erfahrungen sammeln können.

Unter militärischen Gesichtspunkten erfolgreich sind die Einsätze auf dem Balkan zu bewerten. Sowohl in Bosnien-Herzegowina, im Kosovo wie auch in Mazedonien haben sie Bürgerkriege, Vertreibungen und humanitäre Katastrophen beendet. Sie schufen die Voraussetzungen für die Befriedung der Länder und politische Lösungen, die teilweise immer noch militärisch abgesichert werden müssen. Einzelne Operationen wurden dennoch völlig unterschiedlich bewertet. In Prizren stürmten im März 2004 radikale Kosovo-Albaner, die Kinder und Frauen in die vorderen Reihen eingereiht hatten, den Bischofssitz der Serbisch-Orthodoxen Kirche, anschließend das Erzengelkloster und setzten beide in Brand. Die Angriffe überraschten die seit Jahren eingesetzten Truppen der UNO und von KFOR vollständig. Die zur Sicherung eingesetzten deutschen Soldaten retteten die Priester und überließen die Gebäude dem Mob. Das Vorgehen der Soldaten wurde vor allem von Politikern begrüßt, weil Menschen in Sicherheit gebracht worden waren, ohne dass ein Schuss gefallen wäre. Die offizielle Sprachregelung des Verteidigungsministeriums schloss sich dem weitgehend an. Die Kritik, dass die Soldaten ihren Auftrag nur teilweise erfüllt hätten, wurde nach hiesiger Kenntnis nicht in der Öffentlichkeit diskutiert. In den sogenannten *Rules of Engagement*, die für jedes deutsche Kontingent in Einsatzregeln übersetzt werden, sind die Bedingungen für den Einsatz von Waffen festgelegt. Wären sie angewendet und Schusswaffen eingesetzt worden, hätte zumindest das Erzengelkloster verteidigt werden können, lautete die intern geäußerte Kritik. Vielleicht ist in dieser internen Analyse der Grund dafür zu suchen, dass die Klosteranlage mit Geldern der internationalen Gemeinschaft wieder aufgebaut wurde. Das Kloster, das 1455 durch das osmanische Reich zerstört wurde, war der Vergessenheit anheimgefallen. Die Ruinen wurden erst im 20. Jahrhundert wieder entdeckt. Über 540 Jahre nach der Zerstörung zogen 1998 sieben von Belgrad entsandte serbische Priester ein, die über Jahre hinweg beschützt werden mussten. Der Grund für diese Entscheidung liegt wohl in der Verbundenheit des christlichen Abendlandes mit der Serbisch-Orthodoxen Kirche und ist aus militärischer Sicht durchaus zu hinterfragen.

Wie unsicher der Frieden im Kosovo unverändert zu beurteilen ist, wurde in jüngster Vergangenheit erneut deutlich. Im Norden des Kosovo wurden Straßensperren errichtet, um den serbischen Anspruch auf dieses Gebiet zu untermauern. Es kam zu Gefechten mit serbischen Milizen, bei denen Soldaten verwundet wurden. Dennoch ist das Engagement der Streitkräfte auf dem Balkan eine Erfolgsgeschichte ohnegleichen.

Der Einsatz der Bundeswehr im Kongo hingegen war gegen den militärischen Ratschlag des Verteidigungsministeriums angeordnet worden. Die deutsch-französische Freundschaft besaß eine höhere Priorität als militärische Erwägungen. Der durch die Europäische Union geführte Einsatz[20] diente der militärischen Absicherung der ersten freien demokratischen Wahlen, die am 30. Juli 2006 im Kongo stattfanden. Die Operation war eingebettet in die Operation der UNO (MONUC)[21] und weitere Operationen der Europäischen Union zum Aufbau einer funktionierenden Sicherheitsstruktur im Kongo. Wenn es das Ziel war, die Durchführung der Wah-

---

20 European Force in Democratic Republic of Congo

21 Mission de l'Organisation des Nations Unies pour la stabilisation en République Démocratique du Congo

len zu gewährleisten, ist diese Operation ebenfalls erfolgreich gewesen und widerlegte die Skeptiker.

Ein Aspekt soll jedoch erwähnt werden, der die ethische Dimension von Einsätzen beleuchtet. Um die Präsidentschaft im Kongo bewarben sich Joseph Kabila, der amtierende Präsident, und Jean-Pierre Bemba, der amtierende Vizepräsident. Beide standen sich feindlich gegenüber. Sie verfügten zur Durchsetzung ihrer Interessen über ihnen treu ergebene Truppen. Am 21. August 2006 wurden die Ergebnisse der Wahl veröffentlicht. Bemba unterlag zwar Kabila, doch eine Stichwahl war erforderlich. Am Abend gab Bemba in seiner privaten Residenz ein Essen, zu dem auch mehrere Botschafter anderer Länder eingeladen waren. Sie alle flüchteten in den Keller der Residenz, als sie von der Präsidentengarde Kabilas unter anderem mit schweren Waffen angegriffen wurde. EUFOR und MONUC intervenierten und beendeten den Angriff der Präsidentengarde. Bemba und die Botschafter waren in Sicherheit. Da in Kinshasa Bemba hoch angesehen war, die EUFOR jedoch von vielen als Schutztruppe für den Präsidenten angesehen wurde, stieg deren Ansehen nach der nächtlichen Operation. Zu fragen ist aber, wer dabei eigentlich gerettet wurde. Denn der Vizepräsident Jean-Pierre Bemba wurde im Jahr 2008 aufgrund eines Haftbefehls des Internationalen Gerichtshof festgenommen. Er ist der Verbrechen gegen die Menschlichkeit und Kriegsverbrechen angeklagt, die er in der Zentralafrikanischen Republik begangen haben soll. Seit dem 22. November 2010 wird der Prozess gegen ihn geführt.[22]

Wie in anderen Missionen auch, sind Streitkräfte in ihren Einsätzen immer wieder dazu verpflichtet, mit zwielichtigen Persönlichkeiten zu verhandeln, sie zu schützen oder auch mit ihnen Verträge abzuschließen. Personen, gegebenenfalls Kriegsverbrecher, die nach allgemeinem Rechtsverständnis zu verhaften und Gerichten zu überstellen wären, sitzen mit am Verhandlungstisch. Inwieweit solche Erfahrungen Auswirkungen auf die ethischen und moralischen Grundsätze von Soldaten und deren Handeln haben, wird an späterer Stelle behandelt.

Am Abend des 11. Septembers 2001 saßen in Pristhina im Kosovo einige deutsche Offiziere im Zelt der deutschen Bar auf den Biergartengarnituren

---

22 International Criminal Court, The Prosecutor v. Jean-Pierre Bemba Gombo, Stand: 01.09.2014

und dachten darüber nach, sich sofort den USA anzuschließen und nach Afghanistan zu gehen. Für sie hatte die KFOR-Mission an Bedeutung verloren. Mittags schauten sie auf die unwirklich anmutenden Bilder der in sich zusammenfallenden Türme des World Trade Center. Die Erschütterungen reichten bis in den Kosovo hinein: Den amerikanischen Offizieren war der Schock körperlich anzusehen. Nie zuvor hatten ihre alliierten Kameraden erlebt, dass US-amerikansiche Soldaten aller Dienstgrade mit gesenkten Köpfen durch die Gänge des Hauptquartiers liefen. Die Erkenntnis beugte sie, dass auch die USA selbst Ziel von furchtbaren terroristischen Anschlägen sein können, dass niemand unverwundbar war. In einer Versammlung aller Angehörigen des Hauptquartiers wurde den US-amerikanischen Soldaten am nächsten Morgen Beileid ausgesprochen und Solidarität zugesichert. Es richtete sie sprichwörtlich wieder auf.

Etwa vier Monate später begannen die Einsätze der Bundeswehr in Kabul und Kunduz in Afghanistan. Der damalige Bundeskanzler Gerhard Schröder erhob die uneingeschränkte Solidarität mit den USA zur Maxime politischen Handelns. Ein nationales strategisches Konzept fehlte genauso wie eine detaillierte Lageanalyse der Situation in Afghanistan oder eine militärische Planung, bevor die Entscheidung zur Beteiligung Deutschlands an den Operationen in Afghanistan getroffen wurde.[23] Von Beginn an war der Einsatz US-amerikanisch dominiert. Die nationale Zielsetzung der USA, den Terrorismus zu bekämpfen, Osama bin Laden für den Angriff auf das World Trade Center und die Taliban in Afghanistan als dessen Gastgeber zur Rechenschaft zu ziehen, führte zu der Operation ENDURING FREEDOM, an der auch die Bundeswehr teilnahm. Die Operation wurde von einem US-amerikanischen Hauptquartier aus Tampa, Florida geführt, um im Krieg gegen den Terror Terroristen zu ergreifen und vor Gericht zu stellen. Sie unterlag teilweise strenger Geheimhaltung, wurde aber im gleichen Gebiet wie die ISAF-Operation ausgeführt. Im Norden Afghanistans waren dagegen die Deutschen angetreten, um den Wiederaufbau zu unterstützen, der von dem ISAF-Hauptquartier in Kabul koordiniert wurde. Eine Abstimmung beider Operationen erfolgte grundsätzlich nicht. Die Festnahme von Terroristen hatte eine deutlich höhere Priorität und wurde fast ausschließlich von Spezialkräften durchgeführt. Es kam einer Qua-

---

[23] Naumann, 2012, S. 51

dratur des Kreises gleich, den Bewohnern eines Dorfes zu erklären, man wolle Schulen gründen und die Wasserversorgung aufbauen helfen, wenn kurz darauf eine schwerbewaffnete Einheit landete, Häuser durchsuchte, Dorfbewohner gefangen nahm oder sie im Extremfall sogar tötete. Der später wieder im Dorf erscheinende Angehörige der ISAF konnte weder den Dorfältesten noch den Polizeichefs glaubhaft versichern, er hätte von dieser Operation nichts gewusst. So wirkte sich die Operation *Enduring Freedom* auch auf die ISAF aus, selbst wenn es in der bundesrepublikanischen Öffentlichkeit kaum wahrgenommen wurde. Zu Beginn des ISAF-Einsatzes wurden die Einsatzkräfte in Kabul sogar als Wachmannschaft für den späteren Präsidenten Hamid Karzai belächelt.

Für den Einsatz in Kunduz hingegen bewarben die bundeswehreigenen ebenso wie die öffentlichen Medien und auch die Politik die humanitären Aspekte. Schulen bauen, Brunnen bohren und Bildung für Mädchen wurden in Deutschland als Aufgaben der Bundeswehr wahrgenommen. Dann starben die ersten deutschen Soldaten bei einem Selbstmordanschlag auf einen Bus. Über die nächsten Jahre änderte sich die Wahrnehmung der Lage bei den Soldaten. Sie fühlten sich außerhalb der Lager permanent bedroht. Während vor dem Hauptquartier in Kabul fast täglich die Flaggen auf Halbmast gesenkt wurden, um der Gefallenen in Afghanistan zu gedenken, sprach in Deutschland immer noch kein Politiker von Krieg. Erst fast zehn Jahre nach Beginn des Einsatzes wurde das Wort in den Mund genommen und zugestanden, dass man zu Beginn von falschen Vorstellungen ausgegangen war. Die angestrebte Demokratisierung Afghanistans war westlichem Wunschdenken entsprungen, die man zu Recht als Kulturimperialismus geißeln konnte. Vor allem aber war es von einer gänzlichen Missachtung der afghanischen Kultur geprägt.

Die Operationen im Rahmen von ISAF und ENDURING FREEDOM führten bei aller Vorsicht, Verluste unter der Zivilbevölkerung zu vermeiden, dennoch durch zumeist tragische Irrtümer zu Toten und Verwundeten. Die wenigen abscheulichen Handlungen von Soldaten verschiedener Nationen, die teilweise an Kriegsverbrechen erinnerten, bestimmten zunehmend die Wahrnehmung in Afghanistan. An den im gesamten Land durchgeführten Umfragen war abzulesen, wie über die Jahre hinweg die Zustimmung zu den ISAF-Truppen sank. Die Umfragen belegten bereits im Jahr 2008 die kritische Situation im Norden, insbesondere in Kunduz. Doch dies wurde weder im Ministerium in Berlin noch im Einsatzführungskommando in Potsdam geglaubt. Im gleichen Jahr begannen die Planungen, die ISAF-Strategie auf sogenannte *Counter-Insurgency-Operations* umzustellen. Diese Strategie zielt darauf ab, die Zustimmung der Bevölkerung zu erlangen, um feindlich gesinnten Kräften die Unterstützung für ihre Operationen zu entziehen. ISAF-Operationen mussten daher Verluste unter der Zivilbevölkerung vermeiden, um wirksam zu sein. In diese Phase hinein wurde der Befehl erteilt, zwei Tanklaster im Kunduzfluss und die dort befindlichen Taliban zu bombardieren. Der Angriff forderte Opfer unter der Zivilbevölkerung. Es hätte zum allgemeinen interkulturellen Wissen der Beteiligten gehören müssen, dass zu diesem Zeitpunkt Kinder und unbeteiligte Zivilisten bei den Tanklastern waren, um sich mit Treibstoff zu versorgen. Die Bundesanwaltschaft folgte jedoch den Erläuterungen von Oberst Klein, der überzeugt war, dass keine Kinder oder Zivilisten vor Ort waren. Insofern war seine Absicht, Tanklaster und Taliban zu vernichten, in Übereinstimmung mit geltendem internationalen wie nationalem Recht erreicht worden.[24]

Neben der Tatsache, dass der Befehl von Oberst Klein in seinen Auswirkungen die soeben geänderte Strategie von ISAF gefährdete, stellte für die Bundeswehr eine qualitative Änderung dar: Der Abwurf der Bomben wurde mit dem Ziel ausgeführt, Menschen zu töten, die als Feinde eine potenzielle Gefahr für das deutsche Einsatzkontingent darstellten. Es ist diese qualitative Änderung, die ethische und moralische Grundätze des bisherigen Einsatzes verändert und die defensive Grundhaltung als Maxime von Operationen aufgab. Deutschland war zumindest vor Ort in Kunduz im Krieg angekommen. In Berlin dauerte es noch einmal ein halbes Jahr, bis Verteidigungsminister Karl Theodor zu Guttenberg einräumte, man könne »umgangssprachlich von Krieg«[25] sprechen.

Für die Soldaten, die außerhalb des Lagers auf Patrouille oder in Einsätze fuhren, wurde das Gefecht zum Alltag. Es wurde offensiver operiert, um die wiedererstarkten Taliban zurückzudrängen und die Bereiche unter Kontrolle zu behalten, die sowohl für die ISAF wie auch für die Afghanen

---

24 Der Generalbundesanwalt beim Bundesgerichtshof, 3 BJs 6/10-4, 16.04.2010

25 *Spiegel Online*, 04.04.2010

von zentraler Bedeutung waren, um den Aufbau des Landes weiter vorantreiben zu können.

Seit 2015 ist der ISAF-Einsatz in Afghanistan beendet – wie auch immer die afghanische Bevölkerung ihre Zukunft gestaltet und der Einsatz der ISAF bewertet werden wird. Zumindest wurde die Schreckensherrschaft der Taliban beendet und Afghanistan für über eine Dekade die Abwesenheit von Krieg beschert. Das mag als Trost für eine möglicherweise gescheiterte Mission gelten. Als vergeblich wird sie gelten müssen, wenn es den Taliban gelingt, wieder ein Kalifat zu errichten.

Streitkräfte als Instrument der Außenpolitik

Bereits 1992 wurde in den Verteidigungspolitischen Richtlinien der Auftrag der Bundeswehr auf den weltweiten Einsatz hin erweitert und in den Folgejahren in weiteren Richtlinien und Weißbüchern ausführlicher erläutert. Mit den Einsätzen auf dem Balkan, in Afghanistan sowie auf See müsste dies schließlich Allgemeingut geworden sein. Doch noch fast zwei Jahrzehnte später trat der damalige Bundespräsident Horst Köhler zurück, weil er in einem Interview zum Afghanistaneinsatz ausgeführt hatte, die Bundeswehr könne auch zur Wahrung freier Handelswege eingesetzt werden. *Der Spiegel* betitelte dies als Tabubruch[26] und die öffentliche Empörung war groß. Der Einsatz in Afghanistan diene der Gewinnung von Rohstoffen, so eine Interpretation, die von der Ahnungslosigkeit der Kommentatoren zeugte. Die Rohstoffvorkommen in Afghanistan werden mit hoher Wahrscheinlichkeit von anderen Staaten abgebaut, insbesondere China zeigt hier großes Interesse. Und von den Kritikern wurde auch verdrängt, dass der Einsatz am Horn von Afrika zur Bekämpfung der Piraterie auf See die Handelswege offenhält. Genau dies war im Interview angesprochen, aber sehr missverständlich mit dem Einsatz in Afghanistan verquickt worden.

Die Bundeswehr wird in der Operation am Horn von Afrika im Wesentlichen zu drei Zwecken eingesetzt: Zunächst verlangen die nationalen wirtschaftspolitischen Interessen offene Handelswege, zum zweiten ist der Einsatz humanitär begründet, weil durch ihn Geiselnahmen verhindert wer-

[26] *Spiegel Online*, 27.05.2010

den, und letztlich soll er der Bekämpfung des internationalen Terrorismus dienen, da er dessen Nachschublinien unterbrechen soll. Der Kampf gegen den Terrorismus bestimmte das Mandat des Bundestages. Die Erwähnung der wirtschaftspolitischen Dimension des Einsatzes und die Forderung, darüber in einen gesamtgesellschaftlichen Dialog einzutreten, war letztlich der Anlass zum Rücktritt des Bundespräsidenten.

Genauso befremdlich vernimmt man als Soldat eine Äußerung des amtierenden Außenministers Walter Steinmeier. Mit Blick auf die krisenhafte Entwicklung im Irak äußerte er sich dahingehend, er könne sich »keine Konstellation vorstellen, in der deutsche Soldaten dort zum Einsatz kommen«[27]. Albanien, Somalia und Libyen waren ebenfalls Krisengebiete, aus denen die Bundeswehr Deutsche evakuierte. Sicherlich kennt ein deutscher Außenminister das komplexe Aufgabenspektrum der Bundeswehr, zumal sein Ministerium die Evakuierung deutscher Staatsbürger verantwortet, einschließlich des möglichen Einsatzes von Streitkräften. Weshalb also diese Äußerungen?

Beide Beispiele verdeutlichen einen grundlegenden Widerspruch in der deutschen Politik. Wenn Streitkräfte eingesetzt werden, dann sind sie jetzt und in absehbarer Zukunft als Instrument der Politik zu betrachten. Jeder Einsatz wird eine außenpolitische, sicherheitspolitische, wirtschaftliche und humanitäre Dimension besitzen. In der politischen Diskussion sind offensichtlich nur der humanitäre Aspekt eines Einsatzes und der ausschließlich defensive Charakter von Operationen vermittelbar. Dies erstreckt sich auch auf die Lieferung militärischer Güter. Selbst die Unterstützung der Kurden im Irak gegen die Angriffe der Terrorgruppen des Islamischen Staates (IS) wurde so legitimiert.

Aus der Haltung der politischen Elite, zunächst auf die Abstinenz militärischer Mittel zu verweisen, entsteht für die Streitkräfte ein Dilemma. Der Einsatz der Bundeswehr beruht daher wohl auch zukünftig nicht auf einer nationalen Strategie, sondern ist eine Reaktion auf wachsenden außenpolitischen Druck, die Solidarität mit Alliierten oder plötzliche krisenhafte Entwicklungen. Auch hierfür ist der von den USA so genannte Krieg gegen den IS zu nennen. Konnte sich der Außenminister zunächst keine Konstel-

---

27 *Die Welt,* 15.06.2014

lation vorstellen, deutsche Soldaten in den Irak zu senden, wurden später zur Ausbildung der Kurden im Irak Fallschirmjäger entsandt.

Als Soldat muss man grundsätzlich begrüßen, dass die politische Kultur in Deutschland von großer Zurückhaltung geprägt ist, wenn über den Einsatz von Streitkräften entschieden werden soll. Aus der geschilderten Abwesenheit einer nationalen Strategie überträgt sich jedoch das Dilemma der politischen Elite auf die Streitkräfte. Jeder Einsatz wird zu Beginn hinlänglich diskutiert, jede Änderung eines erteilten Mandates ebenso. Das erzeugt für die Streitkräfte einen immanenten Zeitdruck, weil politische Weisungen zum militärischen Einsatz und die Mandatierung durch den Bundestag erst sehr spät erfolgen. Gleichzeitig erwarten Politikern aber, dass Beschlüsse sofort in Aktionen umgesetzt werden. Krisenmanagement wird dadurch zwangsläufig zum Prinzip militärischer Planungen erhoben. Die Auswirkungen in die Bündnisse hinein sind noch verheerender. Im Verlauf von Einsätzen kursieren E-Mails in den militärischen Netzen, die von den militärischen Vorbereitungen oder den bereits begonnenen Operationen der Bündnispartner berichten und über die Deutschen aussagen, sie diskutierten immer noch.

Der Erwartungsdruck gegenüber dem militärischen Apparat ist sehr hoch, Soldaten unverzüglich in die Einsatzgebiete zu entsenden, wenn die politischen Entscheidungen gefällt sind und die Mandatierung durch den Bundestag erfolgt ist. Die militärischen Vorbereitungen beginnen daher lange vor den Beschlüssen des Bundestages und ohne genaue Kenntnis des Auftrages, den erforderlichen Kräften und insbesondere der Einsatzregeln. Als Folge davon werden mehr Soldaten ausgebildet, als eingesetzt werden, bereiten sich mehr Familien auf die Trennung vor, als letztlich getrennt werden, und wird für den möglichen *Worst Case* ausgebildet, der weder der Einsatzrealität entspricht noch den Einsatzregeln. Dieses Dilemma wird wohl auf absehbare Zeit bestehen bleiben.

2. Ausbildung für den Einsatz

Wenn die Angehörigen von Luftwaffe, Marine und Heer bei den Auslandseinsätzen zusammenkommen, haben sie häufig einen recht unterschiedlichen Hintergrund. Wer hier gemeinsam auf Patrouille geht, kennt sich teils aus einigen Ausbildungsabschnitten, die sie vor dem Einsatz gemeinsam absolviert hatten. Doch viele lernen sich erst vor Ort im Einsatz kennen. Wie in anderen Organisationen pochen auch in der Bundeswehr die Teilstreitkräfte Heer, Luftwaffe und Marine auf Eigenständigkeit. Auf der Basis eines übergeordneten Leitbildes, leben sie eine Kultur, in der die jeweiligen Qualifikationen besonders herausgestellt werden. Diese Eigenheiten wirkten sich lange Zeit auch auf die einsatzvorbereitende Ausbildung aus: Heer, Luftwaffe und Marine bereiteten sich mit eigenen Programmen auf Einsätze vor, weil ein übergeordnetes Konzept fehlte.

Zu Beginn der größeren Auslandseinsätze war deshalb Improvisation in der Ausbildung das Gebot der Stunde. Aus diesem Grund wurden die Erfahrungen der Alliierten genutzt und an die eigenen Bedürfnisse angepasst. Doch spätestens mit der Aufstellung des Einsatzführungskommandos der Bundeswehr im Jahr 2001 hätten verbindliche Vorgaben für die einsatzvorbereitende Ausbildung erfolgen können. Das Kommando beansprucht, als operativer Stab alle Auslandseinsätze der Bundeswehr zu führen. Aus diesem Anspruch hätte eine Forderung an eine einheitliche Grundlagenausbildung für Einsätze erwachsen müssen, die um die Besonderheiten eines jeden Einsatzgebietes und die »Qualität« des Einsatzes – eine vornehme Umschreibung eines möglichen Kampfeinsatzes – angereichert ist. Auf diese Weisung warteten die Streitkräfte lange vergebens, obwohl im Einsatzführungskommando eine Abteilung ausschließlich für Ausbildungsfragen aufgestellt worden war. Das frisch aufgestellte Kommando scheute jedoch die Auseinandersetzung mit den etablierten Teilstreitkräften – ein typisches Problem in großen Organisationen, in deren Veränderungsprozessen Kompetenzen neu zugeordnet werden. Die Luftwaffe bildet noch heute in einer zentralen Ausbildungseinrichtung in Germersheim ihre Angehörigen auf die Einsätze vor. Das Heer hat einen dezentralisierten Ansatz gewählt. Die mit dem Einsatz beauftragte Division oder diejenige Division, die den Löwenanteil eines Kontingentes zu stemmen hat, ist auch für die Ausbildung verantwortlich. In diesem Ansatz spiegelt sich das klassische militärische Verständnis der Auftragstaktik wider. Derjenige, der einen Auftrag erhält, ist für die Ausführung verantwortlich. Natürlich basiert die Ausbildung im Heer auf allgemein gültigen Weisungen, doch deren Umsetzung in die Praxis führt immer noch zu unterschiedlichen Lehrinhalten und Schwerpunktsetzungen. Auch dies ist eine logische Folge der Aufgaben, die die unterschiedlichen Truppengattungen im Heer bewältigen müssen.

Das Motto »*Train as you fight*« wird seit Jahrzehnten in den US-amerikanischen Streitkräften angewendet. Eine direkte Übersetzung »Trainiere wie du kämpfst« erschließt nicht die Tragweite des Prinzips. Denn es beschränkt sich nicht auf die Ausbildung des einzelnen Soldaten, sondern fordert, dass alle Soldaten, die im Einsatz zusammen arbeiten, auch gemeinsam ausgebildet werden. Es wurde zwar als Grundsatz in die Bundeswehr übernommen und wird dennoch nicht befolgt. Wenn die Teilstreitkräfte ihre eigenen Ausbildungsinhalte festlegen, wird dieser zentrale Gesichtspunkt leider vernachlässigt. Nur so ist zu erklären, dass beispielsweise ein Bataillonskommandeur des Heeres seinem Inspekteur meldet, er sei mit seiner Truppe vollständig einsatzbereit, obwohl er die Nachfrage, ob er mit den Kräften aus den anderen Bereichen der Bundeswehr zusammen geübt habe, verneinte. Im Einsatz würden seine Soldaten gemeinsam mit Vertretern der zivil-militärischen Zusammenarbeit, mit Feldjägern, mit den EOD-Teams, die für das entschärfen oder Beseitigen von Minen und Sprengfallen zuständig sind, mit den Teams der Einsatzkamera und den Trupps der Operativen Kommunikation auf Patrouillen fahren. Hinzu kämen Einheiten der afghanischen Armee oder der afghanischen Polizeikräfte, die man erst im Einsatzgebiet kennen lernen würde. Seinen Auftrag hatte der Kommandeur also zwar erfüllt, aber einsatzbereit war seine Truppe in Wirklichkeit nicht. Dazu bedurfte es des Trainings im Einsatz.

Mittlerweile ist die Möglichkeit der gemeinsamen Ausbildung im Gefechtsübungszentrum Letzlingen in der Altmark möglich – allerdings vorausgesetzt, alle Beteiligten können dies zeitlich in ihre einsatzvorbereitende

Ausbildung integrieren. Das ist weder heute noch in Zukunft vollständig zu erreichen. Daher muss sich jedes Kontingent darauf einstellen, im Einsatz zunächst die einsatzvorbereitende Ausbildung abzuschließen. Die Zusammenarbeit ist mit den Soldaten zu üben, die sie vor Ort erstmals zu Gesicht bekommen. Selbst die Kampftruppen sind kaum in der Lage, geschlossene Einheiten in den Einsatz zu entsenden. Robert Eckhold, ein Fallschirmjäger, schildert dies anschaulich in seinem Buch »Fallschirmjäger in Kunduz«:

> »Ich schaute in die Runde und dachte, dass der ECHO-Zug im Großen und Ganzen doch ein ziemlich zusammengewürfelter Haufen war. Die erste und zweite Gruppe wurde aus Soldaten des 3. und 4. Zugs der 3. Kompanie und die dritte Gruppe aus Soldaten der 2. Kompanie gebildet.«[28]

Gleiches gilt für die Ausrüstung, die Fahrzeuge und die Waffen: Oft genug ist in den Berichten des Wehrbeauftragten bemängelt worden, dass die Soldaten in Deutschland nicht an den Geräten ausgebildet werden, die sie dann später im Einsatz nutzen. Die sogenannte Gemeinschaftsausbildung, das Anschießen der Waffen sowie der Umgang mit den Fahrzeugen muss in den ersten Tagen und Wochen im Einsatz erlernt werden. Diese Notwendigkeiten sind die sichtbaren Resultate einer Unterfinanzierung der Streitkräfte sowie der langen Entwicklungsdauer von Rüstungsprojekten.

Die Engpässe wirken sich natürlich auf die Qualität der Ausrüstung aus und sind wiederholt auch in der Öffentlichkeit bemängelt worden. Grundsätzlich vermindern sie aber nicht die Qualität der einsatzvorbereitenden Ausbildung. Allerdings muss von der Vorstellung Abstand genommen werden, bereits in Deutschland die Ausbildung abschließen und im Einsatz sofort in Operationen eintreten zu können. Selbst wenn alle Rahmenbedingungen stimmig wären, ist dies nicht der Fall. Allein die Akklimatisierung kann im Einsatzgebiet bis zu zwei Wochen dauern. Diese Zeit ist für die Ausbildung und die Einweisung in die einsatzbedingten Besonderheiten zu nutzen. Zu Operationen sind Einheiten erst nach dem Abschluss der Ausbildung und Akklimatisierung im Einsatzgebiet einzusetzen. Im Bewusstsein vieler Soldaten, aber auch deren Vorgesetzten ist dies leider jedoch nicht verankert. Sie wollen gleich mit der Ankunft im Feldlager ihren Ein-

---

28 Eckhold, S. 31

satz beginnen. So berichtet es auch Robert Eckhold in dem oben erwähnten Buch in dem Kapitel: »Endlich war es soweit – Mein erster Einsatz«[29]. Fünf Tage nach seiner Ankunft in Kunduz bereitet er sich auf seine erste Nachtpatrouille vor. Mit Waffen, die zwar schießen, aber nicht unbedingt treffen würden, wie der Leser auf den folgenden Seiten erfährt. Die notwendige Justierung und das Einschießen der der Waffen erfolgte nach einer Stunde Schlaf am folgenden Tag und setzte sich am darauffolgenden Tag fort.

Individuelle Vorbereitung

Heutzutage beginnt mit dem Eintritt in die Bundeswehr die Ausbildung für einen Einsatz. Bereits in der Grundausbildung, die jeder Soldat in den ersten Monaten absolviert, sind Ausbildungsprogramme enthalten, die auf die Aufgaben im Einsatz vorbereiten. Personenkontrollen, Checkpoint-Ausbildung und der Beginn des Waffentrainings seien hier als Beispiele genannt. Dies und die der Grundausbildung folgenden zentralen Ausbildungsabschnitte sind jedoch nicht Gegenstand dieses Kapitels.

Mittlerweile sind in den Verbänden und Stäben der Streitkräfte zentrale Stellen geschaffen worden, die Einsatzplanungen und -vorbereitungen der Soldaten steuern und überwachen. Neben den mit den sogenannten Leitverbänden und Trainingseinrichtungen abgestimmten Ausbildungsabläufen beschäftigen sich die Angehörigen dieser Stellen vor allem mit dem Vakanzenmanagement, so der technokratische Begriff aus dem Bereich der Personalbearbeitung. Damit wird der Prozess umschrieben, in dessen Verlauf, Soldaten gefunden werden, die für Aufgaben in den Einsatzkontingenten dringend benötigt werden. Täglich werden E-Mails versandt, in denen darum gebeten wird, Soldaten zu melden, die offene Dienstposten besetzen können. Werden Freiwillige gefunden, wird deren »Einsatzreife« überprüft – eine Bezeichnung für die bisher erworbenen und noch gültigen Qualifikationen, um in den Einsatz gehen zu können. Je nach Ergebnis der Prüfung wird ein Ausbildungsplan mit dem Betroffenen durchgesprochen und erstellt, wobei nach Möglichkeit auf die persönlichen Belange des Soldaten eingegangen wird. Letztendlich genießt jedoch die Einsatzvorbe-

---

29 Eckhold, S. 104

reitung Priorität. Das gleiche Vorgehen wird für alle Soldaten empfohlen, die für eine Verwendung in einem Stab oder auf einzelnen Dienstposten vorgesehen sind. Der Betroffene ist immer gut beraten, sich mit der für ihn zuständigen Stelle in Verbindung zu setzen und einen individuellen Ausbildungsplan zu erstellen.

Geht eine Einheit in den Einsatz, so werden die notwendigen Steuerungsmaßnahmen durch den sogenannten Leitverband ergriffen und befohlen. Doch trotz aller Planung wird es nicht gelingen, alle erwünschten Ausbildungsmodule zu durchlaufen. Das Ausbildungsangebot an den Schulen, Zentren und der Führungsakademie ist zeitlich vorgegeben und stimmt nicht immer mit den zeitlichen Vorgaben der Leitverbände überein. Wird eine Position in einem multinationalen Hauptquartier der NATO oder der EU besetzt, ist zusätzlich die Teilnahme an deren Stabsübungen erforderlich. Zuvor sollten den Betroffenen die NATO-Planungsverfahren bekannt sein. Grundlegende Qualifikationen hierzu können in der NATO über computergestützte Trainingsmodule erworben werden, bevor man an einer zwei- bis dreiwöchigen Zusammenziehung des für das Hauptquartier geplanten Personals teilnimmt, um in einer Übung die Planungsverfahren anzuwenden. Diese Vorhaben finden in Polen oder Norwegen statt. Manchmal auch an den Standorten der Hauptquartiere, die als Leitverband bestimmt wurden. Ist man für eine Position in einem der Hauptquartiere ausgewählt, sollte immer unmittelbar mit dem deutschen Vertreter in diesem Hauptquartier Verbindung aufgenommen werden. Damit wird die Zeit verkürzt, die oftmals unerklärlicherweise vergeht, bevor die Planungen auf dem offiziellen Weg vorliegen. Warten und auf den Dienstweg zu vertrauen führt leider regelmäßig zu Problemen im Zeitmanagement. Für den Soldaten verbleibt kaum Reaktionszeit oder er muss einen Ausbildungsabschnitt ausfallen lassen, der nicht im nationalen Programm verbindlich vorgesehen ist.

Sind Einsätze bei den Vereinten Nationen vorgesehen, wird normalerweise eine Ausbildung am VN-Ausbildungszentrum in Hammelburg erforderlich sein. Dort werden auch die Informationen bereitgestellt, um die von den Vereinten Nationen angebotenen computergestützten Lernprogramme zu nutzen und zusätzliche Qualifikationen zu erwerben.

Die Angebote innerhalb und außerhalb der Bundeswehr sind vielfältig und für den soldatischen Laien kaum noch zu durchschauen. Deswegen sollte jeder Soldat bereits vor einer konkreten Einsatzplanung grundlegende Qualifikationen erwerben. So kann der zwangsläufig auftretende zeitliche Konflikt mit der durch den Leitverband geplanten Truppenausbildung vermindert werden. Unbedingt sind vor dem Einsatz alle national verbindlichen Ausbildungsabschnitte zu durchlaufen. Die Teilnahme an ihnen wird berechtigterweise im Einsatzführungskommando der Bundeswehr kontrolliert. Sind dort hinter einem Namen nicht alle Kästchen auf Grün gesetzt, erfolgt keine Zuweisung für einen Flug ins Einsatzgebiet. Der bürokratische Aufwand ist mit der Zentralisierung natürlich gestiegen, aber zumindest wird die Zahl derer minimiert, die trotz fehlender Ausbildung in einen Einsatz fliegen wollen.

Sicherheit über alles – das *Worst-Case*-Prinzip und seine unbeabsichtigten Nebenwirkungen

Ein ranghoher General, der für Einsätze in Afghanistan verantwortlich war, äußerte vor den Soldaten, die er in Kabul besuchte, der Schutz der eigenen Soldaten sei oberstes Prinzip. Sprach's, wünschte alles Gute und eilte zur nächsten Einheit im Lager. In den Gesichtern der Soldaten stand die Frage geschrieben, weshalb man dann in Afghanistan sei. Zu Hause könne das Prinzip viel besser gelebt werden. Und wenn es einen schon hierher nach Afghanistan verschlagen habe, bleibe man besser im Lager. So bringe niemand seine Kameraden unnötig in Gefahr, die vor den Toren lauert.

Die Worte des Generals drückten die allgemeine Haltung aus, den eigenen Einsatz in Afghanistan möglichst ohne Vorfälle oder Verluste zu überstehen. Unausgesprochen ist dies mit der Befürchtung verbunden, Vorkommnisse im Einsatz, die Leben kosten, würden auch die eigene Karriere beenden.[30] Dabei ist im Einsatz nichts so wahrscheinlich wie Verwundung und Tod. Das Bewusstsein dafür wird bereits in der Grundausbildung geweckt. In der sogenannten ZaEAKK, der Zusatzausbildung der Einsatzvorbereitenden Ausbildung im Rahmen von Konfliktverhütung und Krisenbewältigung in der Bundeswehr, wird es unweigerlich geschärft. Es ist eine *Worst-Case*-Ausbildung. Sie bereitet auf Extremsituationen vor, die von

30 Siehe hierzu auch: Tomforde, S. 275

der Masse der Soldaten im Einsatz niemals erlebt worden sind und auch nicht erlebt werden. Höchstens 20 Prozent eines Einsatzkontingentes erhalten einen Einblick in die Welt außerhalb der schützenden Mauern und Hesko-Wällen des Feldlagers. Von diesen 20 Prozent fahren viele durch das Land, ohne näheren Kontakt zur Bevölkerung zu haben. Es dürften nicht mehr als fünf Prozent eines Kontingentes sein, die das Land und dessen Bewohner wirklich näher kennenlernen.

Die Auswertung von Meinungsumfragen in Afghanistan zeigten, dass noch im Jahr 2008 eine überwältigende Mehrheit der Afghanen mit der Präsenz von ISAF einverstanden war. Nur etwa zehn Prozent unterstützen die Taliban und ein bis zwei Prozent rechtfertigen Selbstmordanschläge.[31] Doch auf die zehn Prozent der Taliban-Befürworter konzentrierte sich die Ausbildung, weil die Sicherheit der Soldaten das höchste zu beschützende Gut ist.

In der Ausbildung kann kein anderer Ansatz gewählt werden, als sich auf extreme Situationen vorzubereiten. Er entspricht dem Grundsatz »Train as you fight«. Dies gebietet die Professionalität des Berufes. Der Schutz eines Soldaten wird durch seine antrainierte Handlungssicherheit bei Anschlägen und Gefechten erhöht. Dies wird von Kritikern oft als unmenschlich qualifiziert, weil Menschen zu seelenlos tötenden Maschinen mutieren würden. Nichts ist abstruser als diese Argumentation, die von einer grandiosen Unkenntnis zeugt. Würde aber diese Ausbildung als mehrschichtige Strategie angelegt sein, in der die freundliche Aufnahme durch die Bevölkerung realistisch dargestellt wird, würde man sie nicht mit den Aufständischen gleichsetzen, sie einem Generalverdacht aussetzen und damit deren Wohlwollen und Unterstützung verlieren.[32]

Anzeichen dafür zeigen sich auch dann, wenn man die Soldatenliteratur zu den Einsätzen in Afghanistan betrachtet. Darin wird die Gefahr beschrieben, jeden Afghanen, selbst die Kinder, als potenzielle Gefahrenquelle, als Gegner oder als Selbstmordattentäter zu sehen. Die Herzen und Köpfe gewinnt man mit dieser Haltung nicht. Die Meinungsumfrage der *ARD* und anderer Medien zur Situation in Afghanistan aus dem Jahr 2010 zeigt die Konsequenzen auf: Das Ansehen der Deutschen ist über die Jah-

---

31 Ungefähre Resultate aus einer afghanistanweiten Meinungsumfrage.

32 Im Kap. 9 »Exkurs zur interkulturellen Kompetenz« wird dies näher ausgeführt.

re hinweg dramatisch gesunken. Sie werden als Kriegspartei wahrgenommen – eine logische Konsequenz, wenn Operationen mit der Tötung unbeteiligter Zivilisten und Kinder enden. Deutsche Soldaten werden dann nicht mehr als Garant von Sicherheit und Unterstützer im Aufbau des Landes wahrgenommen. Die Unterstützung der Taliban hingegen hat laut der Meinungsumfrage zugenommen. Mehr als ein Viertel der Bevölkerung befürworten Anschläge der Taliban gegen die ISAF-Kräfte.[33] Das ist ein dramatischer Anstieg, nämlich eine Verdreifachung innerhalb von zwei Jahren. Diese Meinungsänderung hat ihre Ursache jedoch nicht allein im Vorgehen der deutschen Soldaten in Operationen. Bei der Bewertung muss auch die Präsidentschaftswahl des Jahres 2009 berücksichtigt werden. Sowohl die Mission der Vereinten Nationen in Afghanistan wie auch die Europäische Union gingen von massiven Wahlfälschungen aus. Diskussionen darüber führten zur Entlassung des stellvertretenden Sonderbotschafters der Mission der Vereinten Nationen in Afghanistan (UNAMA). Dennoch wurde Hamid Karzai als Präsident anerkannt. Damit hatte die internationale Gemeinschaft in den Augen der Afghanen ihre Glaubwürdigkeit vollends verloren. Anstelle dessen erhielten die bereits seit Jahren umlaufenden Gerüchte erneuten Auftrieb, die westlichen Staaten würden sich nur deswegen in Afghanistan engagieren, um die Öl- und Bodenschätze auszubeuten. Dies erklärt ergänzend die Umfrageergebnisse.

Während von allen Politikern, aber auch in der Bundeswehr der Afghanistaneinsatz mit demokratischen Aufbau und humanitärer Hilfe erklärt wurde, trainierten die Soldaten in der Ausbildung das Verhalten in extremen Situationen. Wie soll dann ein Soldat seinem Partner erklären, dass er möglicherweise erschossen wird, weil er in Afghanistan Aufbauhilfe leisten wolle? Das Paradoxon ist für den Soldaten nur dann auflösbar, wenn er die Erklärungen der Politiker gegenüber seinem Partner in den Bereich der Märchen verweist. Andererseits kann er zur Begründung der Ausbildung keine Statistik heranziehen, sondern nur auf die Tatsache verweisen, dass Soldaten Ziele von Anschlägen seien. Doch selbst die Statistik unterstützt diese Argumentation nicht.

---

[33] *ARD*, Afghanistan-Umfrage, 06.12.2010

Seit dem Auslandseinsatz in Somalia vor 22 Jahren wurde noch niemals ein deutscher Soldat entführt und als Geisel öffentlich zur Schau gestellt oder enthauptet. Und das, obwohl besondere, nach dem Dienstgrad gestaffelte Kopfprämien ausgesetzt sind, wenn es gelingen sollte, einen deutschen Soldaten gefangen zu nehmen. Das tragische Schicksal anderer Soldaten und Zivilisten zeigt jedoch die reale Gefahr der Einsätze. Deswegen ist ein Ausbildungsabschnitt der Entführung und Geiselnahme gewidmet. Während der simulierten Geiselnahme weiß zwar jeder Beteiligte, dass sein Leben nicht gefährdet ist, er keinerlei Folter erleiden wird und er auf ein Zeichen hin die Geiselnahme abbrechen kann. Trotzdem erleben die meisten Teilnehmer dabei innere Zustände, die sie neu an sich entdecken. Allein die Erfahrung, welche Emotionen bereits in einer Trainingssituation ausgelöst werden können, rechtfertigt die Ausbildung. Sie wird von Psychologen begleitet, deren Einschätzung dazu führen kann, Soldaten von Einsätzen zurückzustellen, wenn emotionale Instabilitäten erkannt werden, die in realen bedrohlichen Situationen zu einer Gefährdung für andere werden könnten.

Im Rahmen dieses Trainings wird den Soldaten beigebracht, als Geisel den Wünschen der Geiselnehmer zu folgen, um Folter zu vermeiden. Hierzu kann auch gehören, in Videobotschaften die Politik der Bundesrepublik Deutschlands zu verdammen, mit welchen Sätzen auch immer dies geschehen soll, und die Behandlung durch die Geiselnehmer zu loben. Auch in dem Wissen, dass die mediale Aufregung groß sein wird. Dabei sollte jeder wissen, dass sämtliche Videospots und Botschaften von Geiseln nach einer erlittenen Folter oder unter Androhung von Folter entstanden sind.

Die Ausbildungsstationen, auf denen ein Konvoi überfallen wird, ein Gegner im Feuerkampf zurückgedrängt werden muss und gleichzeitig die verletzten und verwundeten Kameraden geborgen werden, bringt eines mit erschreckender Klarheit zum Bewusstsein. Keiner hat in der Situation des Anschlages ein klares Bild von der Lage. Zunächst weiß niemand, wo sich der Gegner befindet und aus welcher Richtung geschossen wird. Die innere Unruhe der Soldaten ähnelt der von kleinen Kindern, die Fußball spielen. Alle wollen zum Ball rennen, aber der Trainer sagt: »Raumdeckung, jeder auf seinen Platz!« Für die meisten wird erst mit der Auswertung des Trainingsabschnittes deutlich, was alles geschehen ist. Dies betrifft jeden im

Konvoi. Auch Geschehnisse in nächster Nähe hört man, kann sie aber nicht sehen, weil eine Mauer, ein Haus oder ein Wall die Sicht versperrt. Erst in der Nachschau erlangt der verantwortliche Führer ebenso wie der einzelne Soldat Gewissheit darüber, was passiert ist. Wer erstmals an dieser Ausbildung teilnimmt, wird anschließend verinnerlicht haben, dass jeder an dem Platz zu bleiben und die Aufgabe zu erfüllen hat, die an ihn gestellt wurde.

Aus meiner eigenen Ausbildung ist mir eine Diskussion in lebhafter Erinnerung. Sie drehte sich darum, welchen Platz der Führer in einem Konvoi wählt. Die uralte deutsche Führungsphilosophie besagt, der Führer suche seinen Platz vorn. Er teile die Gefahr mit seinen Soldaten, erhalte dort ein aktuelles Lagebild und könne sofort Gegenmaßnahmen ergreifen. Dies führte zu der Forderung, der Führer müsse im ersten Fahrzeug sitzen. Die Chance, damit den am besten qualifizierten Soldaten im ersten Augenblick des Gefechtes zu verlieren, ist jedoch sehr hoch. Der Absicht des Gegners, den Führer als Ersten zu töten, kommt dies ebenfalls entgegen. Auch würde das Chaos nach der ersten Explosion, dem ersten Beschuss nach dem Verlust der Führungsperson vergrößert. Normalerweise ist dies im Anschluss mit höheren Verlusten verbunden. Doch selbst nach heftigen Diskussionen wurde die Forderung nicht relativiert.

Später stellte sich heraus, dass die Einstellung des für die Ausbildung verantwortlichen Kommandeurs übernommen wurde, ohne Alternativen zu durchdenken oder auf die möglichen negativen Folgen hinzuweisen. Es wurde befohlen, gehorcht und Führen von vorne mit Fahren im ersten Fahrzeug verwechselt.

In zwei anderen Ausbildungsbereichen wird deutlich, wie schwer es gewesen ist, die Bundeswehr besser auf die Einsätze vorzubereiten. Einerseits war es mangelnde eigene Erfahrung, andererseits die im langen Frieden entstandenen Prozesse der Mitprüfung von einer Anzahl an Ämtern, bevor ein Ausbildungshinweis erlassen werden konnte oder eine neue Ausbildungskonzeption genehmigt wurde. Bis eine allgemeingültige Vorschrift für die Streitkräfte durch alle Instanzen geschleust ist und sie erlassen werden kann, vergehen Jahre in sogenannten Mitprüfungsrunden. Daher arbeiteten die einzelnen Organisationsbereiche seit der Jahrtausendwende vor allem mit vorläufigen Konzeptionen, Ausbildungshinweisen etc., um in kürzerer Zeit die Lehren aus den Einsätzen verwerten zu können.

Spätestens seit den Einsätzen auf dem Balkan stellten Minen und Sprengfallen mit die größte Gefahr in den Missionen dar. Die Sprengfallen wurden mit dem Erstarken der Terrorbewegungen immer aufwendiger und wirksamer. Die Erfahrungen, die Terroristen im IRAK sammelten, exportierten sie nach Afghanistan. In der ISAF waren bereits kurz darauf Briefings über die Taktiken der Terroristen, hier der Taliban, verfügbar. In Deutschland bestand die Ausbildung hingegen noch im Jahr 2005 darin, Minen und Sprengkörper zu erkennen und im Handlungstraining nach der Explosion einer Sprengfalle die wahrscheinlich versteckte zweite Sprengfalle zu finden. Erstmals 2005 im Einsatz in Afghanistan erhielt ich ein Dokument, in dem die Taktiken der Taliban erläutert waren. Das Papier sollte nur Deutschen zugänglich gemacht werden. Eine nur schwer verständliche Einschränkung, da sich in multinationalen Organisationen auch die Fahrzeugbesatzungen aus verschiedenen Nationen zusammensetzen, oft begleitet von einem afghanischen Übersetzer. Eine gemeinsame Ausbildung aller Beteiligten war also notwendig. Hintergrund der Geheimhaltung war die Sorge, dass afghanische Mitarbeiter die Dokumente an die Taliban verraten könnten und sie daraufhin ihre Taktiken änderten. Eine Begründung, die sich als logisch erschließt, wenn man die afghanischen Mitarbeiter unter Generalverdacht stellt und die Sicherheit der eigenen Soldaten mit oberster Priorität versieht. Sie ist aber unbegründet, wenn afghanische Mitarbeiter seit Jahren trotz Todeswarnungen weiterhin zuverlässig ihrer Tätigkeit nachkommen.

Als Reaktion auf die Bedrohung durch Sprengsätze wurde im Jahr 2005 das Zentrum für Kampfmittelbeseitigung in Stetten am kalten Markt aufgestellt und zwei Jahre später in Dienst gestellt. Doch noch 2008 waren in Vorschriften und Ausbildungsweisungen unterschiedliche, teilweise sich widersprechende Verfahren gültig. Die Nachfrage nach den gültigen Vorschriften wurde nicht befriedigend, aber zumindest realistisch beantwortet: Man wende am besten die sicherste Vorgehensweise an, auch wenn es nicht notwendig sei. Das erspare in Deutschland Erklärungen, wenn etwas vorfallen sollte. Eine sehr bürokratische Antwort, die in einigen Situationen nicht weiterhilft. Um die Gefährdung durch Sprengsätze oder Minen zu verringern, ist die sogenannte 5–25-Regel eingeführt worden. Bei einem Halt sucht man vom Fahrzeug aus die unmittelbare Umgebung nach Sprengsätzen ab. Anschließend steigen ein oder zwei Soldaten aus, um den Suchradius auf 25 Meter auszuweiten. Dann erst sitzen alle ab. Die Regel ist verbindlich, außer man befindet sich im unmittelbaren Gefecht. Einhalten sollte man sie dennoch nicht immer, sondern in bestimmten Situationen bewusst davon Abstand nehmen. Eine Einladung zu einer Schura, einer Versammlung von Familienoberhäuptern oder Ältesten, anzunehmen und die Gegend um das Fahrzeug in Anwesenheit der afghanischen Ältesten nach Sprengsätzen abzusuchen, beleidigt zutiefst die Anwesenden. Die Ältesten fühlen sich nach ihrem Verständnis des Gastrechtes für die Sicherheit der Eingeladenen verantwortlich. Das geschilderte Verhalten führte in einer Situation sogar zu der Frage der Afghanen, ob der deutsche Stabsoffizier Erdnüsse verloren habe. Seine Reputation als Soldat und ernst zu nehmender Gesprächspartner hatte er damit schon vor Beginn des Gespräches eingebüßt.

Die bisher geschilderten Ausbildungen werden nicht unbedingt gleichzeitig von allen Soldaten durchlaufen, die gemeinsam miteinander in den Einsatz gehen. Zumindest diejenigen, die zukünftig gemeinsam außerhalb des Feldlagers operieren, sollten die Möglichkeit nutzen, an der Kontingentausbildung im Gefechtsübungszentrum des Heers in der Letzlinger Heide teilzunehmen. Die Erfahrungen aus Afghanistan und Kosovo sind in die Ausbildung eingeflossen. Ein kosovarisches und ein afghanisches Dorf werden hierzu nachgebaut, afghanische und kosovarische Rollenschauspieler engagiert. So kann das Kontingent unmittelbar vor dem Einsatz das gesamte zu erwartende Einsatzspektrum üben. Sämtliche Handlungsabläufe und Entscheidungen, der Einsatz von Waffen und deren Treffer sowie die Gefechtsbefehle können aufgezeichnet werden und nach dem Training in einem Kino-ähnlichen Saal für die Auswertung vorgeführt werden. Obwohl die Ausbildungseinrichtung dem Heer zugeordnet ist, sollten alle zukünftigen Kontingentangehörigen, die aus anderen Bereichen der Streitkräfte beziehungsweise der Bundeswehr stammen, an dieser Ausbildung teilnehmen. Neben den exzellenten Trainingsmöglichkeiten, die zwar manchmal durch Materialengpässe zur Improvisation zwingen, lernen alle Teilnehmer voneinander und können die unterschiedlichen Qualifikationen der Soldaten einschätzen, die aus anderen Bereichen in den Einsatz abgeordnet sind. Das gemeinsame Verständnis von Operationen wird in diesem Training geschult und nicht erst im Einsatz teilweise schmerzhaft erlebt.

Die Ausbildung in der ZaEKK ist eine der besten, die ich je erlebt habe, auch wenn sie manchmal nur einige Stunden dauert. Sie profitierte von den Erfahrungen der Ausbilder, die selbst mehrmals im Einsatz waren, um die Sprengfallen zu entschärfen oder zu beseitigen. Aber es fehlte immer die Ausbildung in den Taktiken des Gegners. Diesem Mangel konnte in Kabul abgeholfen werden. Dort boten die US-amerikanischen Streitkräfte einen dreitägigen Kurs an, in dem sehr umfassend und sorgfältig in der Thematik ausgebildet wurde.

Schießausbildung

> »Seit fast zehn Jahren sind deutsche Soldaten im Afghanistaneinsatz. Im Krieg. Jeden Tag haben sie es mit einem Feind zu tun, der sie nicht nur aus der Ferne beschießt. Mittlerweile feuern die Aufständischen mit AK-47 und tragbaren Panzerabwehrraketen auch aus kürzesten Entfernungen auf die ISAF-Soldaten. Alles oft unter 30 Metern.
>
> Am 17. August 2010 genehmigte der Generalinspekteur der Bundeswehr das neue Schießausbildungskonzept. Dieses streitkräftegemeinsame Konzept ergänzt die bisherigen Übungen und stellt deutlich höhere Anforderungen an Ausbilder und Schützen. Schon vor fünf Jahren zeigten die Einsatzerfahrungen, dass es erhebliche Defizite im Bereich des Gefechtsschießens gab. So bildete die Bundeswehr kein Schießen auf kurze und kürzeste Distanzen aus. Vorbild für die neuen Ausbildungselemente war die Schweizer Armee.
>
> 2007 schossen Angehörige der Infanterieschule des Heeres (InfS) aus Hammelburg das eidgenössische Konzept mit ihren Waffen an zehn Tagen durch, um zu sehen, ob es für die Erfordernisse bei der Bundeswehr tauglich war. Es zeigte sich, dass die Techniken schnell auf die eigenen Waffen übertragbar und in der Anwendung stressstabil waren.«[34]

[34] Muth, 04.12.2013

Das Konzept musste jedoch schrittweise realisiert werden, weil Ressourcen und Infrastruktur unzureichend waren, um alle Soldaten gleichzeitig auszubilden. Da die Einführung eines neuen Konzeptes immer kritisch kommentiert wird, wurden vermeintliche und echte Mängel auch an die Öffentlichkeit getragen. Exemplarisch sei an die Meldungen in den Medien erinnert, die über fehlende Munition berichteten, und an die seit 2010 anhaltende Diskussion über die mangelhafte Wirkung und Zielgenauigkeit des Gewehres G 36. Zur Frage der Zielgenauigkeit kann zum Zeitpunkt der Niederschrift dieses Buches keine Aussage getroffen werden, da der Abschlussbericht über die Mängel des Gewehres G36 noch nicht veröffentlicht wurde. Insbesondere ist nicht bekannt, inwieweit sich die Treffergenauigkeit bei der Erhitzung des Gewehres denn verändert. Die wirklich entscheidende Information wird vorenthalten. Hinsichtlich der Zielgenauigkeit habe ich unter normalen Bedingungen keine Probleme erfahren. Auf den Schießanlagen wird bis auf eine Entfernung von 250 Metern geschossen und problemlos getroffen. Diese Erfahrung teile ich mit allen Soldaten. Wird allerdings aus einem Gewehr in sehr kurzer Zeit Dauerfeuer verschossen, erhitzt sich der Lauf, er weitet sich und damit wird die Streuung der Schüsse größer. Deswegen ist bei einem Maschinengewehr, das Dauerfeuer verschießen soll, der Rohrwechsel vorgesehen. Bei einem Gewehr muss man hingegen warten, bis es wieder abgekühlt ist. Der schwerwiegendere Vorwurf lautete jedoch, das Gewehr G 36 würde im Gefecht zu wenig Wirkung erzeugen. Selbst getroffene Gegner würden weiter kämpfen, weil das geringe Kaliber des Gewehres keine sogenannte Stopp-Wirkung erzeuge. Von der Größe des Kalibers ist die Wirkung eines Treffers jedoch nur bedingt abhängig, eher von der Schwere des Treffers und der Konstitution des Getroffenen.

Selbst in weiten Teilen der Bundeswehr wird nicht offen angesprochen, dass nur der tödliche Treffer einen Gegner zu Fall bringt. Und je mehr sich ein Gegner durch Westen und andere Ausrüstung schützt, umso wichtiger ist es, seinen Kopf zu treffen. Die Schießausbildung ist jedoch seit Jahren vom Ziel geprägt, einen Gegner am weiteren Kämpfen zu hindern, ihn kampfunfähig zu machen. Vielleicht scheut sich die Bundeswehr deswegen immer noch, während der gesamten Schießausbildung Realität so weit wie möglich darzustellen. Im neuen Schießausbildungskonzept wird auf kurze Distanz auf ein kleines Rechteck geschossen, das mittig auf einem großen

Rechteck aufsitzt. Abstrakter können die Umrisse eines Menschen kaum dargestellt werden. So wird hin und wieder vom Ausbilder erwähnt, den Kopf und den Körper dürfe man nicht darstellen, aber eigentlich gelte es, das kleine Rechteck zu treffen. Bei den sich anschließenden Übungen wird wieder auf die Silhouetten von Menschen geschossen, die sogenannten »Mannscheiben«. Die Videos im Schießsimulator sind noch realistischer. Sie zeigen Menschen, auf die geschossen wird, wenn sie vom Schützen als Gegner erkannt worden sind. Warum also wird zu Beginn der Ausbildung die Realität durch abstrakte Formen ersetzt?

Lektürehinweis

Herzog, Alf und Peter Müller: *Am Einsatz orientiert: Neues Schießausbildungskonzept.* [Der Artikel beschreibt das gesamte Ausbildungskonzept, beginnend mit der Grundausbildung der Soldaten.]

Muth, Marcel: *Sicher im Nahkampf.* In: *Y – Das Magazin der Bundeswehr. Sicher im Nahkampf.* [Ein Artikel, der die Grundzüge des Konzeptes und Vorteile gegenüber dem alten beschreibt.]

Haak, Karen: *Das neue Schießausbildungskonzept.* [Ein weiterer Artikel, der das Konzept erläutert, einschließlich eines Interviews mit dem Kommandeur des Infanterieschule (heute: Ausbildungszentrum Infanterie) in Hammelburg.]

Scholzen, Reinhard: *Nach Schweizer Vorbild.* [Ein Artikel in der *Allgemeinen Schweizer Militärzeitschrift*, in dem die Übernahme der Schweizer Schießausbildung in die Bundeswehr beschrieben wird.]

Darüber hinaus sind im Internet bei YouTube und im Bundeswehr-Auftritt zahllose Artikel und Videos zu finden, in denen das neue Konzept eingehend beschrieben wird.

Ein Artikel auf der Webseite der Bundeswehr beschreibt die Gründe für das neue Schießausbildungskonzept, abgekürzt nSAK.[35] Eine Begründung, die Fragen offenlässt:

---

35 Haak, 03.12.2013

> »Das bisherige Schießausbildungskonzept entstand unter den Bedingungen des Kalten Krieges. Es war damit ausgerichtet auf Streitkräfte, deren bestimmender Auftrag die Landesverteidigung war. Diese Rahmenbedingungen haben sich seit 1990 massiv verändert.«

Der Artikel ist aus dem Jahr 2013 und beschreibt ein verändertes Aufgabenspektrum, das sich bereits vor 23 Jahren abzeichnete. Doch selbst der Verweis auf die Landesverteidigung trägt nicht, es sei denn, man leugnet die Tatsache, dass Kriege immer häufiger bewohnte Gebiete heimsuchen. Dort ist der Einsatz von Waffen auf kurze Distanz erforderlich. Diese Ausbildung fehlte. Die Erkenntnisse aus einem geänderten Kriegsbild, weithin diskutiert in den anglo-amerikanischen Fachzeitschriften und auch an den Schulen und Akademien der Bundeswehr, wurde nicht unter dem Aspekt ausgewertet, inwieweit die Ausbildung zu verändern sei. Erst die Erfahrungen deutscher Kontingente im Einsatz erzeugten den notwendigen Druck, Veränderungen durchzuführen. Im Jahr 2005 wurde begonnen, ein neues Konzept zu entwickeln. Im Jahr 2007 besuchte eine deutsche Delegation die Schweizer Streitkräfte und testete deren Ausbildungskonzept. Ein Jahr später und um Erfahrungen von anderen Nationen teilweise modifiziert, wurde es erprobt. Zu diesem Zeitpunkt war das Schweizer Konzept bereits 15 Jahre alt.[36]

Der Erwerb der Qualifikationen ist mittlerweile verbindlich vorgeschrieben. Nachdem in vielen Standorten die Schießanlagen umgebaut wurden, um die geänderten Sicherheitsbestimmungen zu erfüllen, ist auch die notwendige Infrastruktur vorhanden. Wie im Einsatz auch, ist der Soldat für den sicheren Umgang mit seiner Waffe selbst verantwortlich. Er munitioniert selbst seine Magazine auf und behält die Munition bei sich. Im Gegensatz zu früher, werden die einzelnen Übungen deutlich intensiver trainiert, bei denen mit hohem Munitionseinsatz geschossen wird. Die Ausbildung erzielt damit einen vertrauteren und sichereren Umgang mit den Waffen. Eine zentrale Neuerung in der Ausbildung ist das abwechselnde Schießen von Gewehr und Pistole die beide »am Mann« getragen werden, sowie das Schießen im Team. In der Einsatzvorbereitung sollte die Schießausbildung

36 Scholzen, S. 12–13

am besten in dem Team absolviert werden, das gemeinsam in den Einsatz geht – auch wenn die Soldaten aus verschiedenen Einheiten stammen und dadurch die Organisation sowie die Abstimmung der Ausbildungspläne schwieriger sind. Im Team gemeinsam geschossen zu haben, das Vorgehen und Zurückweichen geübt zu haben, schafft immenses Vertrauen und Sicherheit. Wenn immer möglich sollten auch die Ausbildungsmöglichkeiten auf einem Truppenübungsplatz genutzt werden. Im Unterschied zur ZaEAKK kann dort mit Gefechtsmunition, im sogenannten scharfen Schuss, eine komplexe Situation trainiert werden. Drei Effekte werden dadurch erreicht: Der erzielte Treffer wird sofort erkannt, da die getroffenen Ziele umfallen. Bei den sogenannten ROE (*rules of engagement – Einsatzregeln)*) Schießen, mit denen das Verhalten für die einzelnen Einsätze trainiert wird, erscheinen Gegner und unbeteiligte Zivilpersonen. Letztere sind zu schonen. Wird auf sie das Feuer eröffnet, kann der anwesende Gruppen- oder Zugführer sofort einschreiten. Die Treffer auf jedes einzelne Ziel werden elektronisch aufgenommen und können in der Auswertungsbesprechung zur Erläuterung herangezogen werden. Ein dritter Effekt besteht darin, dass nicht jeder Schütze alle Ziele sehen kann, aber die Schüsse hört. Falls er im Einsatz in ein Gefecht verwickelt wird, befreit ihn dies nicht von seinem ersten Schock, aber er reagiert schneller und sicherer.

Aufbau der eigenen Leistungsfähigkeit für den Einsatz

Die Abkürzung IGF/KLF steht für die Weisung »Zielvorgaben und Mindestleistungen der individuellen Grundfertigkeiten und der körperlichen Leistungsfähigkeit«. Die im Folgenden kurz skizzierten Ausbildungsinhalte sind von jedem Soldaten, gleich welchen Alters und Dienstgrad, zu erfüllen. Sie sind unabhängig von einer konkreten Einsatzvorbereitung jährlich zu absolvieren. Mit der Weisung wurde auch die dezentrale Datenerfassung und zentrale Auswertung verbessert, die zum Ende eines jeden Jahres vorgenommen wird und aufzeigt, dass zu wenige die jährlichen Anforderungen erfüllt haben. Regelmäßig wird nach der Auswertung eine Stellungnahme der Einheiten und Verbände gefordert, weshalb der Prozentsatz derjenigen, die alle Leistungen abgelegt haben, nicht den Erwartungen respektive

Zielvorstellungen entspricht. Dabei sind die Anforderungen über die Jahre hinweg kontinuierlich gesunken. Sie zu erfüllen liegt in der Verantwortung eines jeden Soldaten. In Einheiten wird zwar überwacht, ob alle Leistungen erbracht worden sind, doch Abwesenheiten, Lehrgänge, Übungen und Tagungen zwingen zu einer individuellen Planung. Solange aber die Nichterfüllung der Anforderungen keine personellen Konsequenzen für den Einzelnen nach sich ziehen oder sich negativ auf seine Karriere auswirken, werden die Abfragen wohl auch in den nächsten Jahren erfolgen.

Eine, wenn nicht die grundlegende Motivation für den Kampf erwächst aus dem Zusammenhalt innerhalb von kleinen Gruppen und dem unbedingten Vertrauen, sich aufeinander verlassen zu können. Im Soldatendeutsch wird die Gruppe oft als Kampfgemeinschaft bezeichnet und das unbedingte Vertrauen ist die Kameradschaft, zu der ein Soldat sogar gesetzlich verpflichtet ist. Einem Verletzten zu helfen genießt daher zu Recht oberste Priorität. Diese Hilfe kann nur versagt werden, wenn man sich im unmittelbaren Gefecht mit dem Gegner befindet. Unter dem Titel: »Verwundung – ein Kampf, auf den ich nicht vorbereitet war«[37] ist Tim Focken eine sehr persönliche und eindrucksvolle Schilderung gelungen, in der er seine Verwundung, die Erstversorgung durch seine Kameraden und Sanitäter sowie die weitere Behandlung in den Feldlazaretten und Bundeswehrkrankenhäusern beschreibt.

Die Ausbildung zum Helfer im Sanitätsdienst begleitet den Soldaten von der Grundausbildung an. Sie kann in einer Woche abgeschlossen werden, die aus einer Mischung von Theorie und Handlungstraining besteht. Die Ausbildung ist in vier Module aufgeteilt, die in vier aufeinanderfolgenden Jahren in der Reihenfolge A bis D zu wiederholen sind. Zudem ist bei fast jeder Übung eine sogenannte sanitätsdienstliche Lage – die SanEinlage – vorgesehen, um erste Maßnahmen am »Unfallort« einzuleiten. Der Sanitätsdienst der Bundeswehr lehnt sich mit der nun gültigen Ausbildungskonzeption, die 2011 als verpflichtende Ausbildung für jeden Soldaten erlassen wurde, an die US-amerikanische Terminologie an. Der Helfer im Sanitätsdienst heißt nun Ersthelfer A. Mit weiteren Ausbildungen kann

[37] Focken, 2013, S. 61–75

man die Stufe B erlangen und nach mehrmonatiger Ausbildung die Stufe C. Sie ist in der Qualität einem Rettungssanitäter vergleichbar.

Schon die allgemeine Unterrichtung erzeugt bei einigen Ausbildungsabschnitten Stille. Die Bilder von Verwundeten, in die Luft gesprengten oder verstümmelten Personen sind schockierend. Sie zu ertragen, fällt schwer. Und dennoch erfolgt selten eine Übertragung des Gesehenen auf die eigene Person. Der von Tim Focken gewählte Titel unterstreicht dies. Doch selbst, wenn man nicht selbst verwundet wurde, sondern nur Augenzeuge ist, möchte man lieber verdrängen. Der im Feldlazarett tätige Arzt Benno Steiner schildert die Konfrontation mit realen Verletzungen:

> »Beim Lazarett gibt es auch immer wieder junge Gefreite, die Fotos machen wollen von Verletzten. Aber wenn sie einmal echt was gesehen haben, wünschen sie sich ganz schnell wieder, sie hätten es nicht gesehen«. »Gar nicht« könnten die Kameraden damit umgehen, »aber so ist es halt, da kann man Seminare abhalten, so lange man will, auf den Krieg kann dich keiner vorbereiten.«[38]

So berechtigt diese Auffassung aufgrund des Erlebten sein mag, so ist sie dennoch zu hinterfragen. Die Aussagen in der Literatur und in Gesprächen mit ehemals verwundeten Soldaten sind höchst unterschiedlich: Während der eine Verwundete innerhalb einer Millisekunde bei einer leichten Verletzung bereits kampfunfähig wird, läuft und kämpft ein anderer trotz Unterschenkelbruch weiter und ein dritter verzweifelt angesichts seiner Verletzung sofort und glaubt, sein Ende sei gekommen. Leider habe ich in der Sanitätsausbildung nie erlebt, dass dies thematisiert worden wäre. Selbst die einsatzerfahrenen Sanitäter haben Schwierigkeiten, über ihre Erlebnisse zu sprechen. Sie wollen ihre Zuhörer nicht überfordern. Ein solches Verhalten unterstützt zwar die menschlich verständliche Reaktion, zu diesen Themen Distanz zu wahren und sie zu verdrängen. Aber es kommt einer Tabuisierung gleich, die unweigerlich in der Haltung endet, auch in der konkreten Situation lieber nichts wahrnehmen zu wollen.

Die geschilderten Qualifikationen werden auf Lehrgängen erworben und in der Ausbildung am Standort aufrechterhalten. In der ZaEAKK müs-

[38] Zajček, zitiert den Arzt Benno Steiner, S. 247

sen Soldaten mit schwersten Verwundungen in komplexen Situationen versorgt und gleichzeitig ein Gegner bekämpft werden. Auch hier habe ich sehr gute Ausbildungen erlebt, allerdings auch ständig wandelnde Auffassungen, wie Erste Hilfe in speziellen Situationen angewandt werden soll. Nur das ständige Training und die dauernde Wiederholung hält das Wissen präsent. Gerade Soldaten in Stäben und Ämtern fällt es allerdings schwer, sich von ihrem Schreibtisch zu lösen und die Ausbildung zu absolvieren. Sie sind im Einsatz dann mit großer Wahrscheinlichkeit weniger handlungssicher.

Die ABC-Abwehr und Selbstschutzausbildung bereitet darauf vor, sich in kontaminierten, das heißt: vergifteten, Gebieten bewegen zu können. Für den Außenstehenden mag es lächerlich erscheinen, doch allein das Anziehen der gummierten Überschuhe über die Stiefel erfordert Training. Noch mehr das Ausziehen der gesamten Schutzbekleidung, wenn sie kontaminiert wurde. Die vergiftete Bekleidung darf nicht mit der Haut in Kontakt kommen. Also muss das Ausziehen geübt werden.

Zudem ist es eine einschneidende Erfahrung, unter vollem Schutz zu arbeiten. Der Flüssigkeitsverlust ist enorm hoch, die Temperatur im Anzug steigt genauso schnell an wie die körperliche Belastung. Im ersten Golfkrieg erlebten dies auch die Angehörigen der in Kuweit stationierten ABC-Abwehr-Truppe. Jeder Angriff mit SCUD-Raketen aus dem Irak löste ABC-Alarm aus. Stundenlang saßen die Soldaten im Vollschutz, was besonders für Stressraucher schwierig zu ertragen ist.

Wie ein Feuerlöscher funktioniert, weiß vermutlich jeder, zumal die Bedienungsanleitung aufgedruckt ist. Doch in Stresssituationen nehmen sich die wenigsten die Zeit, Bedienungsanleitungen zu lesen. Beim Angriff auf die Außenstelle der Bundeswehr in Taloqan, etwa 70 Kilometer entfernt im Osten von Kunduz gelegen und wegen der dort normalerweise herrschenden Ruhe »Bad Taloqan« genannt, konnte ein Brand zunächst nicht gelöscht werden. Die Feuerlöscher seien defekt. Die Soldaten hatten in der Stresssituation vergessen, zunächst die Druckpatrone auszulösen, um überhaupt löschen zu können. In einem Feldlager suchten Soldaten hinter Mauern Schutz. Die noch vom vorabendlichen Grillen heiße Asche war in einen Abfallbehälter geschüttet worden. Er begann zu brennen und steckte den Container in Brand, neben dem er stand. Die darin befindliche Gewehr-

und Pistolenmunition explodierte. Der Container brannte ab. Solche Beispiele lösen während der Ausbildung immer Gelächter aus. Aber sich während eines Angriffes an die drei Handgriffe zu erinnern, während die zivile Menschenmenge vor der Außenstelle einen Steinhagel über die Mauern schickt und aus der Menge heraus geschossen wird, bedarf des ständigen Einübens im Rahmen der Ausbildung.

Die Bilder von Verbrennungen, die sich Soldaten bei Anschlägen oder in Gefechten zuzogen, vermitteln ein ungeschminktes Bild von Einsatzrealitäten.

Während der Ausbildung lernt man auch an brennenden Puppen, wie die Flammen eines brennenden Menschen erstickt werden können. Die Scheu zu überwinden, sich in ein Feuer hineinzubegeben und es zu ersticken, sollte jeder trainiert haben. So können schwerste Verbrennungen von Soldaten möglicherweise verhindert werden.

Ein Vorzug des Soldatseins liegt darin, während seiner regulären Arbeitszeit Sport betreiben zu dürfen. In fast jeder Kaserne sind Krafträume eingerichtet, die einen Vergleich mit manchen Fitnesszentren nicht zu scheuen brauchen. Als Spiegelbild der Gesellschaft sind aber auch die Streitkräfte nicht vom Problem der Übergewichtigkeit verschont geblieben. Für manchen Bundeswehr-Angehörigen wird die Chance, Sport zu betreiben, daher zur unangenehmen Pflicht. Dabei sind die Leistungsanforderungen über die Jahre hinweg kontinuierlich gesunken: Innerhalb von vier Minuten sind 100 Meter in Kleidern zu schwimmen. Anschließend ist der sogenannte Feldanzug im Wasser auszuziehen. Sechs Kilometer sind innerhalb einer Stunde mit einem fünfzehn Kilogramm schweren Rucksack zu marschieren. Schließlich ist ein sogenannter Basis-Fitness-Test zu absolvieren. Elf Sprints über zehn Meter, die jeweils aus der Bauchlage anzutreten sind, ein Ausdauertest im Klimmhang am Reck und ein 1000-Meter-Lauf sind in den vorgegebenen Zeiten leicht zu erreichen, wenn man mit der Bewertung ausreichend vorliebnimmt. Zusätzlich sind jedes Jahr die Leistungen des Sportabzeichens abzulegen.

Die geforderte Grundkondition ist mit diesen Leistungen erreicht, für einen körperlich fordernden Einsatz reicht sie nicht aus. Auf ihn sollte man sich bereits Monate vorher vorbereiten. Verlässt man das Lager, trägt man mindestens 20 Kilogramm Gepäck mit sich. Mit ein wenig mehr Ausrüstung lädt sich ein Soldat circa 30 Kilogramm auf. Während der Fahrten ist der Oberkörper stundenlang in die Schutzweste und Sitze eingezwängt. Auf den Straßen, die von geringerer Qualität sind als deutsche Feldwege, wird der Körper im Sitz selbst bei Höchstgeschwindigkeiten von 15 Stundenkilometern erbarmungslos durchgeschüttelt. Der Oberkörper reibt sich an der angelegten Schutzweste. Um die Erschütterungen abzufedern, befindet man sich in einer ständigen Anspannung, die den gesamten Körper erfasst. Ein untrainierter Soldat wird nach einer längeren Fahrt so erschöpft sein, dass er kaum noch seinen Aufgaben nachkommen kann.

Falls ein Soldat vor dem Einsatz seine Schulter-, Rücken- und Rumpfmuskulatur nicht ausreichend trainiert, werden ihn die Belastungen außerhalb des Lagers viel zu schnell erschöpfen. Beim Training sollen also weniger die überflüssigen Pfunde abtrainiert werden, um ein Idealgewicht zu erreichen oder einen Oberkörper zu formen, der zum Bodybuilder-Wettbewerb qualifiziert. Der gezielte Muskelaufbau und die Steigerung der Ausdauer stehen im Vordergrund des Trainings. Wenige Kilogramm Überwicht sind dabei eher vorteilhaft. Ein idealgewichtiger Soldat benötigt permanent Energieersatz. Kann er nicht ausreichend essen, neigt er eher zur Erschöpfung. In entbehrungsreichen Situationen kann sein Körper nichts zusetzen. Ein gut trainierter, leicht übergewichtiger Soldat eignet sich besser für Einsätze. Die Aussage trifft zumindest für die 20 Prozent der Soldaten zu, die das Lager verlassen. Die im Lager Verbleibenden kämpfen eher mit Gewichtsproblemen. Sie nehmen zu, da sie dem Angebot der Küche nicht widerstehen können. Die Verpflegung ist nämlich im Allgemeinen sehr gut. Es gab allerdings auch Zeiten, in denen alliierte Soldaten mit eigens gedruckten T-Shirts zum Essen gingen, die folgenden Schriftzug zeigten: »Survivors of the German field kitchen« (»Überlebende der deutschen Feldküche«).

Auch die vor dem Einsatz aufgebaute Kondition muss im Einsatz aufrechterhalten werden. Als Faustregel sollte dreimal pro Woche eine länger andauernde Trainingseinheit vorgesehen werden.

Ankunft in der Realität

Die Ausbildung zielt auf Gefahren, extreme Situationen und misstrauische Achtsamkeit gegenüber der Bevölkerung im Einsatzland ab. Sie bereitet dennoch in beiderlei Hinsicht kaum auf die Realität des Einsatzes vor. Zum einen werden die hoch emotionalen, brutalen Momente eines Gefechtes in einer sachlichen, die Emotionen ausschließender Sprache beschrieben. Ganz im Gegensatz dazu werden in den Publikationen von betroffenen Soldaten die emotionalen Stürme beschrieben, die das Erlebte in den Soldaten auslösen.

Zum anderen wird ein Auftreten gegenüber der Bevölkerung antrainiert, das von Distanz geprägt ist, weil sich die Begegnung plötzlich in einen Kampf wandeln kann. Die Gestaltung der Ausbildung leistet dieser Haltung Vorschub. Wenn interkulturelle Kommunikation mit Rollenschauspielern trainiert wird, wandelt sich die friedliche Situation plötzlich in eine gefährliche: Sprengladungen explodieren, die Soldaten werden beschossen. Dies setzt sich in den Köpfen der Soldaten fest und überträgt sich auf das Verhalten im Einsatz. Deswegen ist bei den Kontingenten in Bezug auf ihr Sicherheitsverhalten eine Art Wellenbewegung zu beobachten. Zu Beginn des Einsatzes, unter dem Eindruck der Ausbildung, wirken die Soldaten angespannt. Das Erlernte wird genau umgesetzt, Kontrollen penibel ausgeführt. Nach zwei bis drei Wochen setzt eine Phase der Entspannung ein. Das Kontingent hat sich eingelebt. Diese Phase der Entspanntheit, die gefährlich sein kann, endet jäh mit dem ersten Anschlag, dem Raketenangriff oder den ersten Gefallenen. Die Wachsamkeit wird daraufhin extrem erhöht und pendelt sich in den Wochen darauf auf einem angemessenen, professionellen Level ein. Zum Ende des Einsatzes hin, wenn die Tage bis zum Rückflug gezählt werden, werden gefährliche Aufträge wenn immer möglich vermieden, was ebenfalls mit einer erhöhten Wachsamkeit einhergeht.

Die Wellenbewegung ist mit unterschiedlicher Ausprägung bei allen Kontingenten zu beobachten, die nicht von Beginn an Gefechten ausgesetzt sind. Sind die Kontingente bereits in den ersten Tagen in Gefechte verwickelt, wird irgendwann die permanente Gefahr zum Alltag und führt manchmal zur gleichen Laxheit. Sebastian Junger hat dies in seinem Buch »War – Ein Jahr im Krieg« eindrucksvoll beschrieben: US-amerikanische

Soldaten nahmen auf Außenposten in T-Shirts und unbehelmt den Kampf auf, anstatt die Schutzausrüstung anzulegen[39]. Weit abgeschwächter, aber von der allgegenwärtigen Gefahr abgestumpft beschreibt Robert Eckhold die Reaktionen auf einen Raketenbeschuss:

> »Als ihnen klar wurde, dass sie den Abend im Bunker verbringen würden, stürzten sie unter Raketenbeschuss nochmal los und besorgten sich aus der Betreuungseinrichtung der Fallschirmjägerburg einen Kasten Bier ... Sie hatten bereits einen abgeklärten Level erreicht. Andere wiederum blieben einfach im Bett liegen, obwohl es gegen die Order war. Sie waren es einfach leid, stundenlang im Bunker auszuharren und meinten, dass schon nichts passieren würde.«[40]

Eine weitere interessante Beobachtung lässt die Deutung zu, dass sich bei einem abzeichnenden Ende von Einsätzen auch die Führung vor Ort überlegt, ob noch gefährliche Operationen anzusetzen seien. In den Jahren 2009 bis 2011 erlitt die Bundesehr die höchsten Verluste. Als die Diskussionen um das Ende des Einsatzes begannen, sank die Anzahl der Operationen, abgesehen von denen der Spezialkräfte. In den folgenden drei Jahren fiel nur ein Soldat.[41] Die Vorbereitungen auf den Abzug standen im Vordergrund. Kaum einer dürfe noch die Lager verlassen, wurde aus den Einsätzen berichtet. Kommandeure wurden im Einsatz interviewt und gaben als größte Sorge zu Protokoll, jeden Soldaten unversehrt nach Hause zu fliegen. So verständlich der Wunsch und die Sorge sind, so umschreibt dies nichts anderes als das Ende der Operationen vor dem Ende der Operation.

---

[39] Junger, S.34 ff

[40] Eckhold, S. 168

[41] Im Internetauftritt der Bundesehr sind Summen genannt, die keine Ausschlüsselung nach Jahren und Einsatzgebieten zulassen. Die Gesamtzahlen unterscheiden sich unwesentlich von der zitierte Quelle: http://de.statista.com/statistik/daten/studie/153902/umfrage/in-afghanistan-gefallene-bundeswehrsoldaten, 03.04.2015

3. Die Ausrüstung

Die US-Armee hat in Fort Leavenworth seit Jahren ein Zentrum eingerichtet, in dem die in den Einsätzen erworbenen Erfahrungen zentral gesammelt, online bereitgestellt, im Chatroom diskutiert und nach einer Auswertung innerhalb des Zentrums als Anweisungen, Hilfen usw. veröffentlicht werden. Die Erfahrungsberichte aus dem Einsatz sind sofort online verfügbar und damit für alle Soldaten verwertbar, die sich im militärischen Netz angemeldet haben. Die Diskussionen in den Foren oder dem Chatroom dienen dazu, diese ersten Berichte aus den Einsätzen zu kommentieren. Das Ergebnis dieser Diskussion und einer Prüfung innerhalb des Zentrums kann dazu führen, dass ein Erfahrungsbericht wieder gelöscht wird, wenn die darin enthaltenen Empfehlungen sich als unzweckmäßig erweisen, oder dass er in die offiziellen Broschüren des Zentrums aufgenommen wird. Die Gefahr, aufgrund der Empfehlungen eines ersten Berichtes aus dem Einsatz, der weder diskutiert noch von Experten bewertet wurde, falsch zu handeln, wird im Vertrauen auf die Kompetenz der Soldaten im Einsatz akzeptiert. Ihnen traut man zu, mögliche fatale Konsequenzen beurteilen und vermeiden zu können. Das Verfahren dient auch dazu, erkannte Ausrüstungsmängel schnell zu beseitigen. Alles in allem ein Erfolg versprechender Ansatz.

Von deutschen Soldaten wird das System mit Neid betrachtet. Und doch erhielt ich 2008 einen über 80 Seiten umfassenden Bericht, in dem die privat beschafften Ausrüstungsgegenstände der US-Soldaten beschrieben wurden. Soldaten waren befragt worden, warum sie die von der US-Armee bereitgestellte Ausrüstung bemängelten und weshalb sie sich privat Gegenstände beschafften.

Im damaligen Heeresführungskommando wurde 2007 ein Dezernat aufgestellt, in dem die Einsatzerfahrungen ausgewertet werden. Ein Jahr später war das gesamte Personal verfügbar. So war schließlich 15 Jahre nach den ersten größeren Einsätzen eine Organisation eingerichtet, die an zentraler Stelle die aus den Einsätzen vorliegenden Erfahrungen sammelt, bewertet und die Ergebnisse online, aber auch in Broschüren zur Verfügung stellt.[42] Unter anderem sollen so Ausrüstungsmängel erkannt und Vorschläge zu ihrer Behebung gemacht werden. Mit länger andauernden Besuchen in den Einsatzgebieten und der persönlichen Teilnahme an Operationen werden eingesandte Erfahrungsberichte bestätigt oder berichtigt. Klagen über Ausrüstungsmängel werden von den Betroffenen ohne Umschweife vorgetragen. Deutlich schwieriger ist es, Aussagen zu falscher Handhabung, Gründe für Veränderungen an der Ausrüstung oder gar falschem Einsatz des Gerätes zu erlangen. Die Befragten bleiben dahingehend eher schweigsam, weil sie weder Kameraden noch Vorgesetzte belasten wollen. Es fehlt immer noch eine Kultur, in Erfahrungsberichten auch freimütig Fehler zu beschreiben, aus denen andere lernen können.[43] Soldaten befürchten immer noch, beim Eingeständnis von Fehlern Nachteile zu erleiden oder gar »disziplinar gewürdigt« zu werden, so der korrekte Sprachgebrauch für eine Bestrafung im Disziplinarrecht. Die Befürchtung ist verständlich, da die ausgesprochen Strafen im Vergleich zur zivilen Justiz oft völlig überzogen sind und teilweise aus nichtigen Anlässen ausgesprochen werden. Im Einsatz wird bei einer Verfehlung immer noch scherzhaft gefragt, ob man heute schon »geharft« worden sei. Dabei handelt es sich um eine Anspielung auf einen Kommandeur, der für seine rigide Handhabung des Disziplinarrechtes berüchtigt war. Die Einsatzauswertung leidet jedoch unter einer solchen Grundhaltung. Die Befrager stehen immer wieder vor dem Erklärungszwang, nicht wegen einer möglichen Bestrafung anwesend zu sein, sondern zur Optimierung beitragen zu wollen. Deswegen werden Gespräche manchmal unter Zusicherung von Anonymität geführt.

Soldaten aller Armeen beklagen sich über die Mängel ihrer Ausrüstung. In einer multinationalen Operation erleben sie die Ausrüstung anderer Nationen und vergleichen sie mit der eigenen. Britische Soldaten schimpfen ohnehin über ihre persönliche Ausstattung und auf die nationale Politik, alles im eigenen Land herstellen zu wollen. Sie schauen auf Deutschland und zitieren den Audi-Werbespruch »Vorsprung durch Technik«. Jede Nation hat in bestimmten Bereichen Ausrüstungen, die dem neusten Stand der

42 Jung, 25.11.2013
43 Vgl. hierzu Braun, 04.12.2013

Technik entsprechen, aber kurz darauf von den Entwicklungen der Industrie überholt sind. Die zivilen Firmen bieten sie schneller an, als sie durch das Militär beschafft werden. So wird im Verkaufskatalog der Militärausrüster geblättert, den Berichten der internationalen Kameraden geglaubt und der eigene Ausrüstungsmangel beklagt. Weitere Artikel werden bestellt. Bis zu 2000 Euro bezahlen Soldaten, um besser ausgerüstet in die Einsätze zu gehen. Dieses Phänomen, über eine gute Ausrüstung zu verfügen und ihre Mängel zu beklagen, wird immer existieren. Wenn Soldaten allerdings ihre Ausrüstung selbst bezahlen, darf man es nicht ignorieren.

Seitenlang schildern auch die *Bild*-Reporter Julian Reichelt und Jan Meyer die Ausrüstungsmängel im Einsatz.[44] Sie zitieren aus Berichten von Kommandeuren aus dem Einsatzgebiet. Ergänzt werden sie durch Schilderungen der Soldaten, die unmittelbar von den Mängeln betroffen sind. 2010 veröffentlichte die *Westdeutsche Allgemeine Zeitung* das »Tagebuch eines Deutschen in Afghanistan«. In acht aufeinanderfolgenden Berichten werden die Tagebucheintragungen eines anonym bleibenden Soldaten geschildert.[45] Auch Robert Eckhold bewertet die persönliche Ausrüstung in einem Kapitel zwar als »Besser als ihr Ruf«, aber er beschreibt in seinem Buch über zehn Seiten ihre Mängel und Unzweckmäßigkeit.[46] Doch teils nehmen Soldaten Veränderungen an Waffen vor, die unsinnig sind. Wenn Gewehre mit Tarnfarben angestrichen werden, verleiht das der Waffe vielleicht ein geiles Aussehen und dem Soldaten ein cooleres Auftreten. Effizienter wird die Waffe dadurch nicht. Es wie bei Fahrzeugen mit der besseren Tarnung zu begründen, verschweigt die Tatsache, dass Soldaten von einem Gegner dann erkannt werden, wenn sie sich bewegen.

In unzähligen Interviews werden die Mängel von Soldaten thematisiert. Auch in Briefen an den Wehrbeauftragten und die Verteidigungsministerin. Oberstleutnant André Wüstner, der Vorsitzende des Bundeswehrverbandes, wird in einem Artikel in der *Welt* zitiert:

> »Bei all meinen Besuchen in der Truppe im letzten Jahr war es dasselbe: Die Soldaten sind frustriert, weil ihre materielle Ausstattung eindeutig unzurei-

---

44 Reichelt u. a., S. 131–152

45 Die Artikel sind im Literaturverzeichnis unter *WAZ* aufgeführt.

46 Eckhold, S. 82–93

> chend ist. Sie wollen ausgebildet werden und üben. Weil sie alle wissen, dass eine gute Ausbildung die beste Lebensversicherung ist.«[47]

Die Welt titelt ihren Bericht mit der Schlagzeile »Die Bundeswehr. Eine demoralisierte Armee«. Demoralisierung würde jedoch bedeuten, die Bundeswehr hätte ihren Kampfgeist verloren. Das war in den Einsätzen nicht feststellbar. Interessanterweise berichten gerade die Angehörigen der Kampftruppen, trotz ihrer Klagen über die Ausrüstungsmängel, dass sie im Gefecht den Taliban überlegen waren. Sie hatten zwar Gefallene und Verletzte zu beklagen und standen mehrmals kurz vor einer Niederlage, aber letztlich haben sie die einzelnen Gefechte gewonnen – außer diese wurden abgebrochen, um die Bevölkerung zu schützen oder größere Zerstörungen zu vermeiden. Sicherlich herrscht jedoch in weiten Teilen der Bundeswehr Frustration. Sie ist durch den Unterschied zwischen den offiziellen Ankündigungen und ihrer Umsetzung begründet. Regierung, Verteidigungspolitiker, Wehrbeauftragter und Verteidigungsministerium fordern immer wieder die bestmögliche Ausrüstung für Soldaten im Einsatz. Die Lieferung der Ausrüstung in kurzer Zeit und ausreichender Stückzahl wird jedoch nicht erlebt. Die Gründe hierfür sind zum einen in der Bundeswehr selbst zu suchen und zum anderen bei den Mitgliedern des Finanzausschusses des Bundestages.

Der Beschaffungsprozess für Rüstungsgüter ist viel zu komplex und langwierig, um schnell auf Erfahrungen aus dem Einsatz reagieren zu können, aus denen heraus geänderte oder neue Ausrüstung gefordert wird. Die Forderung, schnell reagieren und liefern zu können, sollte mit einem verkürzten Beschaffungsprozess erfüllt werden, dem sogenannten »einsatzbedingten Sofortbedarf«. Diese Zielsetzung wurde von zwei Seiten vereitelt: Da die Bundeswehr unter einer chronischen Unterfinanzierung leidet, konnten Rüstungsprojekte prinzipiell nur noch realisiert werden, wenn sie im Programm des Sofortbedarfes untergebracht wurden. Die beabsichtigte schnelle Beschaffung war damit kaum möglich, weil die dafür bereit gestellten Finanzen nicht ausreichten. Als Folge stand die Verfolgung der Einzelinteressen von Heer, Luftwaffe und Marine im Vordergrund. Wie zuvor war eine mit der Industrie abgestimmte Lobbyarbeit erforderlich, um im politischen Raum den notwendigen Druck gegenüber den Politikern aufzubauen, die Entscheidungen im Finanzaus-

[47] *Die Welt*, 01.03.2015

schuss vorbereiteten und die den Ausgaben für die Projekte zustimmen mussten.

Eine zweite Entwicklung lief parallel dazu im Beschaffungswesen ab. Die Prüfungen und Kontrollen, die erfolgt sein müssen, bis Rüstungsgüter tatsächlich ausgeliefert werden können, wurden schrittweise wieder an den alten Standard angepasst, Ausrüstungen erst nach vollständiger Qualitätsprüfung zum Kauf freizugeben. Hierin scheint die mangelnde Risikobereitschaft zu liegen, nicht vollständig überprüftes Gerät für den Einsatz freizugeben. Schließlich scheut jeder Ingenieur die juristischen Konsequenzen, wenn mit seiner Unterschrift eine nicht vollständig vorhandene Einsatzfähigkeit festgestellt wird. Es sind die Haftungsfragen, verbunden mit den überbordenden Sicherheitsbestimmungen, die zu den langen Erprobungszeiten führen. Die Welt der Erprobung unterscheidet sich extrem von der Welt des Einsatzes. Gütesiegel und Qualität sind im Selbstverständnis der Ingenieure verhaftet, die Neunzig-Prozent-Lösung und die Improvisation im Militärischen. Aus den zehn Prozent Differenz resultieren lange Entwicklungszeiten und Preissteigerungen. Aus den unterschiedlichsten Gründen hängen diese sich wie Kletten an jedes Rüstungsgut. Die finanziellen Ressourcen erhöhen sich jedoch nicht und im Gegensatz zu einem Unternehmer darf das Verteidigungsministerium keine Kredite aufnehmen. So wird in Konferenzen entschieden, welche Rüstungsgüter nicht weiter, in reduzierter Stückzahl oder später beschafft werden sollen. Das Motto der Konferenzen lautet unverändert »Streichen, Strecken, Schieben«, wobei die Reihenfolge der Worte beliebig variiert werden kann. Die weniger kostenintensiven Projekte sind dabei am meisten gefährdet. Oft werden sie als Erstes beiseite geschoben, um ein oder zwei Jahre später erneut darüber zu entscheiden, ob sie wieder in das Beschaffungsprogramm aufgenommen werden sollen.

Am Ende entscheiden die verfügbaren Finanzen darüber, was angeschafft werden darf. Können die zugebilligten Mittel nicht ausgegeben werden, weil die gewünschte Ausrüstung noch nicht einsatzreif getestet wurde, wird die Klage über die Unterfinanzierung regelrecht unglaubwürdig. Die beschriebene Frustration ist daher über die Jahre in wachsendem Maße in einen Fatalismus umgeschlagen, der bis in die höchsten Dienstgrade vorgedrungen ist.

Die Äußerung, erst wenn einmal »richtig viele getötet worden sind, wird sich etwas ändern«, ist bei Diskussionen über die Ausrüstung oft zu hören und auch im politischen Raum bekannt. Diese Haltung grenzt an Zynismus, der scheinbar auch im politischen Raum seinen Platz gefunden hat. Unwissen und Verdrängung kann aber angesichts der jahrelangen Debatten nicht mehr als Begründung für eine solche Haltung dienen.

Selbst wenn ein Vorgesetzter die Verantwortung nicht mehr tragen will, wegen Ausbildungs- und Ausrüstungsmängeln die ihm unterstellten Soldaten in den Einsatz zu senden, wird dies außer einer kurzen medialen Aufmerksamkeit nichts verändern. Juristen in der Bundeswehr werden ihm darlegen, dass ein Soldat keinen Anspruch auf beste Ausbildung und Ausrüstung hat, ihm aber die Pflicht zum Gehorsam auferlegt ist. Meistens wird er von seinem Kommando enthoben. Es wird einem Nachfolger übertragen, der sich bestimmt findet.

Persönliche Ausrüstung

Die Bundeswehr ist seit Jahren in über zehn Einsätzen gebunden. Das Spektrum umfasst robuste Operationen, in denen mit Kämpfen und Gefechten zu rechnen ist, bis hin zu reinen Ausbildungsunterstützungen in einem friedlichen Umfeld. Die klimatischen, kulturellen und Umweltbedingungen unterscheiden sich erheblich. Einsätze zu Land, zu Luft und zu See erfordern teilweise völlig unterschiedliche Ausrüstungen. Auch die notwendige persönliche Ausrüstung unterscheidet sich daher von Einsatz zu Einsatz. Es wäre ein hoffnungsloses Unterfangen, wollte man Anregungen geben, welche Ausrüstung für welchen Einsatz notwendig ist oder welche Erfahrungsberichte tatsächlich zu Änderungen in der Ausstattung führen sollten. Deswegen beschränkte ich mich auf einige grundlegende Hinweise.

Für die allgemeinen Einsätze ist die Ausrüstung mittlerweile ausreichend und von guter bis sehr guter Qualität, auch wenn in den Medien das Gegenteil behauptet wird. Der einzelne Soldat leidet aber darunter, dass er nicht alle Ausrüstungsgegenstände, die er mitführen soll, in den Taschen seiner Uniformen verstauen kann. Es empfiehlt sich, eine Weste zu kaufen, die über ausreichend Taschen verfügt, wenn sie nicht bereits zur persönlichen Ausstattung gehört. Gleiches gilt für den sogenannten »Camelbag«, ein Trinkwasserrucksack.

Ist der Soldat dann mit allen persönlichen Dingen ausgerüstet, mutiert er zu einem hüftschweren Menschen, der nicht einmal in ein Fahrzeug einsteigen kann, ohne hängen zu bleiben. Auch in den normalen Sitzen wird er nicht Platz nehmen können, so dass die Ausrüstung im Fahrzeug verpackt werden muss. Das trifft besonders für die umfangreiche ABC-Schutzausrüstung zu, die ich in jedem Einsatz mitführen musste und niemals brauchte. Sie lag monatelang entweder in einem Schrank oder im Gepäckraum des Fahrzeuges und verstaubte. Es kommt einem Schildbürgerstreich nahe, dass die Schutzmaske mitgenommen werden muss, der Schutzanzug aber nicht ausgeliefert wird. Besonderes Augenmerk ist auf die Verzurrung des Gepäcks im Fahrzeug zu richten. Lose im Fahrzeug liegende Teile werden zu tödlichen Geschossen, wenn das Fahrzeug einen Sprengsatz auslöst. Die flammenhemmenden Handschuhe, Helm und Splitterschutzbrille sollten immer getragen werden, weil Flammen und Hitze auch in gepanzerte Fahrzeuge dringen. Empfohlen wird auch, sich einen individuellen Hörschutz anpassen zu lassen, denn die bisher ausgelieferten bieten nur einen geringen Schutz. Individueller Schutz hingegen entspricht der Qualität, die auch die Formel-1-Fahrer genießen. Diese vermindern Hörschäden durch extreme Geräuschentwicklungen und lassen dennoch das Gespräch zu. Die Bundeswehr kann die Kosten hierfür erstatten, wenn die dienstliche Notwendigkeit attestiert wird. Wie bei vielen Dingen bremsen auch hier die Kosten die Anschaffung für jeden einzelnen Soldaten im Einsatz.

Die Einheit, der ein Soldat zugeordnet ist und die bereits über Einsatzerfahrung verfügt, wird eine Übersicht erstellt haben, welche Dinge sich als unentbehrlich im Einsatz erwiesen haben. Eine solche Übersicht sollte sogar einen Waschbecken- oder Badewannenstöpsel aufführen. Um letzte Ratschläge entgegenzunehmen, sollte der Kontakt zu den Soldaten, die sich derzeit im Einsatz befinden, aufgenommen werden.

Soll die zusätzliche Ausrüstung mit der von der Bundeswehr gelieferten kompatibel sein, empfiehlt es sich, die Seite »Bundeswehr und Freizeit Shops« zu besuchen unter: www.bw-online-shop.com. Ansonsten findet sich im Internet eine Vielzahl von Angeboten, die sinnlose Geldausgaben ermöglichen.

4. Familie und Partnerschaft

Literatur und Ratgeber

Die Literatur über Fernbeziehungen, Wochenendpendler oder Partnerschaften mit getrennten Haushalten füllt die Regale der Buchhandlungen. Eine Abfrage mit dem Stichwort »Fernbeziehungen« führt bei Google zu 122.000 Treffern im Internet. Die gleiche Suchmaschine wirft beim Begriff »Wochenendehe« über 68.000 Treffer aus. Übereinstimmend ist zu lesen, dass immer mehr Paare, Eheleute und Familien in Wochenendbeziehungen leben. Für Akademiker sei die Fernbeziehung Teil des Lebensentwurfes geworden. Für einen signifikanten Anteil der Soldatinnen und Soldaten war eine zumindest zeitweise Trennung von der Familie oder dem Partner schon immer Teil des beruflichen Werdeganges. Auch dies spiegelt sich im Internet wider. Nach der Eingabe der drei Worte »Soldat im Einsatz« kann man sich bei Google an etwa 1.180.000 Einträgen erfreuen. Tippt man »Soldatin im Einsatz« werden 159 Einträge angeboten. Die Pluralabfrage »Soldaten im Einsatz« verweist auf 9.870.000 Einträge.[48] Bei dieser Anzahl sollte man davon ausgehen, dass alle Aspekte eines Einsatzes von Soldatinnen und Soldaten behandelt werden und deren Auswirkungen auf Beziehungen, Partnerschaften und Familien. So widmen sich die ersten Einträge fast ausschließlich dem Leben von Partnerschaften im Einsatz, den Fernbeziehungen und vor allem den psychischen Gefahren, den möglichen Traumatisierungen, die bei jedem Einsatz entstehen können, sei er gefährlich oder auch nicht.

Als erster Eintrag findet sich ein Verweis auf eine Bundeswehrseite: »Partner im Einsatz – Ernstfall für die Familie«.[49] So löblich das Unterfangen sein mag, in einem amtlichen Artikel die Belastungen der Familie beim Auslandseinsatz des Vaters aufzugreifen und um Leserzuschriften zu

---

[48] Google-Abfrage am 14.02.2015

[49] Quelle: http://www.bundeswehr.de/portal/a/bwde/!ut/p/c4/04, vom 17.09.2014

bitten – der Artikel wirkt wenig authentisch, eher künstlich aufgesetzt. Der Text besteht vorwiegend aus Verallgemeinerungen und folgt dem Trend der Medien, das Außergewöhnliche zu beschreiben. Es werden ausschließlich Probleme aufgezeigt und emotional bewegende Momente geschildert. Kinder würden besonders belastet, wird im Weiteren behauptet. Der Artikel schließt mit der frohen Botschaft, die Belastungen werde die Familie durchaus bewältigen, wenn täglich telefoniert werden könne. Doch wer kann das schon, außer der Soldat führt im Einsatz ein geregeltes Lagerleben, ist nie auf Patrouille und die Verbindungen nach zu Hause sind vorhanden. In dieser komfortablen Situation befinden sich jedoch im Einsatz nur wenige Soldaten.

Vom Verteidigungsministerium sind unter anderem drei Hefte zum Thema »Psychische Belastungen durch Einsätze in Krisengebieten« herausgegeben worden. Im Jahr 2002 wurde die vierte Auflage veröffentlicht. Die mir vorliegenden Ausgaben sind 2014 vom Fachinformationszentrum der Bundeswehr übersandt worden. Aus dem Impressum sind die Angaben zu Auflage und Erscheinungsdatum gelöscht. Wann sie erschienen sind und in späteren Auflagen aktualisiert wurden, ist daher nicht eindeutig zu erkennen. Ein Vergleich der Hefte ergab, dass die 4. Auflage des Jahres 2002 inhaltlich vollständig identisch mit den Ausgaben des Jahres 2014 sind, sieht man von den Angaben zur Druckerei ab. Doch zum Inhalt: Im Heft 1 »Vor dem Einsatz«[50] werden Ratschläge erteilt, wie Belastungen vorgebeugt werden kann. Heft 2 »Im Einsatz«[51] thematisiert die Fragen, wie Belastungen erkannt, vermindert und bewältigt werden können.

Beim Heft »Im Einsatz« verwundert es umso mehr, dass Erfahrungen aus dem Einsatz nicht aufgenommen wurden. Schließlich haben die Soldaten der Bundeswehr in Afghanistan erst nach den Jahren 2008 und insbesondere im Jahr 2010 Erfahrungen im Gefecht gesammelt. Sie müssten in die Hefte eingehen, da Erlebnisse im Kampf, die der Einzelne wie Kriegssituationen erleben kann, sicherlich zu den möglichen belastenden Ereignissen gezählt werden dürften. Im aktuellen Heft »Im Einsatz« werden nach einer

50 BMVg, Vor dem Einsatz, vermutlich 2013.

51 BMVg, Im Einsatz, vermutlich 2003.

allgemeinen Einführung im Kapitel Definition hingegen folgende möglichen belastenden Ereignisse aufgezählt:

»• Naturkatastrophen
- Brände
- Misshandlung, Folter
- Unfälle mit vielen Verletzten und/oder Toten oder Leichenteilen
- Schwere Verwundungen von Kameraden
- Sexuelle Belästigung, sexueller Missbrauch
- Tod eines Kindes, Todesfall in der Familie
- Geiselnahme
- Selbsttötung von nahestehenden Personen
- Tod eines Kameraden/Mitarbeiters im Dienst«

Das Heft »Im Einsatz« ist vor allem für Soldaten geschrieben, die in den Einsatz gehen, sich darauf vorbereiten und es im Einsatz lesen sollen. In der einsatzvorbereitenden Ausbildung wird das Verhalten in einem Gefecht so realistisch wie möglich trainiert. Es ist eine der extremsten Situation, die ein Soldat erleben kann. Mit Erstaunen stellt man aber fest, dass im Heft »Im Einsatz« weder der Kampf noch das Gefecht noch die eigene Verwundung als mögliche belastende Ereignisse aufgeführt werden.

Heft 3 »Nach dem Einsatz«[52] ist der Vermeidung des Rückkehrstresses gewidmet.

In allen drei Broschüren wird das Zentrum Innere Führung der Bundeswehr in Koblenz als Ansprechpartner für weitergehende Fragen benannt. Das Zentrum selbst hat im Jahr 2011 einen »Ratgeber für Soldatenfamilien« herausgegeben, der sich mit den hier diskutierten Fragen beschäftigt. In diesem Heft werden im Kapitel »Vor dem Einsatz« zumindest die Ängste der Daheimgebliebenen angesprochen, die sich aufgrund eines Auslandseinsatzes entwickeln können.

»Ich habe Angst davor,
,dass ich die Aufgaben nicht alleine bewältigen kann.'

---

52 BMVg, Nach dem Einsatz, vermutlich 2003.

‚dass Du nicht lebend zurückkommst.‘
‚dass Du verwundet wirst.‘«[53]

Vorgeschlagene Bewältigungsstrategien sucht man allerdings auch hier vergebens, sieht man einmal vom Ratschlag ab, ein Testament zu verfassen und dies wenn immer möglich innerhalb der Familie zu besprechen. Zwar werden die Ängste angesprochen, doch man wird mit ihnen allein gelassen. In den Zeilen, die den niedergeschriebenen Ängsten folgen, wird eine Checkliste vorgestellt, anhand derer die Vorbereitungen auf den Auslandseinsatz abgearbeitet werden können. Auch hier ist festzustellen, dass die Fragen des Kampfes, der extremen Situation im Gefecht, der Verwundung, Verstümmelung und des möglichen Todes zwar aufgenommen, aber nicht eingehender behandelt werden. Die ansatzweisen Darstellungen der emotionalen Belastungen vor einem Einsatz weichen einer funktional orientierten Auflistung, die der Organisation des Familienalltages der Daheimgebliebenen dient. Konsequenterweise wird im angehängten Literaturverzeichnis darauf verzichtet, Publikationen zu dieser Thematik aufzulisten. Natürlich wird am Zentrum Innere Führung in einsatzvorbereitenden Seminaren, die jeder Verantwortung tragende Vorgesetzte besucht haben sollte, die Thematik mit dem Führungspersonal der Bundeswehr behandelt. Einem Vorgesetzten wird offensichtlich zugetraut, mit dieser Thematik umzugehen und sie als Multiplikator in die Truppe zu tragen und bei der Ausbildung auf Einsätze zu berücksichtigen. Die Auslassung bzw. eingehendere Aufbereitung der Thematik in den zuvor erwähnten Heften und Broschüren deutet jedoch auf eine Einstellung hin, dass extreme Ereignisse dem allgemeinen Soldaten kaum vermittelbar sind. Dies folgt einer allgemein verbreiteten Auffassung, Erlebnisse im Gefecht und Erfahrungen in kriegsähnlichen Situationen könne man in der deutschen friedlichen, nach Sicherheit strebenden und patriotisches Heldentum ablehnenden Gesellschaft nicht kommunizieren. Eine Auffassung, die übereinstimmend sowohl in der wissenschaftlichen Literatur wie auch in den Berichten kampferfahrener Soldaten zu finden ist. Hierauf wird später näher eingegangen werden. Zu fragen ist an dieser Stelle auch, ob diese Themen in Veröffentlichungen bewusst ausgelassen

53 Ratgeber für Soldatenfamilien, S. 24

werden. Die Wahrscheinlichkeit der eigenen Verwundung, Verstümmelung und des Todes als unausweichliche Folge eines Kampfes könnte sich auf die Einsatzbereitschaft des Einzelnen auswirken. Welche Gründe auch angeführt werden mögen: Tatsächlich wird dadurch ein zentraler Wesensgehalt des Soldatenberufes tabuisiert.

Alle drei Hefte und der Ratgeber sind dennoch lesenswert. Sie bereiten recht allgemeinen auf Einsätze vor. Bei ihrem ersten Erscheinen wurden mangelnde eigene Erfahrungen der Bundeswehr durch die Auswertung von englischsprachigen Publikationen zu Stresssituationen in Verbindung mit Einsätzen ausgeglichen. Die in den Heften beschriebenen Maßnahmen zur Stressbewältigung tragen nicht ohne Grund englische Abkürzungen. Der im Jahr 2011 erschienene »Ratgeber für Soldatenfamilien« berücksichtigt jedoch Einsatzerfahrungen. Alle vier Publikationen sind ungeachtet der aufgezeigten Auslassungen eine gute Grundlage, um sich und die Familie auf Einsätze vorzubereiten, sie zu bestreiten und zurückzukehren. Dankenswerterweise verweist Christiane Reitz, die Verfasserin des »Ratgebers für Soldatenfamilien« auf die Publikationen, ohne deren inhaltliche Tiefe der Ratgeber kaum hätte entstehen können. Diese wurden unter anderem »im Rahmen der Kooperation des Katholischen Militärbischofsamtes (KMBA) mit dem Zentralinstitut für Ehe und Familie in der Gesellschaft (ZFG) der Katholischen Universität Eichstätt-Ingolstadt erarbeitet«. Des Weiteren nennt sie »zum Thema Kinder und Erziehung rund um die Auslandseinsätze die Broschüre: ‚Wir schaffen das! Eine Hilfestellung für Eltern, die mit ihren Kindern die Zeiten berufsbedingter Trennung meistern wollen' von Johanna Mödl [...] sowie das Buch ‚Gelingende Fern-Beziehung. Entfernt zusammen wachsen' von Peter Wendl«[54]. Nach der Lektüre der Broschüren und der Bücher konnte ich mich nicht des Eindrucks verwehren, dass der »Ratgeber Auslandseinsatz« einem Plagiat nahekommt, wenn allgemein anerkannte Standards im wissenschaftlichen Bereich zu Grunde gelegt werden.

Ein weiteres Buch von Peter Wendl mit dem Titel »Soldat im Einsatz – Partnerschaft im Einsatz« [55] beschreibt mögliche Problematiken einer Fernbeziehung sehr tiefgehend. Von zentraler Bedeutung bewertet er die Aussprache zwischen den Partnern über Ängste im »Umfeld von Auslands-

---

54 Reitz, Auslandseinsatz, Vorbemerkung, keine Seitenangabe
55 Wendl, Soldat im Einsatz, S. 24 ff.

einsätzen«[56]. Wendl hat nach eigenen Angaben bis zum Jahr 2011, dem Erscheinungsdatum der dritten Auflage seines Buches, in über 150 Seminaren mit mehr als 900 Soldatinnen und Soldaten und deren Angehörigen über die Bedingungen von Wochenendbeziehungen und Auslandseinsätzen gesprochen. Er bietet in seinem Buch praktische Hilfen an, die in der Vorbereitung auf den Einsatz, im Einsatz und beim Wiedereinfinden in die Normalität der Bundesrepublik Deutschland helfen können. Dadurch zeichnet sich dieses Buch aus. Hinsichtlich der Umsetzung von Empfehlungen in den Alltag und den Umgang mit Einsätzen im täglichen Leben bietet Wendl konkrete Hilfen an und zeigt Möglichkeiten auf, wie mit der Zeit der Trennung und den damit verbundenen Belastungen umgegangen werden kann.

Johanna Mödl veröffentlichte 2006 die Broschüre »WIR SCHAFFEN DAS! Eine Hilfestellung für Eltern, die mit ihren Kindern die Zeiten berufsbedingter Trennung meistern wollen«, auf die auch die Autorin des »Ratgebers für Soldatenfamilien« verweist. In dieser Broschüre werden insbesondere die Auswirkungen von Auslandseinsätzen auf Familien mit Kindern beschrieben. In Kapitel 5 wird näher darauf eingegangen werden. Die Broschüre wird im Oktober 2015 in einer aktualisierten, überarbeiteten Auflage unter dem Titel herausgegeben: Zusammen schaffen wir das! Informationen und Hilfen für Eltern, Kitas und Schulen rund um Auslandseinsatz und Wochenendbeziehung.

Darüber hinaus sind mehrere Bücher erschienen, die Einsatzerlebnisse aus der Sicht des jeweiligen Autors schildern. Mit einigen Büchern wurden offenbar traumatische Erlebnisse aus dem Einsatz verarbeitet. Viele Aussagen in diesen Büchern stehen im Widerspruch zu den Darstellungen und Aussagen in den offiziellen Presseverlautbarungen der Bundeswehr und den von ihr publizierten Medien. In der Literaturliste sind einige dieser Bücher aufgeführt. Es würde den Rahmen dieses Buches sprengen, die in der Literatur getroffenen Feststellungen zu überprüfen. Basierend auf meinen Einsatzerfahrungen und Gesprächen mit vielen einsatzerfahrenen Soldaten, zivilen Mitarbeitern und deren Angehörigen, werden die in diesen Veröffentlichungen angesprochenen Thematiken im Weiteren jedoch berücksichtigt.

56 Wendl, Soldat im Einsatz, S. 24 ff.

Alle bisher besprochenen Broschüren und Bücher weisen auf die Formalitäten hin, die zu erledigen sind, wenn eine längere Abwesenheit von zu Hause geplant ist. Die Thematik wird ebenfalls in der einsatzvorbereitenden Ausbildung angesprochen. An den Nachsendeantrag bei der Post wird erinnert, aber auch an die Patientenverfügung und das Anfertigen eines Testamentes. Das umfangreichste Kompendium erschien 2012 im Walhalla Fachverlag. Im »Vorsorge-Handbuch Auslandseinsatz« ist eine sehr umfangreiche Sammlung an Checklisten, Formularen und Arbeitshilfen enthalten. Sie deckt fast alle privaten Bereiche ab, die der Regelung innerhalb der Familien, mit dem Partner und allen Institutionen bedürfen, mit denen Verträge abgeschlossen oder Verpflichtungen eingegangen wurden. Wer erstmals in den Einsatz geht, wird sich von der Vielzahl der Formulare erschlagen fühlen. Ihnen widmet sich insbesondere das Kapitel fünf, in dem auf 32 Seiten erschöpfend die Vollmachten und Verfügungen erläutert sind, denen man sein Augenmerk widmen sollte. Sie dienen nicht nur dazu, das tägliche Leben der Angehörigen in Deutschland zu erleichtern. Wenn man sich mit dem Ausfüllen einer Patientenverfügung, einer Vorsorgevollmacht oder einer Betreuungsverfügung beschäftigt, baut sich gerade bei jungen Menschen eine innerliche Scheu auf, sich der Thematik zu nähern. In der militärischen, einsatzvorbereitenden Ausbildung werden die Soldaten jedoch mit Bildern von Menschen konfrontiert, die auf Minen getreten sind, von Sprengsätzen getroffen oder Kugeln verwundet wurden. Sie kennen die Bilder von zerfetzten Gliedmaßen, entstellten Gesichtern, aber auch die Möglichkeiten, die heute die medizinische Behandlung bietet. Doch bis zum Ausfüllen des Formulars war das Gesehene weit von der persönlichen Betroffenheit entfernt. Diese Distanz zeigt sich in einem Kommentar, der häufig zu den Bildern und Videos abgegeben wird: Man sei eben zur falschen Zeit am falschen Platz gewesen, wogegen man nicht gefeit sei. Den Vordruck einer Vorsorgevollmacht oder Betreuungsverfügung studierend, trifft es den Soldaten dann wie einen Tritt in seinen Bauch. Vor allem dem jungen Soldaten wird plötzlich bewusst, dass ihn ein solches Schicksal genauso treffen kann. Er steht vor der Frage, wem er sich anvertrauen kann, über sein Leben zu entscheiden, wenn er selbst nicht mehr dazu in der Lage ist. Das mag für ein lange zusammenlebendes Ehepaar oder eine jahrelange Partnerschaft schnell beantwortet sein. Wer ist aber die Vertrauensperson des Singles oder des Geschiedenen, der schon erwachsene Kinder hat, oder desjenigen in einer gerade erst entstandenen Partnerschaft, die noch am Wachsen ist? Natürlich gibt das Vorsorge-Handbuch darauf keine Antwort. Die Formulare zwingen jedoch dazu, sich damit zu beschäftigen und nach einer Person des Vertrauens zu suchen. Die Gespräche mit ihr werden von beiden Seiten oftmals sehr emotional geführt werden. Sie rühren zu Tränen, auch wenn sie von der Hoffnung getragen sind, es trete nicht ein, worauf man sich gerade vorbereitet.

Vor dem Einsatz

Kein Einsatz gleicht dem anderen. So banal dieser Satz auch klingen mag: Er bedeutet im Umkehrschluss, dass man die Eigenheiten eines jeden Einsatzes in der Vorbereitung auf ihn berücksichtigen muss. Soldatenfamilien oder auch Partnerschaften mit Soldatinnen und Soldaten werden Strategien entwickelt haben, wie sie mit einer zeitweisen Trennung aufgrund eines länger andauernden Lehrganges, von Übungen, einer Wochenendbeziehung oder einer Fernbeziehung umgehen. Diese Strategien können zum großen Teil auf den Auslandseinsatz übertragen werden. Eines jedoch unterscheidet sich extrem von den bisher erlebten Trennungszeiträumen: Die Ungewissheit, ob der Partner, der Geliebte, die Mutter oder der Vater nach Monaten wieder unversehrt nach Hause kommen wird. Diese Ungewissheit schürt die Ängste, die geliebte Person aufgrund ihrer Traumatisierung nicht wiederzuerkennen oder im Extremfall durch Gefechte zu verlieren. Auch wenn die statistische Wahrscheinlichkeit denkbar gering ist, in einem Auslandseinsatz verwundet oder getötet zu werden, wird dies die Sorgen der zu Hause Gebliebenen nicht mildern.

Ausschlaggebend für die Ängste der Soldaten, die in den Einsatz gehen, könnte die persönliche Konfrontation mit einer Extremsituation sein und das Wissen, als Soldat Ziel eines Anschlages oder eines Angriffes zu werden. Der Mensch, der morgens in seinem Auto zur Kaserne oder Arbeitsstelle fährt, sieht die mehreren Tausend Tote und traumatisierten Unfallopfer im Straßenverkehr nicht als persönliche Bedrohung. Wenn überhaupt, nimmt er es als Lebensrealität einer von Mobilität geprägten Industriegesellschaft wahr. Die gleiche Person verlässt als Soldat im ersten Einsatz mit gespannter Erwartung und gespürter Nervosität zum ersten Mal das Lager. Sie beachtet nicht nur den Straßenverkehr, sondern die Umgebung und sucht nach den Erkennungszeichen, die auf einen möglichen Anschlag weisen. Selbst wenn die statistische Wahrscheinlichkeit, in einen Anschlag verwickelt zu werden, der Wahrscheinlichkeit gleicht, in Deutschland im Straßenverkehr einen Unfall zu erleiden, überträgt sich diese statistische Tatsache nicht auf das persönliche Empfinden im Einsatz.

Die Persönlichkeit eines jeden Soldaten entwickelt sich durch die Erlebnisse im Einsatz weiter, insbesondere beim ersten. Generell kann festgestellt werden, dass junge Menschen daran reifen und ältere weitere Erfahrungen sammeln. Von der überwiegenden Mehrheit wird ein Einsatz als positiv für die eigene Persönlichkeitsentwicklung erlebt. Demgegenüber steht das Wissen, in jedem Einsatz der Gefahr einer Krankheit, einer Verletzung, Verwundung oder Traumatisierung ausgesetzt zu werden. Diese Gefahren lauern in jedem Einsatz. Bedingt durch den Afghanistaneinsatz, den dort stattgefundenen Anschlägen und Gefechten hat jedoch die Öffentlichkeit das Gewaltpotenzial als auslösendes Moment für Traumatisierungen wahrgenommen. Doch ein ausschließlich humanitärer Einsatz kann genauso traumatisieren. Der verheerende Tsunami, der im Dezember 2004 auch Sumatra traf, führte die Bundeswehr nach Banda Aceh und traumatisierte Soldaten. Sie erlebten die »Hölle«.[57] Neben den ungeheuren Verwüstungen, die durch die Naturgewalten verursacht wurden, waren sie mit den klimatischen Bedingungen konfrontiert, die den Gestank verwesender Menschen beschleunigten und die Seuchengefahr erhöhten. Der damit einhergehende Verwesungsgeruch bleibt lebenslang in Erinnerung. Vor allem waren die Soldaten mit dem unermesslichen Leid der Menschen konfrontiert, die alles verloren hatten. Nach ihrer Rückkehr erlebte ich, wie einige Soldaten über das durchlebte Grauen nur bis zu einem gewissen Punkt sprechen konnten. Dann versagte ihnen die Stimme und das gesehene Leid stand ihnen buchstäblich ins Gesicht geschrieben. Erst nach der Aufarbeitung in einem Seminar, das zuvor von den Betroffenen als nicht notwendig erachtet wurde,

57 Marguier, 09.01.2005

konnte die Distanz zu dem Erlebten wiederhergestellt werden, die notwendig ist, um über das zunächst Unsagbare wieder sprechen zu können.

Innerhalb der Ausbildung sollten Soldaten grundsätzlich über alle soeben geschilderten Aspekte unterrichtet werden. Auch Strategien, wie im Einsatz mit den Belastungen für die Familie und das soziale Umfeld umgegangen werden kann, sollten vermittelt werden. Das Angebot hierfür besteht zwar, doch betrachtet man die Inhalte der Ausbildung vor einem Einsatz, sind nur die klassisch militärischen Trainingseinheiten verpflichtend zu absolvieren. Dazu zählen vor allem die Schulung an den Waffen sowie das Verhaltenstraining in zu erwartenden Extremsituationen, wie einem feindlichen Überfall, einem Hinterhalt oder dem In-die-Luft-gesprengt-Werden. Nicht verpflichtend sind Seminare, in denen die sogenannten weichen Faktoren eines Einsatzes behandelt werden, zum Beispiel psychische Belastungen im Einsatz, der Umgang mit Verlusten, die Trennung von der Familie oder die zu erwartenden eigenen Persönlichkeitsveränderungen. Gleiches gilt für die Ausbildungsprogramme, die zu einer interkulturellen Kompetenz führen sollen. Die Gründe hierfür sind vielfältig. Die eigenen Waffen und die Ausrüstung zu beherrschen muss immer höchste Priorität eingeräumt werden, gefolgt von der Ausbildung zur Ersten Hilfe. Es sind unverzichtbare Fähigkeiten, um in einer Kampfhandlung bestehen zu können, auch wenn sie keineswegs vor Verwundung oder Tod schützen. Auch der stetig gestiegene Zeitbedarf für die einsatzvorbereitende Ausbildung wäre dann zu berücksichtigen. Ein Zeitraum von sechs Monaten muss sinnvoll strukturiert werden. Die von den verschiedenen Ausbildungseinrichtungen der Bundeswehr angebotenen Seminare und Weiterbildungen müssen mit den verpflichtend wahrzunehmenden Ausbildungen koordiniert werden. Dies ist jedoch die Aufgabe des Einzelnen, da eine bundeswehrweite Koordination systembedingt nicht erfolgen kann. Dies näher auszuführen würde den Rahmen dieses Buches sprengen. Es bleibt festzuhalten, dass es dem Einzelnen in den seltensten Fällen gelingen wird, eine voll umfängliche Ausbildung in den »harten« und »weichen« Faktoren eines Einsatzes zu erhalten.

Ungeachtet dessen ist der Soldat innerhalb der Familie und zumeist innerhalb seines sozialen Umfeldes der Experte im Bereich der Einsatzbelastungen. Es mag bei vielen eine grundsätzliche Scheu bestehen, die Familie oder den Partner mit seinen Gefühlen und Ängsten zu belasten. Dennoch ergibt sich aus dem Expertenwissen heraus die moralische Verpflichtung, in seinem persönlichen Umfeld die Bedingungen eines Einsatzes wie auch die möglichen Folgen zu besprechen. Bei Seminaren, die sich mit dieser Thematik beschäftigen, wird »schnell klar, welch große Befreiung es für die meisten Teilnehmer ist, sich mit dem Partner/der Partnerin, vor allem aber auch mit anderen Betroffenen über Fragen, Erfahrungen und Bedenken offen austauschen zu können«[58].

Das Bedürfnis, den Partner und insbesondere die eigenen Kinder von den eigenen Ängsten und der möglicherweise grausamen Realität eines Einsatzes und dessen Folgen fernzuhalten, ist selten zu befriedigen. Der damit beabsichtigte, vermeintliche Schutz kann kaum aufrechterhalten werden, da alle Beteiligten in der Kommunikation mit anderen stehen, der medialen Berichterstattung über die Einsätze ausgesetzt sind oder selbst in sozialen Netzwerken unterwegs sind. Es kann eher das Gegenteil eintreten, wenn der eigenen Familie oder dem Partner gegenüber die Gefahren eines Einsatzes nicht realistisch dargestellt werden. Wendl führt hierzu aus:

> »Wenn Ängste nicht ausgesprochen werden, beginnen die Partner, das Verhalten und die Worte des anderen zu interpretieren. Dies bringt nicht selten nur neue Belastungen oder Fehleinschätzungen mit sich. Dagegen bedeutet das Aussprechen der Gedanken nicht nur, mehr von der wichtigen Gedankenwelt des anderen zu erfahren. Vielmehr fühlen sich die Partner wesentlich besser verstanden und können so später von diesem gegenseitigen Wissen profitieren«.[59]

Sobald ein Soldat ausgebildet ist, beginnt für ihn die Zeit vor dem Einsatz. Lediglich der genaue Zeitpunkt und die dann verfügbare Spanne bis zum Abflug sind ungewiss. In bestimmten Bereichen unterliegen Soldaten Reaktionszeiten von 24 Stunden. Verlangt der militärische Auftrag von den Soldaten einer Einheit eine schnelle Reaktionszeit, sind deren Angehörige im Regelfall darauf eingestellt, dass sie bei einer Alarmierung in weniger als 72 Stunden Abschied nehmen müssen. Krisenlagen, die den Einsatz von

---

[58] Wendl, Soldat im Einsatz, S. 43

[59] Ebd.

Streitkräften erfordern, lassen sich zeitlich kaum fassen. Grundsätzlich kann man davon ausgehen, dass nur wenige Wochen zur Verfügung stehen, um sich auf die Eigenheiten des Einsatzes vorzubereiten. Dauern die Einsätze schon länger an, wird eine Vorbereitungszeit von zumindest sechs Monaten angestrebt. Wenn immer möglich sollten sich die Einsatzplanungen jedoch auf einen Zeitraum von mindestens einem Jahr erstrecken. Jede langfristige Planung wird jedoch von einem Vakanzenmanagement begleitet. Aus unterschiedlichsten Gründen steht Personal plötzlich für einen bestimmten Zeitraum nicht zur Verfügung. Für Einzelne ergibt sich daraus eine Reaktionszeit, die im Bereich von Wochen, im Extremfall von wenigen Tagen besteht.

Banda Aceh ist ein Beispiel dafür, dass die Alarmierung für ein Einsatzgebiet sehr kurzfristig erfolgen kann. Auf einen Einsatz innerhalb von 24 Stunden sind einige Soldatinnen und Soldaten vorbereitet. Prinzipiell kann jedoch jeder Angehörige der Streitkräfte davon betroffen sein, kurzfristig in den Einsatz zu gehen. Daher ist es angezeigt, sich frühzeitig mit seiner Partnerin, seinem Partner, der Familie und seinem sozialen Umfeld auf eine länger andauernde Abwesenheit vorzubereiten. Neben den psychischen Auswirkungen, die im Folgenden noch detaillierter behandelt werden, unterliegen der Alltag und die eingespielten Arbeitsabläufe in der Familie oder dem sozialen Umfeld extremen Veränderungen. Es fehlt zur Bewältigung aller täglichen Aufgaben eine Person. Sei es der Einkauf am Wochenende, das Brötchenholen am Sonntagmorgen, der Hausputz, die Fahrradreparatur oder die Steuererklärung. Es sind diese banalen Dinge, die in einer Partnerschaft oder Familie eingespielt sind und das Zusammenleben erleichtern. Es sind aber auch die Aufgaben, die bisher nur von dem erledigt wurden, der zukünftig abwesend sein wird. Seine speziellen Fähigkeiten sollte er vor dem Einsatz an die zu Hause Bleibenden weitergegeben haben. Dies betrifft nicht nur das Handwerkliche, die Reparaturen im Haushalt, sondern oft auch den Schriftverkehr mit Versicherungen, Institutionen usw.

Man kann es in einer Kernbotschaft zusammenfassen: Jeder Soldat muss darauf bedacht sein, dass seine nächste Umgebung monatelang ohne ihn auskommen kann. Er muss sich selbst, seine körperliche Anwesenheit überflüssig machen. Nach der Rückkehr wird er natürlich körperlich präsent sein, aber seine zuvor innegehabte Position in der Familie, der Partnerschaft und dem sozialen Umfeld muss er zurückgewinnen. Beides fällt vielen nicht leicht.

Wie sage ich es meinem Partner?

Fragt man Soldatinnen und Soldaten, wie sie über die bevorstehende Trennung mit ihrer Partnerin oder dem Partner sprechen, decken die Antworten die gesamte Bandbreite zwischenmenschlicher Kommunikation ab. Die Antworten sind so vielfältig und unterschiedlich wie die Beziehungen, die Menschen miteinander eingehen. Es gibt den Soldaten, der selbst beim dritten Einsatz nichts von dem erzählt, was ihm bevorsteht. Trotz der dritten Einsatzvorbereitung, den Einsatznachbereitungen und den damit verbundenen rationalen Erkenntnissen bleibt er bei seiner Auffassung, nichts zu erzählen, um zu Hause keine Ängste zu schüren. Sie sollten sich nicht sorgen, er käme wohlbehalten wieder zurück, wird er vor dem nächsten Einsatz sagen. Als ob sich mit dem eigenen Schweigen die Ängste der Angehörigen auflösen würden. Ein anderer freut sich über die Segnungen des Internets und steuert als Haushaltsvorstand die finanziellen Obliegenheiten der Familie auch aus dem Einsatz heraus. Den Zugriff auf sein Gehaltskonto würde er seiner Partnerin niemals übertragen. Für die Ehefrau richtet er ein Haushaltskonto ein und speist es für die Zeit seiner Abwesenheit jeden Monat über einen Dauerauftrag. Ein dritter möchte von den zu erwartenden Strapazen erzählen, seinen Aufgaben und auch seinen Ängsten, doch er kann nicht gehört werden. Für den anderen ist die Vorstellung unerträglich, den Geliebten verletzt oder tot wieder in der Heimat begrüßen zu müssen. Katastrophales wird ausgeblendet. Markus P., der im Einsatz verwundet wurde, erlebte dies wie folgt:

> »Nach der ersten Operation habe ich zu Hause angerufen, um meiner Frau zu sagen, dass es mir gut geht und dass sie sich keine Sorgen machen muss, wenn jemand vom Familienbetreuungszentrum vor der Tür steht. Aber sie hat gar nicht erfasst, was ich ihr gesagt habe, sie hat sogleich von unserer Katze erzählt. Auch als ich daheim war, ist das Thema nur angerissen wor-

den. Ich habe kurz erzählt, was passiert ist, und das war's. Die Familie will vielleicht gar nicht mehr wissen.«[60]

Ein vierter Soldat wiederum nutzt die Segnungen des Internets und seines Handys für die Kommunikation nach Hause. Er will seinen Partner schonen und erzählt, er würde in einem völlig ungefährlichen Land eingesetzt. Er wählt einen sehr risikolosen Einsatzort. Tatsächlich verbringt er die nächsten Monate in Afghanistan, in Brennpunkten. So meint er den Seinen Ängste und Sorgen zu ersparen. Natürlich spricht er auch nicht über seinen Einsatz. Dieses Lügengebäude wird jedoch mit hoher Wahrscheinlichkeit aufgedeckt werden. Dass auf diese Weise die Partnerschaft zerstört wird, dürfte gewiss sein.

Diese Aufzählung könnte ohne Weiteres um viele Facetten angereichert werden. In welcher Offenheit und in welche emotionale Tiefe eintauchend man mit seinem Partner über den bevorstehenden Einsatz spricht, hängt sicherlich von der bisher gelebten Beziehung ab. Entscheidend scheint aber zu sein, dass man lernt, sich über seine Ängste auszutauschen. Vor jedem Einsatz sind sie bei allen Beteiligten vorhanden. Angst lebt während eines Einsatzes immer wieder spontan auf, wird oftmals durch mediale Berichterstattung, aber auch durch die besorgten Nachbarn ausgelöst. Bei aller gespannten Erwartung über die bevorstehende Rückkehr mischen sich vielleicht Besorgnis und sogar Ängste in die Freude vor der ersten Begegnung. Sie spitzen sich in der unausgesprochenen Frage zu, ob man demselben Menschen begegnet, der vor Monaten die gemeinsame Bleibe verließ.

Die ministeriellen Broschüren gehen mit der Beschreibung von Ängsten zurückhaltend um. Ein allgemeines Gefühl der Ängstlichkeit wird als normale, in einer solchen Situation zu erwartende Stressreaktion aufgeführt. Konkret wird nur die Angst vor der Einsamkeit angesprochen.[61] Die Broschüre »Im Einsatz« gibt den Ratschlag, über Ängste zu sprechen, ohne konkret darauf einzugehen, um welche Ängste es sich dabei eigentlich handelt.[62] Auch die Broschüre »Nach dem Einsatz« schildert Ängste zunächst als allgemein auftretenden Gemütszustand. Konkreter wird ausgeführt, dass bei der

---

60 Scheffer, S. 125
61 BMVg, Vor dem Einsatz, S. 7
62 BMVg, Im Einsatz, S. 19

Wiederaufnahme von Beziehungen der mögliche Verlust von Freiräumen und Ungebundenheit Ängste erzeugen kann.[63] Insgesamt neun Mal wird der Begriff Angst oder Ängstlichkeit in den drei Broschüren auf insgesamt 82 Seiten erwähnt, aber nur einmal spezifiziert. Die wirklich bewegende Frage, wie man mit Verletzung, Verstümmelung oder Tod umgehen könnte, wird ausgespart. Im »Ratgeber für Soldatenfamilien« sind Erfahrungen der Autorin Christiane Reitz aus ihrem eigenen Einsatz und aus Einsatzvor- sowie -nachbereitungsseminaren verarbeitet. Dort wird auf 64 Seiten der Begriff Angst oder Ängstlichkeit 20-mal erwähnt und für bestimmte Situationen und verschiedene Zielgruppen erläutert.[64]

Für den Partner, der in Deutschland bleibt, differenziert Reitz zwischen den Ängsten, die Aufgaben zu Hause allein nicht bewältigen zu können, den Partner zu verlieren, weil er gefallen ist, oder ihn verwundet bzw. verstümmelt wiederzusehen. Reitz ordnet die Folgen von Eifersucht, die ja oft in Verlustängsten gründet, in den Bereich dessen ein, was den Partner bewegt. Sie zählt die Liaison im Einsatz auf, das Vergessen des anderen und letztlich die Trennung des Partners, weil er sich im Einsatz verliebt.[65]

All diese Ängste werden in unterschiedlicher Intensität und Sichtweise bei beiden Partnern aufscheinen. Vergessen, Liaisons, Verlieben oder in letzter Konsequenz Trennungen werden beide treffen können. Der Verletzte oder Verstümmelte fragt sich, ob er gepflegt und weiter geliebt werden wird, der Partner hingegen, ob er die Kraft hat, die neue Situation gemeinsam zu leben. Auch Wendl stellt als Regel Nummer 1 auf, dass die Partner lernen, gemeinsam Probleme zu lösen. Zunächst sollten die eigenen Ängste erkannt und zugelassen werden. Dann müssen sie ausgesprochen werden, selbst wenn es Überwindung kostet.[66]

Es wird in allen Publikationen zum Thema Angst immer wieder darauf hingewiesen, dass es gewagt werden muss, seine Ängste gegenüber dem anderen zu artikulieren. Es mag leichter fallen, wenn sich beide bereits darüber ausgetauscht haben, aber die sich immer wieder aufbauende Scheu, den anderen mit seinen Ängsten zu konfrontieren, ist jedes Mal zu überwinden.

---

63 BMVg, Nach dem Einsatz, S. 9

64 Reitz, Auslandseinsatz

65 Ebd., S. 25

66 Weindl, Soldat im Einsatz, S. 24

Sicherlich können die Antworten auf die aufkeimenden Ängste quälend sein oder Schlaflosigkeit verursachen, sie können Momente der Hoffnungslosigkeit, sogar der Hilflosigkeit erzeugen. Einige Partner mögen deshalb aus dem Gedanken heraus, den anderen nicht emotional belasten zu wollen, auf die notwendigen Gespräche verzichten. Die Erfahrungen zeigen jedoch, dass sich Partner besser aneinander annähern und Partnerschaften dauerhafter sowie belastbarer sind, wenn offen über die möglichen negativen Konsequenzen eines Einsatzes gesprochen wird. Es bedarf einer reifen Persönlichkeit und eines geradezu unerschütterlichen Optimismus, um sich die Folgen für die eigene und familiäre Situation auszumalen: Das eigene Leben wird auch nach der Verwundung oder Verstümmelung des geliebten Partners weiter mit ihm gelebt werden und bei seinem Tod ohne ihn. Ein wenig Fatalismus angesichts der aufgezeigten möglichen Konsequenzen eines Einsatzes wird hilfreich sein, um Schicksalsschläge zu ertragen. Sich in die Unabänderlichkeit des Geschehens zu fügen, ohne seine Zukunftsgestaltung aufzugeben, wird helfen, ein weiteres gemeinsames Leben zu gestalten. Zwar vermag niemand zu sagen, wie er letztlich wirklich in der zukünftigen, dann konkreten Situation handeln würde. Eine gemeinsam geführte theoretische Auseinandersetzung wird es jedoch allen Beteiligten erleichtern, über zuvor im Grundsatz diskutierte Handlungsalternativen zu entscheiden. Dies wird umso wichtiger, je weniger der im Einsatz verwundete oder verletzte Partner über seine Zukunft noch selbst zu entscheiden vermag.

Wer genießt mein vollständiges Vertrauen?

Die überwältigende Mehrheit der Soldaten empfindet einen Auslandseinsatz als Erfahrung, die sich positiv auf die eigene Persönlichkeit ausgewirkt hat. Sie mögen die unterschiedlichsten Situationen in einer fremden Kultur erlebt und ihr bisheriges Normen- und Wertesystem durch das Erlebte verändert haben. Doch jedem militärischen Einsatz liegt die Gefahr inne, einen Unfall zu erleiden oder verwundet zu werden. Gerade deswegen räumen die Streitkräfte der medizinischen Versorgung im Einsatzland eine sehr hohe Priorität ein. Nach allen bisherigen Erfahrungen funktioniert die Rettungskette vom Ort des Geschehens bis in ein Bundeswehrkrankenhaus in

Deutschland vorbildlich. Ist man selbst einem Anschlag zum Opfer gefallen oder im Gefecht verwundet worden, erlebt man bei sehr schweren Verwundungen diese Rettungskette nicht bei Bewusstsein. Denn für den Rücktransport nach Deutschland werden die Patienten oftmals in ein künstliches Koma gelegt. Es wird bisweilen selbst bis zur Operationen aufrechterhalten. Im Extremfall helfen selbst Operationen nicht, irreparable Hirnschäden zu beheben, die zum Verlust der selbstständig entscheidenden Persönlichkeit führen. Wer trifft dann die Entscheidungen über eine Operation, deren Ausgang nicht kalkulierbar ist und zu bleibenden Schäden führen kann? Wer stimmt einer Amputation zu? Diese Fragen sollten beantwortet sein, bevor der Einsatz beginnt. Offen und vertrauensvoll gelebte Partnerschaften, die über die einschneidenden Folgen dieser extremen Situationen sprechen können, werden im Regelfall bereits vor dem Einsatz den jeweils anderen bitten, für ihn zu sorgen. Die Diskussion über den möglichen lebensverändernden Ausgang eines Einsatzes eröffnet die Chance, sich dem anderen gegenüber zu öffnen. Man kann den betroffenen Partnern oder Familienangehörigen nur wünschen, dass sie die Kraft haben, sich darüber zu unterhalten, unter welchen Bedingungen der Schwerstverwundete sein Leben weiterführen will. Letztendlich wird die Frage im Raum stehen, ab welchem Zustand nicht mehr operiert werden soll oder lebenserhaltende Systeme abgeschaltet werden. Nach meinen Erfahrungen sind jedoch nur wenige Menschen bereit, sich diese Konsequenzen schon vorab zu vergegenwärtigen, und noch weniger sind bereit, ihre Gedanken hierzu mit dem Partner auszutauschen. Dagegen überwiegen die Äußerungen, wenn man schon in die Luft gesprengt oder angeschossen werde, dann doch bitte so, »dass es vorbei ist«. Die Vorstellung eines Lebens als Invalide ist für viele so undenkbar, dass sie den Tod vorziehen. In der Literatur über den Ersten und Zweiten Weltkrieg sind zahlreiche Hinweise auf eine solche Einstellung vorhanden. Bedauerlicherweise fehlen öffentlich zugängliche empirische Untersuchungen, die diese Problematik in den bisherigen Einsätzen unter den gegenwärtigen gesellschaftlichen Bedingungen und den fortschrittlichen medizinischen Behandlungsmöglichkeiten untersuchen. Allerdings sind mir auch keine bundeswehrinternen empirischen Untersuchungen zu dieser Thematik bekannt. Wird es deswegen tabuisiert, weil in unserem friedlichen und sicheren Deutschland eine Diskussion über die möglichen gravierenden persönlichen Folgen von Einsätzen und der Umgang mit Behinderten nicht geführt werden soll? Oder will man eine Diskussion vermeiden, die sich auf die Nachwuchswerbung auswirkt? Beides sind einleuchtende Motive. Obwohl man die gesamte Problematik der Integration von traumatisierten sowie an Armen und Beinen amputierten Veteranen im Internet eingehend studieren kann, vertraut man auf die Arglosigkeit der jungen Generation.

Die Frage, wem vertraut werden soll, über das eigene Schicksal zu entscheiden, ist eng mit der Überlegung verknüpft, ob die Person des Vertrauens auch die damit verbundene Verantwortung schultern kann. Die bisher geschilderten vertrauensvollen Partnerschaften spiegeln nur einen Teil der real existierenden Beziehungen wider. Falls sich der Partner der ihm übertragenen Aufgabe nicht gewachsen fühlt oder Unterstützung benötigt, besteht jedoch die Möglichkeit, einen Kontrollbevollmächtigten zu benennen. Die beste Lösung dürfte sein, dies im Voraus miteinander zu besprechen und einvernehmlich zu lösen. Schwieriger wird die Entscheidung, wenn weder zu dem gerade gefundenen Partner noch zu Eltern, Geschwistern oder Verwandten das Vertrauen herrscht, um in eine Patientenverfügung oder Betreuungsvollmacht einen Namen einzutragen. Eine besondere Konstellation kann sich ergeben, wenn geschiedene lebensältere Soldaten ihr Kind oder eines der Kinder fragen, ob es diese Verantwortung übernehmen möchte.

Patentrezepte können für eine solche Situation nicht angeboten werden. Aber eine bevollmächtigte Person sollte immer gefunden werden. Tritt nämlich der Fall ein, dass man aufgrund der im Einsatz erlittenen Verwundung oder eines Unfalles nicht mehr eigenständig über sein Leben entscheiden kann, wird gegebenenfalls ein Betreuer von Amts wegen bestellt. In diesem geregelten juristischen Verfahren wird ein Betreuungsgericht zunächst unter den nächsten Angehörigen suchen und dabei normalerweise in der Rangfolge Eltern, Geschwister und weitere Angehörige fündig werden. Will man also aufgrund der Familienverhältnisse bestimmte Angehörige von einer Betreuung ausschließen oder einfach Familienstreitigkeiten im Keim ersticken, ist es geboten, einen Betreuer vor dem Einsatz zu bestimmen. In diesen menschlich anspruchsvollen Konstellationen des familiären Miteinanders sei an die Möglichkeit erinnert, einen Kontrollbevollmächtigten zu benennen. Er sollte in diesen Fällen eher unter Juristen oder Sozialarbeitern zu finden sein. Seine Aufgabe wäre jetzt, in erster Linie den Willen des Soldaten sicherzustellen.

Die komplexen Regelungen der Sozialgesetzgebung, der Einsatznachsorge oder der Betreuungsmöglichkeiten werden nämlich nur noch von Personen durchschaut, die sich ständig mit der Materie befassen. Daher ist es beinahe selbstverständlich, dass sich die Person des Vertrauens, die sich dazu bereit erklärt hat, nicht vollständig bewusst ist, welch umfängliche, außergewöhnliche Verantwortung und Vollmacht an sie übertragen wird. Es kann auch geschehen, dass der Soldat seine Wünsche im Fall einer schweren Verwundung nicht mit der gebotenen Klarheit an die Vertrauensperson kommuniziert. Beiden kann die Komplexität der Aufgaben, die damit einhergehende Bürokratie, aber auch die Möglichkeiten zur Hilfe nicht bewusst sein. Und letztlich wird oft mit der Unterschrift unter die jeweiligen Verfügungen und Vollmachten die Zuversicht geäußert, man würde aus dem Einsatz ohne Schäden an Leib und Seele zurückkehren, um damit die Bürde des Bevollmächtigten zu erleichtern. In all diesen Fällen kann man dem Bevollmächtigten nur empfehlen, den örtlichen Sozialdienst der Bundeswehr anzusprechen, damit im Fall des Falles eine erste Anprechperson auch persönlich bekannt ist. Die regional zuständigen Mitarbeiter findet man zumeist im Dienstleistungszentrum des Verbandes. Sie sind entweder selbst erfahren genug, um beraten zu können, oder verweisen an kompetente Kollegen. Wohnt man nicht am Ort oder in der Nähe der Einheit des Partners, kann man im Internetauftritt der Bundeswehr die Adressen und Kontaktdaten der Sozialarbeiter herunterladen. Unter www.Sozialdienst.Bundeswehr.de findet sich eine PDF-Datei, in der die Anschriften des Sozialdienstes im Inland und Ausland enthalten sind. Die elektronische Datei wird ständig aktualisiert.

Wichtig ist in diesem Zusammenhang, eine Bankvollmacht zu erteilen. Kosten von Behandlungen oder andere finanzielle Verpflichtungen können so weiter abgewickelt werden. Fällt oder stirbt ein Soldat im Einsatz, ist diese Bankvollmacht von besonderer Bedeutung. Auch wenn die Bank über den Tod unterrichtet wurde, kann auf das Konto des Gefallenen nicht zugegriffen werden, wenn er das alleinige Verfügungsrecht hatte. Nur eine vorher erteilte Vollmacht ermöglicht dem Bevollmächtigten, der Partnerin oder dem Partner den Zugriff auf das Konto. Liegt keine Vollmacht vor, kann die Bank Zahlungen erst tätigen, wenn ein Erbschein vorliegt und sich die Erben ausgewiesen haben. Die Banken unterstützen natürlich den oder die Erben bei der Abwicklung der Formalitäten. Aber allein die Erstellung eines Erbscheines durch das Nachlassgericht kann Wochen in Anspruch nehmen. Die Kosten für eine Beerdigung fallen regelmäßig zuvor an. Die in Deutschland vorherrschende Bestattungskultur hat mittlerweile eine ganze Industrie hervorgebracht. Die Gebührenordnungen der Gemeinden sind überraschend hoch. So addieren sich die Kosten selbst bei bescheidenen Bestattungen schnell in den mittleren vierstelligen Bereich. Ist das Konto des oder der Verstorbenen bei einer Hausbank eingerichtet, wird eine Vorsprache bei der Bank oft dazu führen, dass Bestattungskosten von dessen oder deren Konto beglichen wird. Internetbanken, wie zum Beispiel die »comdirect«-Bank, bieten zwar auf ihrer Serviceseite nach Eingabe von »Vorgehen im Todesfall« ausreichend Informationen und eine umfassende Unterstützung an[67], verlangen aber Erbschein und eine Identitätsfeststellung aller Erben. Für Konten bei solchen Banken keine Vollmacht auszustellen, greift die Ressourcen der Hinterbliebenen an und führt bei Erbstreitigkeiten regelmäßig dazu, Beerdigungen über Kredite zu finanzieren.

Wie sag ich es meinem Kinde?

Alle Mütter und Väter müssen sich der wichtigen Frage stellen, welche Informationen sie ihren Kindern zumuten können. Die Antwort darauf ist für die meisten sehr schwierig zu finden. Einerseits überwiegt der mütterliche oder väterliche Instinkt, die Kinder vor grausamen Wahrheiten zu schützen. Der oben angesprochene gesellschaftlich akzeptierte Glaube, Kinder würden unter den Abwesenheiten des Vaters oder der Mutter besonders leiden, trägt sicherlich zu diesem elterlichen Verhalten bei. Andererseits ist es geboten, die Folgen von Gewalt zu thematisieren, da sie das Elternteil treffen können, das in einen Einsatz geht. Doch gerade die Verdrängung, um nicht zu sagen die Tabuisierung von Gewaltfolgen, die sich auf die zukünftige Lebenswirk-

67 Quelle: http://www.comdirect.de/pbl/service/supportfaq/FaqRH.do?faqId=487, 15.02. 2015

lichkeit der Partnerinnen und Partner wie auch der Kinder auswirken werden, kann zur Traumatisierung führen. Auch aus diesem Blickwinkel betrachtet besteht die moralische und ethische Verpflichtung, diese Thematik innerhalb der Familie, mit Partnerinnen und Partnern sowie mit den Kindern zu besprechen. Allerdings gehen die Meinungen darüber weit auseinander, wie viel Gewalterzählungen Kindern und Heranwachsenden zugemutet werden können. Die Diskussion darüber soll Psychologen und all den Erziehungsberatern überlassen bleiben, die dazu publizieren. Ein Gedanke soll jedoch diejenigen zum Nachdenken anregen und ermutigen, die ihre Kinder mit Szenen der alltäglichen Gewalt in Krisengebieten konfrontieren wollen. In fast allen Einsatzgebieten trifft man auf Kinder, die unter traumatischen Erlebnissen gelitten haben. Sie waren Zeuge von Vergewaltigung oder deren Opfer. Sie haben Folterungen der Eltern und Geschwister, manchmal auch deren Ermordung erlebt. Sie sind gewaltsam von ihrer Familie getrennt worden. In den Medien überwiegen die Bilder von trauernden Kindergesichtern, deren Blick leer in die Unendlichkeit gerichtet scheint. Umso überraschter ist man im Einsatz. Selbst nach über 20 Jahren Krieg sieht man in Afghanistan diese traumatisierten Kinder Fußball spielen, auf staubigen Plätzen lachen und toben, in Bächen und Teichen plantschen. Ihre Augen leuchten, wenn man anhält und beginnt, sich mit ihnen zu unterhalten. Sie scheinen vor Neugierde gegenüber dem Fremden zu platzen. Sie rangeln sich, um die Mitbringsel zu ergattern, die von den Soldatinnen und Soldaten verteilt werden – Bleistifte, Schulbücher und Bälle, um einige Beispiele zu nennen. Werden sie fotografiert, malt sich Erstaunen in die Gesichter, wenn sie sich auf dem Display der Kamera sehen. Sie bitten um die Bilder. Die Antwort, man würde erst in Tagen oder Wochen wieder in ihr Dorf kommen und dann die Fotografierten nicht wiedererkennen, wird nicht akzeptiert. Mit breitem Lachen im Gesicht bekommt man erklärt, dass die Kinder die Soldaten wiedererkennen würden. Berichtet man wieder zu Hause Psychologen von diesen Erlebnissen, erblickt man zunächst einmal ungläubiges Staunen in deren Gesichtern. Zwei Erklärungen für dieses Phänomen habe ich bisher erhalten. Die eine besagt, ich sei Zeuge eines Verdrängungsprozesses gewesen, der bei Traumatisierungen eintreten kann. Die andere besagt, Kinder seien vielleicht doch belastbarer, als es für die in der Sicherheit der Bundesrepublik Deutschland aufgewachsenen Menschen vorstellbar sei. Mit meinen Erfahrungen aus dem Einsatz

ist bei mir die Gewissheit gewachsen, dass man Kindern Gewalt und deren Folgen erläutern kann, und dies zunächst unabhängig von der Frage, ob sie die Konsequenzen des Erläuternden auf ihrer eigene Situation oder die der Familie übertragen können.
Die elterliche Absicht, den Kindern einen geschützten Raum zu bieten und ihnen nur die Informationen über den Einsatz zukommen zu lassen, die dem Alter angemessen ist, wird von dem Moment an unterlaufen, wenn die Kinder den häuslichen Raum verlassen. Spätestens ab dem Zeitpunkt, wenn die Kinder in den Kindergarten gehen, ist zu überlegen, welche Informationen sie außerhalb des Elternhauses erhalten. Ideal wäre es, wenn die Informationen aus dem sozialen Umfeld mit den Informationen des Elternhauses übereinstimmen oder zumindest in Bezug stehen. Von daher ist es immer angebracht, die Kinder ab diesem Alterszeitpunkt mit den Realitäten eines Einsatzes soweit möglich vertraut zu machen. Der bei vielen Eltern vorherrschende Wunsch, Kinder so lange wie möglich von den Grausamkeiten des Lebens fernzuhalten, ist im sozialen Umfeld der Kinder nicht erfüllbar. Gleichwohl gilt es immer abzuwägen, ob die Informationen über den Einsatz in ihrer Tragweite von den Kindern verstanden werden können. Aber es ist sicherlich möglich, Kinder an der Einsatzwelt teilhaben zu lassen.

Speziell für Kinder wurden vom Zentrum Innere Führung ein Bilderbuch und eine CD herausgebracht. Mit »Karl, der Bärenreporter im Einsatz«[68] ist ein Lernprogramm im Rahmen der Familienbetreuung entwickelt worden. So begrüßenswert die Initiative ist, hinterlässt die CD doch einen gespaltenen Eindruck beim erwachsenen Betrachter. Zum einen ist die Produktion erkennbar von ambitionierten Amateuren erstellt worden, zum anderen wird nicht deutlich, welche Altersgruppe bei den Kindern angesprochen werden soll. Einige Inhalte sind sicherlich für Kleinkinder gedacht, andere werden wegen der Sprachniveaus ohne Erläuterungen durch Eltern erst von fünfzehn- oder sechzehnjährigen Jugendlichen verstanden werden. Die einfach gestaltete Animation und die sehr an offizielle Statements erinnernde Sprache werden die an PC-Spiele gewohnten Jugendlichen wahrscheinlich eher davon abhalten, das Informationsangebot der CD zu nutzen. Aber auch einsatzerfahrene Soldaten werden schmunzeln. Schaut Karl sich im Feldlager um, klickt er auf die aus der Vogelperspek-

[68] Karl der Bärenreporter im Einsatz, 2008

tive dargestellten Gebäude. Sofort rast ein Wolf, der Jeep der Bundeswehr, mit aufheulendem Motor in so hohem Tempo zum Ziel, dass der Fahrer im Einsatz von den allgegenwärtigen Feldjägern gestoppt, ein Knöllchen erhalten und sein Fahrstil dem Vorgesetzten zur disziplinaren Würdigung gemeldet würde. Wie bei anderen offiziellen Publikationen auch wird ein Vokabular verwendet, das an einen sehr friedlich verlaufenden Einsatz erinnert. Patrouillen werden im Video dargestellt, ohne die Möglichkeiten von Gefechten zu erwähnen, Soldaten werden krank, höchstens verletzt und wie im zivilen Krankenhaus behandelt. Diese Art der Darstellung, die dem wohlmeinenden Schutz von Kindern vor gewalttätigen Szenen geschuldet sein dürfte, steht im Widerspruch zu den Bildern und Informationen, die über Medien und vor allem über die sozialen Netzwerke und YouTube verbreitet werden. Denn jeder Einsatz der Bundeswehr wird so in die heimischen Zimmer übertragen. Nur solange Kinder nicht über einen eigenen Computer, ein Smartphone oder ein anderes Gerät verfügen, mit dem sie im Internet surfen können, besteht in der Familie die Möglichkeit, gemeinsam Bilder und Berichte aus den Einsatzgebieten zu sehen, zu hören und zu besprechen. Doch Kinder besitzen schon in sehr frühem Alter Smartphones oder Computer mit Internetzugang. In der Grundschule reicht ein Smartphone und auf dem Schulhof werden die Informationen aus dem Netz gemeinsam angeschaut. Spätestens dann wird »Karl, der Bärenreporter« an der vermeintlichen Wirklichkeit gemessen und seine Glaubwürdigkeit verlieren. Der CD ist leider kein Hinweis beigefügt, Eltern sollten sich die Informationen ansehen und gemeinsam mit kleinen Kindern anschauen, um zu erläutern oder aus eigener Einsatzerfahrung zu kommentieren. Dies wird aus den dargelegten Gründen dringend angeraten. Wenn Eltern die CD nutzen, um ihren Kindern den Einsatz näherzubringen, sollten sie überlegen, Karl auch zu kaufen. In den LHD-Bekleidungsshops der Bundeswehr werden Teddys, die Karl sehr ähneln, in allen Variationen und Uniformstilen angeboten.[69] Als Buch ist »Karl, der Bärenreporter« ebenfalls erschienen. Die kritischen Bemerkungen über die DVD sind auf dieses Medium uneingeschränkt übertragbar. Auch die Erfahrungen aus den Familienbetreuungszentren bestätigen, dass lediglich der Kalender angenommen wird. In ihm

[69] Das Angebot ist zu finden unter: www.lhd-shop.de

kann das Kind Tage abstreichen und sich so auf die Rückkehr der Mutter oder des Vaters vorbereiten.

Die Nachrichten über die Bedingungen in den Einsätzen werden über die Medien und durch die Erzählungen derjenigen, die dort gewesen sind, nach Deutschland gebracht. Von den klassischen Sinnen werden mit diesen Informationen nur die Augen und die Ohren angesprochen. Will man jedoch die Fragen der Kinder beantworten, wie ein Einsatz erlebt wird, sollten sie ihn auch riechen, schmecken und fühlen können. Schließlich unterscheiden sich die Umweltbedingungen im Kosovo oder in Afghanistan, um zwei Beispiele zu nennen, wesentlich von denen in Deutschland. Die Realität dieser Einsätze kann man aber auch mit etwas Phantasie Kindern in Deutschland bis zu einem gewissen Grad vermitteln.

Die auf sich zukommende braune Wand eines Sandsturms, die sich vom Boden bis zum Himmel erstreckt, die Sonne verdeckt, sich tosend über die Menschen ergießt und in braunes Zwielicht hüllt, wird man nur in Filmen, aber auch auf YouTube sehen können. Wochenlang brennende Müllkippen oder der Verwesungsgeruch von Kadavern und Leichen, der niemals aus der Erinnerung gelöscht wird, kann man jedoch sehr wohl in der Heimat nachempfinden lassen.

Suchen Sie sich einen Metzger oder einen Schlachthof. Lassen Sie sich ein paar Kilogramm Innereien in einen gut verschließbaren Eimer füllen. Stellen Sie diesen für drei Tage an einen warmen Ort oder im Freien an einen sonnigen Platz. Lösen sie nach dieser Zeit den Deckel vom Eimer, werden sie den Kindern Verwesungsgeruch nahebringen können.

Nehmen Sie anschließend die Innereien und vermischen Sie diese mit den Küchen- und den Haushaltsabfällen. Heben Sie im Garten eine kleine Grube aus, legen Sie alles hinein, überschütten es mit Benzin, Brennspiritus oder Lampenöl und stecken es an. Der sich dann entwickelnde Gestank ähnelt dem der in Prizren brennenden Müllhalde oder den täglich angezündeten Abfallgefäßen in Prishtina, bevor die Müllabfuhr wieder funktionierte. Sie sollten Wasser zum Löschen bereithalten, um die Nachbarn nicht über Gebühr zu belästigen. Falls Sie keinen Garten haben oder aufs freie Land ausweichen möchten, können Sie auch einen Grill als Feuerstelle benutzen.

Gerade jüngere Kinder neigen dazu im Spiel oder bei plötzlicher Neugierde die Gefahren der Umwelt zu vergessen. Sie rennen plötzlich auf die Straße. Die drastischen Folgen, falls sie von einem Auto überfahren werden, kann man ihnen nahe bringen. Bevor Eltern jedoch den nächsten vorgeschlagenen Schritt wagen, sollten sie sorgfältig abwägen, ob sie selbst und ihr Kind mit der Situation und den daraus resultierenden Fragen umgehen können. Wenn Sie auf der Landstraße ein soeben überfahrenes Tier entdecken, halten Sie an, nehmen das Kind bei der Hand und gehen Sie mit ihm zu diesem Tier. Anhand der offenen Wunden kann man erleben, dass kein Körper unverletzlich ist. Man kann den Kindern anschaulich verdeutlichen, dass sie selbst verletzlich sind, wenn sie sich im Straßenverkehr bewegen. Dies kann natürlich der Mutter oder dem Vater im Einsatz genauso geschehen, trotz aller Achtsamkeit. Ob dies dem Kind beim Anblick des Tierkörpers auf der Straße nahe gebracht wird, mit einem zeitlichen Abstand oder auf die Frage des Kindes vor dem Einsatz, wenn es Nachrichten über Anschläge sieht, obliegt natürlich den Eltern. Es wird maßgeblich davon abhängen, wie bisher in der Familie mit der Frage von Verletzungen oder Tod umgegangen worden ist.

Jeder kennt die Szenen, wenn die Helden im Film von Explosionen durch die Luft geschleudert werden, aufstehen, sich abklopfen, kurz schütteln und weiterhin der gerechten Sache dienen, als sei nichts geschehen. Auch wenn Kindern erklärt wird, dies sei ausgedacht und diene der Unterhaltung der Zuschauer, außerdem würde ein früher Tod des Hauptdarstellers die filmische Erzählung abrupt beenden – die Bilder werden im Gedächtnis gespeichert und je nach Alter und Abstraktionsvermögen des Zuschauers erscheint die Fiktion als Realität. Die hierzu im Widerspruch stehende Wirklichkeit kann jedoch sowohl Kindern als auch Erwachsenen vermittelt werden. YouTube bietet hierzu vielfältige Möglichkeiten. Die Bandbreite reicht von Propagandavideos, die vor Blutrünstigkeit triefen, bis hin zu sachlich aufbereiteten Filmen, die der Aufklärung dienen. Hierzu gehört auch der folgende: Ein Selbstmordanschlag im Ministerium für Soziales in Sri Lanka, der am 28. November 2007 verübt wurde, war von den Überwachungskameras gefilmt worden. Die Aufnahmen sind anschließend vom Verteidigungsministerium Sri Lankas veröffentlicht worden.[70] Sie ver-

[70] Quelle: http://www.youtube.com/watch?v=bV-5svC6okQ, 22.10.2014

deutlichen, wie sich eine Situation überraschend und blitzschnell wandelt. Die gefilmte Explosion schleudert Menschen zu Boden, lässt andere Schutz suchen und danach bleiben leblose Körper zurück. Erst nach mehrmaligem Anschauen begreift man den Ablauf des Geschehens, erkennt man die Selbstmordattentäterin, die den Sprengstoff zwischen ihren Brüsten versteckt hatte. Das Video ist in Schwarz-Weiß aufgenommen. Die Aufnahmen sind nicht hochauflösend und jedes Detail sichtbar werden lassend. Grausame Bilder sind nicht zu sehen, weder abgerissene Gliedmaßen noch Blutlachen. Daher eignet es sich dieses Video auch zur Anschauung für Kinder. Es verdeutlicht, dass weder vorsichtiges Verhalten noch beste Ausbildung davor schützen kann, Opfer eines Anschlages zu werden, wenn man sich im Einsatzgebiet außerhalb eines geschützten Lagers bewegt. Das Video spiegelt auf sehr realistische Weise einen allgemeingültigen Ausspruch von einsatzerfahrenen Soldaten wider: Man war zum falschen Zeitpunkt am falschen Platz. Diese auch für jeden unverschuldeten Unfall gültige Aussage gilt es den Kindern zu vermitteln. Inwieweit solch ein Ereignis mit den erklärenden Inhalten wie Schicksal, Vorhersehung, Zufall, Fügung, Leben oder Ähnlichem gefüllt wird, bleibt in der Verantwortung der Eltern und sollte die in der Familie etablierte Gesprächskultur widerspiegeln.

Auch kennt jeder die Szenen, wenn auf die Helden eines Films das Feuer eröffnet wird und sie Schutz suchen. Ein umgestürzter Tisch, eine Autotür, schmale Bäume, fast alles wird genutzt, um Kugeln abzuhalten. Nichts von dem, was in den Filmen zu sehen ist, bietet tatsächlich Schutz vor Kugeln aus Gewehren. In der Realität werden ungepanzerte Autos und mitteldicke Eichenstämme von den Kugeln durchschlagen und würden die Helden treffen. Für ältere Kinder wie auch für die Partner ist in einem Bundeswehr-Spot sehr nüchtern und anschaulich die Wirkung von Gewehrkugeln auf den menschlichen Körper dargestellt: »Schussversuche, Experten informieren über die Wirkung von Munition auf den menschlichen Körper«[71]. Unter diesem Titel wird im Stil einer Reportage über ein Seminar für Mediziner berichtet, das sich mit Operationen von Schussverletzungen beschäftigt. Auch dies sollte man Kindern verdeutlichen. Es versetzt sie in die Lage, Nachrichten und Bilder von Anschlägen besser bewerten zu können und ihre Bewertungen anderen gegenüber zu erläutern. So erfreulich

---

71 Quelle: http://www.youtube.com/watch?v=G9INE9ewRq0, 22. 10. 2014

sachlich dieser Spot der Bundeswehr ist – er kann selbst beim erwachsenen Zuschauer Ängste auslösen, wenn die anhand von Gelatine- und Seifeblöcken sowie künstlichen Knochen erläuterten Zerstörungen auf die vertraute Person übertragen werden, deren Einsatz bevorsteht.

Eltern werden in der Regel selbst einschätzen können, ob das Gesehene weiter erklärt werden muss. Die Frage des Kindes, ob das auch mit Mama oder Papa geschehen kann, sollte beantwortet werden. Da ich selbst schon mehrere schwere Unfälle überstanden habe, ist mir die Erläuterung unter Verweis auf die Narben und die erfolgreichen Operationen anschaulich möglich gewesen. Unabhängig davon zeigt man Kindern am besten auch Bilder von der Schutzausrüstung der Soldaten und erläutert deren Wirkung – möglichst verbunden mit der Botschaft, selbst bei Verwundungen bestehe eine große Chance, später die Kinder auf ihrem Weg durchs Leben begleiten zu können. Die Frage, ob Vater oder Mutter im Einsatz sterben werden, wird von jüngeren Kindern kaum gestellt werden. Kleinere Kinder können es sich noch nicht vorstellen, ohne ein Elternteil leben zu müssen. Jugendliche werden sich die Möglichkeit vorstellen können, scheuen sich aber oft, das Thema anzusprechen. Mit Kindern jeden Alters sollten deren Ängste aktiv von den Eltern angesprochen werden. Jürgen Krause hat dies vor seinem Einsatz vermieden. Er erhielt im Einsatz ein Mandala von seinem siebenjährigen Sohn, in dem er unter anderem um die sichere Heimkehr seines Vaters bittet. Krause beschreibt dies so:

> »Das fand ich schrecklich. Ich hätte nie gedacht, dass Kinder so bewusst mitbekommen, wenn ein Elternteil im Einsatz ist. Das war eine wesentliche Erkenntnis für meine heutige Tätigkeit.«[72]

Jürgen Krause ist Oberstabsfeldwebel und leitet das Familienbetreuungszentrum in Berlin.

Im Familienkreis hatte ich wiederholt die Frage gestellt, was passiere, wenn ich aus dem Einsatz nicht zurückkehre. Dann hätten wir kein Geld mehr, war die spontane Antwort eines der Kinder. Die Antwort überraschte uns beide, Vater und Mutter. Wir hatten die finanzielle Versorgung nie zum Thema gemacht. Zunächst war ich selbst von der Antwort getroffen, hatte

---

72 Scheffer, S. 148

ich doch eine deutlich emotional geprägte Antwort erwartet, die Angst über den Verlust einer geliebten Person zeigte. So war ich mit der kindlichen Wahrnehmung konfrontiert, die den Tod des Alleinverdieners in der Familie bewertete. Es folgte also eine kurze Erläuterung über die Versorgung der Familie, über Hinterbliebenenbezüge sowie Witwen- und Waisenrenten, verbunden mit der Versicherung, die Familie hätte immer noch genug Geld zum Leben. Die ursprüngliche Frage war jedoch nicht beantwortet. Die Kinder konnten sich die Möglichkeit nicht vorstellen, ohne ihren Vater zu leben. Der Verweis auf geschiedene Ehen sowie wiederverheiratete Mütter oder Väter erinnerte sie an Schulfreundinnen und -freunde, die in Patchwork-Familien lebten oder Angehörige verloren hatten. Kinder leben mit diesem Wissen, ohne es auf die eigene Situation zu übertragen. Die Diskussion über Mütter und Väter, die bei Autounfällen ums Leben gekommen waren, half ebenfalls. Denn auch deren Leben ginge bei aller Trauer weiter. Vertrauen in die Zukunft sei notwendig, war eine wichtige Botschaft – eine Zukunft, die man selbst gestalten kann. Nach Jahren griff ich das Thema nochmals auf. Die mittlerweile erwachsenen Kinder erinnerten sich an das Gespräch. Die Frage sei weit über ihre damalige Vorstellungswelt hinausgegangen, aber schlecht geträumt hätten sie davon auch nicht.

Das Testament

Seit über 20 Jahren befindet sich die Bundeswehr in Auslandseinsätzen. In dieser Zeit sind nach den Angaben der Bundesehr 615 Angehörige der Bundeswehr ums Leben gekommen.[73] In den Auslandseinsätzen etwas mehr als 100 Soldaten, ein Drittel davon durch »Fremdeinwirkung« – so die offizielle Sprache, die Angriffe auf Soldaten herunterspielt. Die betroffenen Soldaten sind entweder in Gefechten gefallen, wurden überraschend angegriffen oder sind in die Luft gesprengt worden. Dennoch, rein statistisch betrachtet, ist die Gefahr, durch einen Unfall im Dienst aus dem Leben zu scheiden, etwa 20-mal so hoch – und selbst im Auslandseinsatz bisher noch doppelt so hoch – wie durch Kampfhandlungen getötet zu werden.

---

[73] Redaktion der Bundeswehr, Todesfälle in der Bundeswehr, 15.05.2015

Es müsste deshalb eigentlich jedem Angehörigen der Bundeswehr, nicht nur denjenigen im Einsatz, empfohlen werden, ein Testament zu verfassen. Der Ratschlag wird hingegen nur in den Broschüren und Publikationen erteilt, die sich mit den Vorbereitungen auf einen Auslandseinsatz beschäftigen. Für all jene, die sich auf einen solchen Einsatz vorbereiten, ist es eine ernst zu nehmende Empfehlung, die befolgt werden sollte, insbesondere für die Soldaten, die in Gefechtshandlungen verwickelt werden könnten oder deren Auftrag die ständige Präsenz außerhalb der normalerweise gesicherten Feldlager verlangt. Doch auch die Lager sind Ziele von Raketen und Granaten.

Die Broschüren der Bundeswehr enthalten nur allgemeine Hinweise zum Abfassen eines Testamentes. Handschriftlich sei es zu erstellen und bei Erbangelegenheiten sollte besser ein Rechtsanwalt oder Notar hinzugezogen werden.[74] Zurückhaltung prägt den Inhalt der Broschüren zu diesem Thema. Besucht man Seiten des US-Militärs, findet man hingegen detaillierte Hilfestellungen zum Abfassen eines Testamentes. Selbst Formulare werden angeboten, die beim Ausfüllen unterstützen. Immer verbunden mit den Hinweis, das Testament so früh wie möglich abzufassen, quasi in der Ruhe vor dem Sturm. Wie bereits an anderer Stelle erwähnt, stehen Soldaten mit dem Ende der Ausbildung mit sehr großer Wahrscheinlichkeit, viele sogar mit Bestimmtheit vor einem Einsatz, ohne schon zu wissen, wann er beginnen wird. Damit wäre es geboten, sich auch ohne konkrete Einsatzplanung an den Schreibtisch zu setzen und seine Gedanken über den letzten Willen zu Papier zu bringen. Dies nimmt Zeit in Anspruch und erfordert das Gespräch mit den möglichen Erben, wenn man sie nicht völlig überraschen möchte oder ihnen posthum vors Schienbein treten will. Zudem wird bei größerem Vermögen ein Notar beim Abfassen des Testamentes erforderlich sein, gegebenfalls der Rat des Steuerberaters, um die Erbschaftssteuer zu senken. Die Zeit für all die Gespräche und Beratungen ist eher in Wochen und Monaten zu bemessen. Die letzten Tage vor dem Einsatz sollten dafür nicht vergeudet werden. Wünschenswert wäre es auch, wenn die Bundeswehr im Internet hierzu Hilfen anbieten würde. Abgesehen von der moralischen Verpflichtung würde dieses Vorgehen auch die Fürsorgepflicht gegenüber den Soldaten besser erfüllen. Denn gerade einem jungen Solda-

---

[74] Die Bundeswehrbetreuungsorganisation, S. 8

ten kann dadurch geholfen werden. Er wird in der Ausbildung Bilder und Videos von Kämpfen, Anschlägen, Verwundungen und zerfetzten Körpern gesehen haben und das Gesehene dennoch als persönliche Konsequenz für sich verdrängt haben. Schreibt er sein Testament, konfrontiert er sich meist erstmals unmittelbar mit der Endlichkeit seines eigenen Lebens und der Möglichkeit, sein Einsatz könne tödlich enden.

Wenn immer möglich, sollten der Partner und Kinder im jugendlichen Alter in den Prozess einbezogen werden. Das Abfassen des Testamentes selbst, so erlebte ich es immer wieder, ist ein sehr persönlicher, tränenreicher Moment. Im Schreiben wird die Sterblichkeit bewusst, das Leben zieht vorbei, Rechenschaft über das bisherige Handeln wird abgelegt und Abschied von den Lieben genommen. Vielleicht scheuen sich Menschen vor diesem Prozess und leben deswegen mit der Auffassung, dass sie sich keine Gedanken über den Verbleibt ihres Vermögens nach ihrem Tod machen müssen. Sie überlassen es den Erben, sich mit der Hinterlassenschaft gegebenenfalls vor Gericht auseinandersetzen zu müssen. Sie nehmen sich gleichzeitig die Chance, sich schriftlich und letztmalig von ihren Angehörigen und geliebten Personen zu verabschieden. Möglicherweise bleiben bei den Erben, insbesondere bei nahen Angehörigen, dem Partner und den Kindern Zweifel über den Sinn eines Lebens zurück, das im Einsatz endete. Auch stellen sie sich vermutlich Fragen, warum der getötete Mensch sich entschieden hatte, Soldat zu werden und deswegen starb. Unter diesem Gesichtspunkt besteht meines Erachtens eine ethische Verpflichtung, seinen letzten Willen niederzulegen und sich in ihm zu erklären.

Unter der Annahme, mit den Angehörigen sei das soeben Beschriebene (die Berufswahl und die damit einhergehende Verantwortung) in vielen Gesprächen erörtert worden, stellt sich die Frage, ob dann noch ein Testament von Nöten ist. In einer intakten Familie und bei geringem Vermögen muss kein Testament abgefasst werden, weil sich die Erben einigen werden und Erbschaftsteuern nicht anfallen. Auch das in einer intakten Familie groß gewordene, erwachsene, noch ungebundene Einzelkind braucht kein Testament abzufassen, da die Eltern Alleinerben sein werden. Es sei denn, einer nahestehenden Person soll etwas zugedacht werden. In einer Familie, in der man sich vertraut, reicht der bekannte mündliche Wille des Toten völlig aus. Die Eltern werden ihn auch ohne handschriftliche Niederschrift akzeptieren. Die Situation stellt sich natürlich anders dar, wenn Vermögen vorhanden ist und Erbschaftssteuern anfallen. Selbst dann fallen in diesem Fall für die Eltern Steuern erst dann an, wenn das Vermögen eine Million Euro übersteigt. Sowohl Vater wie auch Mutter erhalten einen Freibetrag von 500.000 Euro. Ist im Vermögen Grundbesitz enthalten, so muss ein Notar eingeschaltet werden. In diesem Fall sollte man ein Testament ohnehin bei ihm anfertigen lassen. Hier kommen dann die Kosten ins Spiel: Bereits bei einem Vermögen von 250.000 Euro werden bei einem Testament über 600 Euro Notarkosten fällig. Will ein Ehepaar das Testament gemeinsam aufsetzen, kostet dies fast den doppelten Betrag.[75] Die beispielhaft genannte Vermögenshöhe wird schnell durch Grundbesitz, Hausbesitz oder Erbschaften erreicht. Die notariellen Kosten steigen natürlich mit der Höhe des Vermögens. Bei wiederholten Einsätzen und geänderten persönlichen Verhältnissen werden über die Jahre hinweg mehrere Tausend Euro an Notarkosten fällig. Die offiziellen Ratschläge verweisen zwar immer an einen Notar und im Falle größerer Vermögen an einen Steuerberater, dessen Beratung die Erbschaftssteuer senken könnte, sie erwähnen aber in keinem mir bekannten Fall die damit einhergehenden Kosten.

Vor jedem meiner drei Einsätze habe ich ein Testament verfasst, da sich jeweils meine persönliche Situation geändert hatte. Ich wählte allerdings einen Weg, der vor Gericht nicht bestanden hätte. Im Vertrauen darauf, dass Partner, Kinder und Eltern meine letzten Willen akzeptieren würden, erhielt jeder im verschlossenen Umschlag eine am Computer gefertigte Kopie. Jede Seite war nach dem letzten Wort handschriftlich abgezeichnet und das Testament mit Ort, Datum sowie Unterschrift abgeschlossen. Nach jedem Einsatz wurden die Kopien wieder eingesammelt und vernichtet. Im Familienkreis erläuterte ich meine Vorgehensweise damit, dass es mich nicht mehr berühren würde, wenn sich die Erben nach meinem Ableben stritten und vor Gericht gingen. Im Testament waren auch die Trauerfeierlichkeiten detailliert festgelegt worden, falls ich im Sarg nach Deutschland zurückkehren sollte, verbunden mit der Bitte, ihn nicht zu öffnen, falls ich in die Luft gesprengt und nur noch in Einzelteilen zurückgeführt werden konnte. Die Familie sollte mich so in Erinnerung behalten, wie ich in den Einsatz gegangen war. Ich musste lernen, dass auf dem Umschlag mit großen Buch-

---

75 Quelle: http://www.notar-veit.de/die_urkunden/notarkosten/notarkosten_testament.htm

staben zu vermerken war, den Brief nicht vor meinem Tod zu öffnen und das Testament zu lesen. Einem Empfänger war diese Selbstverständlichkeit nämlich nicht geläufig gewesen und so kam ein Briefumschlag nach dem Einsatz mit Tesafilm erneut verschlossen zurück.

Noch zu Hause oder schon im Einsatz – Abschied und Abflug

Der Einsatz beginnt lange vor dem Tag, an dem man sich nach dem Check-in in einem Sitz des Airbus anschnallt oder die Gurte über den Segeltuchbänken einer Transall löst, sich auf die in die Oberschenkel einschneidenden Sitzgestänge innerlich vorbereitet und mit dem dienstlich gelieferten Gehörschutz, den »Tannenbäumchen«, oder dem Ohropax die Gehörgänge verstopft hat. Wer erstmals für einen Einsatz vorgesehen ist, wird gründlich vorbereitet. Die hierzu erforderliche Ausbildung erstreckt sich über bis zu sechs Monate. Schon durch sie ist eine ständige, manchmal wochenlange Abwesenheit von zu Hause bedingt. Seminare, Lehrgänge, Übungen und Truppenübungsplatzaufenthalte müssen absolviert werden. Die Wochenenden zu Hause werden ebenfalls kürzer, da von der einen zur nächsten Ausbildungseinrichtung gefahren werden muss. Je näher der Einsatz rückt, umso mehr befasst man sich auch geistig mit dem kommenden Einsatz. Nicht umsonst klagen Familien, dass die Mutter oder der Vater in dieser Zeit schon gar nicht mehr bei ihnen sind, sondern nur noch körperlich anwesend. Je fordernder der Einsatz zu werden verspricht, umso mehr beschäftigt man sich mit ihm schon vor dem Abflug. Nachrichten aus dem Einsatzgebiet werden wichtiger, das Internet wird abgesucht, Sachbücher und Literatur über das Land sowie die dortigen Menschen und letztlich die dienstlich gelieferten Informationen werden gelesen. Die Stunden an den Wochenenden und Abenden zu Hause werden davon aufgezehrt. Dabei wollte man sich in der verbleibenden Zeit doch um den Partner und die Kinder kümmern, Freunde und Angehörige besuchen oder vielleicht auch noch die eine oder andere Einladung aussprechen – bis einem der Partner oder die Kinder plötzlich sagen, man sei ja gar nicht mehr ansprechbar und solle doch am besten einfach in der Kaserne bleiben oder in den Flieger steigen, damit diese dauernde Zeit des Abschiedsnehmens endlich vorüber gehe.

Zeitmanagement und Prioritätensetzung sind vielleicht die wichtigsten und am meisten unterschätzten Herausforderungen vor einem Einsatz. In der Zeit zu Hause sollte die Familie Vorrang haben. Kein Auslandseinsatz ist so wichtig, dass die Familie schon vor dem Abflug unter ihm leiden muss. Steht die Familie in der dienstfreien Zeit an erster Stelle, sollte die verbleibende Zeit am besten auch gemeinsam verbracht werden. Gespräche, Spaziergänge, Ausflüge oder das geduldige Beantworten der bohrenden Fragen der Kinder sind dann auch wichtiger als das Reparieren des Lochs im Gartenzaun. Selbst wenn es täglich ins Auge sticht, kann dies auch nach dem Einsatz noch erledigt werden. All diese häuslichen oder handwerklichen Dinge sollten nach ihrer Wichtigkeit sortiert und mit einem realistischen Zeitaufwand geplant werden. So kann man noch am ehesten der Versuchung widerstehen, die unangenehmen, weil emotional fordernden Papiere beiseitezulegen, um sich Reparaturen und Verschönerungen des häuslichen Umfelds zu widmen. Die oft damit einhergehende Beruhigung, man tue damit ja Gutes für die Familie, rächt sich, je näher der Tag des Abfluges rückt. Plötzlich fehlt die Zeit. In den ersten Tagen des Einsatzes kann man häufig hören, was man noch alles mit der Familie oder dem Partner hätte unternehmen wollen, wie viel Zeit man gemeinsam noch verbringen wollte, »aber es gab ja so viel zu tun«. Natürlich stimmt die letzte Aussage. Deswegen ist das Zeitmanagement und die Einschätzung der Notwendigkeit solcher Aufgaben vor dem Einsatz so wichtig.

Gelingt es darüber hinaus, sich im Kreise der Lieben immer wieder im Kopf von dem bevorstehenden Einsatz zu lösen, sich davon zu distanzieren, ist die Chance sehr groß, die Wochen und Tage vor dem Abflug als erfüllte Zeit einer Partnerschaft oder in der Familie zu gestalten. Die hierbei manchmal angeführte Lebenseinstellung, alles Dienstliche hinter sich zu lassen, wenn man die Kaserne verlasse, hilft in diesem speziellen Fall allerdings nicht weiter. Der bevorstehende Einsatz betrifft die gesamte Familie, die Partnerschaft oder Freundschaft. Darüber muss gesprochen werden, wann immer es angebracht ist. Die Stiefel – um es anschaulich auszudrücken – werden aber in der Kaserne geputzt.

Das NATO-Hauptquartier in Heidelberg war 1996 dazu bestimmt worden, die Operationen des Bündnisses in Bosnien und Herzegowina von Sarajevo aus zu leiten. Mehr als drei Monate bereitete man sich in dem damals US-amerikanisch geführten, multinationalen Hauptquartier auf diese Aufgabe vor. Das Personal wurde physisch und psychisch bis ans Limit belastet. Der interne Befehl lautete, dass bis weit über die Dienstzeit hinaus zu arbeiten sei und reiche dies nicht aus, auch noch durch die Nacht hindurch. Der im Landserjargon oft gehörte Spruch »wenn 24 Stunden nicht reichen, wird die Nacht dazugenommen« war so in wohlgesetzten Worten auf Papier gebracht worden. Samstage und Sonntage waren natürlich eingeschlossen. Die Erschöpfung des Führungspersonals war sichtbar und deren Leistungsfähigkeit bereits vor dem Einsatz stark vermindert. Die Familien sahen die Mütter und Väter manchmal abends kurz, teilweise aber über Wochen hinweg nicht. Auf die Frage, wie diese Belastung zu vermindern sei, wurde einer hochkarätigen Runde vorgeschlagen, allen Betroffenen vor Einsatzbeginn eine Woche Urlaub zu verordnen, damit sie »ausgeschlafen« in die Operation gehen könnten. Der Vorschlag wurde zuerst einmal mit Gelächter bedacht, bevor er ernsthaft diskutiert und letztlich angenommen wurde. Die Urlaubswoche setzte sich auch bei den meisten Nationen der NATO durch und ist mittlerweile in der Bundeswehr als »Kuschelwoche« bekannt. Dafür war sie nie gedacht gewesen, sondern zur Erholung von den bisherigen Belastungen und zum Abschiednehmen von der Familie. Doch selbst heute scheint diese Zeit für die Regeneration und das Verabschieden von den Angehörigen oder der Familie noch nicht überall in den Streitkräften selbstverständlich zu sein. Der Wehrbeauftrage Helmut Könighaus führte dazu im seinem Jahresbericht von 2014 aus:

> »Besondere familiäre Belastungen entstehen, wenn Soldatinnen und Soldaten in den Auslandseinsatz gehen. Deshalb muss es im Vorfeld des jeweiligen Einsatzes einen unantastbaren Zeitraum für das Zusammensein mit den Angehörigen geben, was immer wieder im Rahmen von Eingaben eingefordert wird.«[76]

Jahre nach der Einführung dieses Zeitraumes scheint er tatsächlich allein mit der Verabschiedung von den Angehörigen begründet zu werden, was sicherlich zu kurz greift. Wendl, der ebenfalls die Verabschiedung von den

[76] Könighaus, 28.01.2014, S. 41

Angehörigen als Begründung anführt, hält jedoch den Begriff Kuschelwoche für gänzlich verfehlt.

> »Der unpassende Begriff der ‚Kuschelwoche' täuscht vor, dass diese Tage vor der Abreise gerade für Harmonie und Gemeinsamkeit ideal wären. Lassen Sie sich davon nicht unter Druck setzen! Meist ist diese Woche von Planungen, Absprachen, Hektik und Spannungen geprägt und es bleibt womöglich wenig Zeit für Kuscheln und Harmonie.«[77]

Für einen ersten Einsatz wird dies sicherlich zutreffen. Bereits beim zweiten stellt sich ein wenig Routine ein. Werden mehr Einsätze absolviert, kann die Kuschelwoche dann auch ihrem Namen gerecht werden. Verzichten sollte man nie darauf. Insbesondere wenn Familien mit Kindern betroffen sind. Vom Grundsatz her, der oft genug bei Personal in Spezialverwendungen gebrochen wird, sollen zwischen Einsätzen zwei Jahre vergehen. Kinder wachsen in dieser Zeit, Partnerschaften auch, und so stellen sich immer wieder neue Fragen – an den, der geht, und an die, die zu Hause bleiben.

Irgendwann wird der Termin bekannt sein, an dem der Flug in das Einsatzgebiet geplant ist. Um sich voneinander zu verabschieden, ist dies ein denkbar schlechter Tag. Die häusliche Routine wird nämlich weitergehen. Die Kinder gehen in die Schule, der Partner zur Arbeit. Muss man eine weitere Strecke zum Abflugort zurücklegen, wird die Anreise auf den Tag vor den Abflug verlegt. Nicht selten werden Abflugzeiten kurzfristig geändert. Über die Zuverlässigkeit der Flugzeuge der Luftwaffe ist in jüngster Vergangenheit viel geschrieben worden. Will man also Abschied feiern, sollte man dies für einen Tag vor dem Abreisetermin planen. So bleibt Zeit und jeder der Beteiligten kann den Abschied auch emotional verarbeiten, bevor der eigentliche Tag gekommen ist.[78]

Bleibt die Frage, ob man Partner oder Familie mit zum Flughafen nimmt. Mein Rat ist, davon abzusehen. Mittlerweile verlangt die Luftwaffe, drei Stunden vor Abflug am Check-in zu sein. Seltsamerweise verlängerte sich die Check-in-Zeit, je erfahrener die Abfertigungsorganisation und je besser die Infrastruktur am Abflughafen wurde. Die Gründe hierfür haben

---

77 Wendl, Soldat im Einsatz, S. 71

78 Ebd., S. 70 ff.

sich mir nie erschlossen und wurden auch nie einleuchtend erläutert. Für die Angehörigen beginnt aber deswegen mit der Ankunft am Flughafen eine quälend lange Zeit. Und dies in einer Atmosphäre, die sich deutlich vom Abschiednehmen am Frankfurter Flughafen unterscheidet, wenn die Lieben in den Urlaub fliegen. Die Stimmung in der Halle ist eher bedrückt, vielleicht auch dadurch verursacht, dass sich der Soldat in der Öffentlichkeit und vor seinen Kameraden nicht zu emotional zeigen möchte. Wer will schon von einem Vorgesetzten in den Kampf geführt werden, der bereits in der Abflughalle Tränen weint, so die Wahrnehmung bei den Vorgesetzten selbst und umgekehrt auch bei den Untergebenen.

Irgendwann ist der in den Einsatz fliegende Soldat durch die Kontrolle gegangen und damit aus dem Blickfeld der Angehörigen entschwunden. Die Angehörigen fahren nach Hause und bereiten sich auf die Zeit allein vor. Der *Worst Case* tritt ein, wenn der Soldat endlich in der Maschine sitzt, um nach stundelangem Warten auf dem Flughafenvorfeld zu erfahren, dass die Maschine defekt ist. In diesen und ähnlichen Situationen habe ich mich des Öfteren wiedergefunden. Zu Hause angekommen wurde ich beim ersten Mal mit ungläubigem Staunen empfangen – und der Äußerung, ob denn das Abschiednehmen kein Ende nehmen wolle. Die für den ersten Abend ohne Vater geplante familiäre Aktivität fiel ins Wasser. Jeder wird es für sich entscheiden müssen, ob er in einer solchen Situation wieder nach Hause fahren oder die nächste Nacht in einer dienstlichen Unterkunft oder einem Hotel übernachten will. Ein Anruf zu Hause wird sicherlich bei der Entscheidung helfen.

Der Alltag der Daheimgebliebenen

Die Organisation des Alltages ist bei Partnerschaften und Familien normalerweise durch Aufgabenteilung bestimmt. Sie kann unterschiedlich stark ausgeprägt, dürfte aber grundsätzlich vorhanden sein. Weiterhin kann man feststellen, dass die Dauer einer Partnerschaft oder die steigende Anzahl von Kindern in einer Familie zu einer stärkeren Aufteilung der Aufgaben führt. Es mag den Handelnden manchmal gar nicht bewusst sein, weil die Abläufe eingeschliffen sind und beinahe automatisiert ablaufen. Vor einem

Einsatz muss sich die Familie daher diese Aufgabenverteilung vor Augen führen. Eine vernünftige Organisation des Alltages, die auch immer ein Zeitmanagement und gewisse Qualitätsstandards beinhaltet, sollte dadurch erreicht werden. Für Familien oder Lebensgemeinschaften mit Kindern werden drei Schritte vorgeschlagen, die am besten mit allen Betroffenen gemeinsam gegangen werden sollten. Grundsätzlich kann die Vorgehensweise auch auf kinderlose Partnerschaften angewandt werden. In diesem Fall dient es aber eher dem Erkennen von Tätigkeiten, die gegebenenfalls von der Partnerin oder dem Partner erlernt werden müssen.

In einem ersten Schritt werden die täglich anfallenden Arbeiten und derjenige, der sie ausführt, aufgelistet. Eine jede Aufgabe kann einem Familienmitglied zugeordnet sein oder auch abwechselnd von allen Familienmitgliedern wahrgenommen werden.

In einem zweiten Schritt werden die Tätigkeiten benannt, die bisher nur vom zukünftig Abwesenden wahrgenommen wurden.

Im dritten Schritt wird diskutiert, wer diese Tätigkeiten wahrnehmen kann und was unternommen werden muss, um sie oder ihn dazu zu befähigen.

Soldatinnen und Soldaten sind meist damit vertraut, andere auszubilden. In einem gewissen Sinne ist die Vorbereitung auf den Einsatz in einer Familie ebenfalls von einer Art Ausbildung geprägt. Sie ist abgeschlossen, wenn sich der in den Einsatz gehende Elternteil überflüssig gemacht hat. Im normalen Familienalltag sollten möglichst alle Kinder so viele Tätigkeiten wie möglich selbst bewältigen können, um das zu Hause bleibende Elternteil zeitlich zu entlasten. In Familien gelingt dies, wenn Kindern frühzeitig Aufgaben und Verantwortung übertragen werden. Dies beginnt beim Decken des Tisches, dem Zubereiten von Speisen sowie dem Abräumen des Tisches und Bedienen der Geschirrspülmaschine. Es setzt sich mit der anfallenden Wäsche fort. Kinder können unterscheiden, ob Kleidung mit dreißig, vierzig oder sechzig Grad gewaschen werden soll, und die Wäsche im Voraus sortieren. Sie können Zimmer selbst aufräumen und reinigen. Eltern können im Umkehrschluss ein wenig mehr Unordnung ertragen oder ihre Ansprüche senken. Der Küchenboden muss nicht jeden Tag geschrubbt werden, um den Reinlichkeitsstandards deutscher Hausfrauen zu genügen oder unangemeldeten Besuchern ein sauberes Heim zu präsentieren. Der

Abfall muss nicht jeden Abend im Plastikbeutel verschnürt zur Mülltonne getragen werden. Diskutiert man die oben angeführten Schritte mit allen Beteiligten, sind meist die Erwachsenen erstaunt von den Vorschlägen der Kinder für die Vereinfachung des Alltags. Heike Gross beschreibt dies in ihrem Buch »Ein schöner Tag zum Sterben«: Nach ihrer Rückkehr aus dem Einsatz ist sie überrascht, wie die Kinder den Alltag in der Familie während ihres Einsatzes organisiert und vor allem verändert hatten.[79]

Die gleiche Vorgehensweise wird für die nicht alltäglich anfallenden Arbeiten vorgeschlagen. Wer repariert ein Loch im Fahrradreifen, wer mäht den Rasen, kehrt am Wochenende Wege und Straßen? Wer fegt und putzt die Treppe im Mietshaus? Wer holt am Sonntagmorgen die Brötchen?

Die Verbindung in den Einsatz wird oft über die sogenannten »neuen Medien« gehalten. Diese Bezeichnung wird immer noch verwendet, auch wenn die Kinder mit Smartphones, Tablets, PC und Internet aufgewachsen sind und für sie ein »alter Hut« sind. Wer im Hause kennt sich mit den vielen Apps und Softwares aus, wer weiß von den Möglichkeiten des gesicherten Informationsaustausches über Clouds oder die sozialen Netzwerke? Können plötzlich auftretende Probleme am PC oder Smartphone behoben werden? Obwohl der Alltag ohne die elektronischen Kommunikationsmittel kaum noch denkbar ist, findet sich darauf kein Hinweis in den Checklisten der offiziellen Ratgeber.

Schließlich bleibt die Frage nach dem Krisenmanagement und der Krisenprävention. Unfälle im Haushalt sind allgegenwärtig, wie auch die kleineren und größeren Katastrophen. Hier schmort ein Kabel, dort leckt eine Wasserleitung. Erklären Sie Ihren Kindern und wenn nötig auch dem Partner den elektrischen Sicherungskasten. Viele scheuen sich, auch nur einen einzigen Schalter anzufassen, weil sie einen Stromschlag fürchten. Lassen Sie also Sicherungen herausnehmen, ausschalten und wieder einschalten. Zeigen Sie den Platz des Hauptwasserhahns. Die Kinder sollten ihn zudrehen und wieder aufdrehen, um zu erfahren, wie viele Umdrehungen notwendig sind, bis kein Wasser mehr im Haus fließt. Die Telefonnummern der Notdienste oder der Handwerksfirmen sollten an den jeweiligen Plätzen

79 Gross, Ein schöner Tag zum Sterben, S. 65 ff.

vermerkt sein, genauso wie eine vollständige Liste an einem zentralen Ort. Sind die Kinder älter und werden auch am Herd stehen, sollte immer geübt werden, wie brennendes Öl in einer Pfanne oder in einem Topf mit Tüchern erstickt wird. Falls Sie es nicht im Freien demonstrieren können, kann man die Wirkung von falschem Löschen mit Hilfe des Internets erklären. Die Feuerwehren stellen häufig Anschauungsmaterial hierzu ins Internet.[80] Der Umfang der Krisenprävention hängt davon ab, welche Aufgaben nur vom in den Einsatz gehenden Elternteil wahrgenommen wurden – ergänzt um diejenigen Aufgaben, die im Zuge der oben beschriebenen Diskussionen neu verteilt worden sind.

Bei den Kindern und dem Partner wird durch die vorgeschlagenen Maßnahmen deren Verhaltenssicherheit erhöht. Sehr wahrscheinlich reagieren die Familienmitglieder bei einem Unfall sehr schnell und begrenzen dadurch den Schaden.

Familien entwickeln aber auch Gewohnheiten, das geht bis hin zu Ritualen. Diese können durch die neu vorgenommene Aufgabenverteilung berührt sein. Doch wo immer möglich, sollten die Gepflogenheiten beibehalten werden. Ein ausgedehntes Frühstück am Sonntagmorgen, bei dem man zusammen sitzt und erzählt, sei als Beispiel erwähnt. Diese Gepflogenheiten können während der Zeit des Einsatzes daran erinnern, dass in einiger Zeit der jetzt noch leere Stuhl wieder besetzt sein wird. Gleiches trifft für andere Rituale zu. Sei es beispielsweise das abendliche Vorlesen oder das gemeinsame Anschauen der Tagesschau. Rituale können helfen, die emotionale Bindung zu dem abwesenden Elternteil aufrechtzuerhalten. Sie sollten beibehalten werden, weil sie nach der Rückkehr aus dem Einsatz die Wiedereingliederung des monatelang Abwesenden in die Familie erleichtern.

Die Aufzählung mag banal klingen und könnte noch fortgesetzt werden. Doch die Organisation des Alltags schafft Freiraum für die Zeit mit den Kindern, die für die emotionale Bewältigung der langen Abwesenheit von Vater oder Mutter immens wichtig sind. Genauso notwendig sind die Momente oder Stunden, die sich der Erwachsene selbst nehmen sollte, um sich Gutes zu gönnen oder seinen Vorlieben zu frönen. Vier oder sechs Monate Trennung damit zu verbringen, die Aufgaben des im Einsatz befindlichen

---

80 http://feuerwehr-bss.de/cms/index.php/buerger-infos/feuer/157-brennendes-fett-und-oel-in-der-kueche.html

Partners zu übernehmen, führt zuerst zur Erschöpfung und dann zur ausgesprochenen oder unausgesprochenen Klage, man habe keine Zeit für sich selbst gehabt.

> »Es geht nicht darum, den Partner/die Partnerin zu ersetzen. Im Gegenteil: Nur wer sich selbst pflegt und sich selbst verwöhnt, sowohl im getrennten als auch in den gemeinsamen Zeiten, kann die Partnerschaft pflegen […] Deshalb: Verwöhnen Sie sich. Wer nicht lernt, auch für sich alleine zu genießen, wird irgendwann ungenießbar. Ganz entscheidend ist für Fernbeziehungspaare, auch andere Freundschaften zu pflegen.«[81]

Letzteres gilt insbesondere für den zu Hause gebliebenen Partner. Der Soldat im Einsatz wird durch die gemeinsame Aufgabe und die damit verbundene Kameradschaft aufgefangen. Darüber hinaus gehende Freundschaften entstehen aber häufig auch.

Die Familienbetreuung

Mit dem Somaliaeinsatz der Bundeswehr, der vorgesehen war, um eine Logistikbrigade aus Indien zu schützen, die aber niemals am Einsatzort in Belet Huen eintraf, war die Frage drängend geworden, wie die Familien und Angehörigen der im Einsatz befindlichen Soldaten zu betreuen seien. Der damalige Wehrbeauftragte Alfred Biehle bewertete die daraufhin eingerichtete Familienbetreuungsorganisation in seinem Jahresbericht von 1994:

> »Der Bundesminister der Verteidigung war von vornherein darum bemüht sicherzustellen, daß der Kontakt zwischen den nach Somalia entsandten Soldaten und ihren Angehörigen in angemessenem Umfang erhalten blieb. Durch die Einrichtung von Familienbetreuungszentren, die Organisation des Post- und Telephonwesens sowie die Gewährung eines kostenlosen zweiwöchigen Heimaturlaubs für die Soldaten des Somalia-Kontingentes

[81] Wendl, Soldat im Einsatz, S. 26. Wendl schlägt im Kapitel 3 zehn zentrale Spielregeln vor.

wurde in diesem Bereich aus meiner Sicht — unabhängig von den vielen Problemen der schwierigen Anlaufzeit — Vorbildliches geleistet.«[82]

Bis sich jedoch fast alle Familien, die das Angebot der Zentren kennengelernt hatten, deren professionelle Arbeit lobten, waren mehr als nur Anlaufschwierigkeiten zu überwinden gewesen. So klagte der Wehrbeauftragte sieben Jahre später in seinem Bericht von 2001 über die immer noch unzureichende Situation bei den Zentren:

»Die Entscheidung, zunächst für die Dauer von zwei Jahren einen Probelauf mit hauptamtlichem Personal in acht bis zehn Familienbetreuungszentren durchzuführen und anschließend auf der Grundlage von Erfahrungsberichten über den weiteren Ausbau der Familienbetreuungsorganisation zu entscheiden, ist nicht zureichend. Durch das Nebeneinander hauptamtlich unterhaltener Familienbetreuungszentren und der restlichen nebenamtlich betriebenen wird sich eine flächendeckende Familienbetreuung auf gleich hohem Niveau nicht erreichen lassen.

Für eine sachgerechte Betreuung ist auch Kontinuität in der personellen Besetzung erforderlich. Wenn Leiter der Familienbetreuungszentren lediglich für einen Zeitraum von zwei bis sechs Monaten eingesetzt werden, wird keine vertrauensvolle und professionelle Betreuungsqualität erreicht.«[83]

Letztmalig werden die Familienbetreuungszentren 2010 in einem Bericht des Wehrbeauftragten ausdrücklich erwähnt und deren exzellente Arbeit hervorgehoben. Von den Soldaten wird hingegen kritisiert, dass nicht ausreichend über die Befugnisse der Zentren informiert würde. Von den Kritikern wird geäußert, sie hätten nicht gewusst, dass die Zentren nicht von sich aus ermächtigt sind, Angehörige zu unterrichten, wenn Außergewöhnliches im Einsatz geschehen sei.[84] Diese Kritik ist nicht vollständig nachvollziehbar, da jeder Soldat vor seinem Einsatz einen sogenannten »Personalerfassungsbogen Auslandseinsatz (PEBA)« ausfüllen muss. Darin wird gefragt, ob er oder seine Angehörigen eine Betreuung durch das Fami-

82 Biehle, S. 7
83 Penner, S. 10
84 Könighaus, 2011, S. 18

lienbetreuungszentrum wünschen. In einem gesonderten Abschnitt »Unterrichtung« kann er seine Bereitschaft erklären, dass personenbezogene Daten gespeichert werden, damit im Falle von schweren Erkrankungen, Unfällen oder Tod im Einsatz nahe Angehörige unterrichtet werden können. Wird diese Erlaubnis nicht erteilt, darf ein Familienbetreuungszentrum Angehörige selbst dann nicht unterrichten, wenn diese regelmäßig an deren Veranstaltungen teilnehmen.[85]

Ob das Angebot der Familienbetreuungsorganisation von Familien und Angehörigen angenommen wird, hängt sehr stark vom sozialen Umfeld ab, der Sorge um den in den Einsatz geflogenen Soldaten und das Wissen um den Einsatz selbst. Eine Familie, die gut informiert ist, von ihren Angehörigen und dem Freundeskreis unmittelbar unterstützt wird, in der Nähe des Bundeswehrstandortes lebt und den Kontakt zur Einheit ihres Partners aufrechterhält, wird seltener auf das Betreuungsangebot zurückgreifen. Für Partner und Familien, die eine Wochenendbeziehung führen, wird das Betreuungsangebot umso wichtiger, da so auch Information über den Einsatz gewonnen werden. Es bleibt die Gruppe von Angehörigen, die von dem Soldaten selbst wenig über den Einsatz erfahren, teilweise sogar gar nichts und deshalb in Sorge um seine Gesundheit sind. Für sie bieten die Familienbetreuungszentren aktuelle und offizielle Informationen, die sich oft wohltuend von der medialen Berichterstattung abheben. Angesichts der unterschiedlichen sozialen Situation überraschen die Ergebnisse der Langzeitstudie »Afghanistanrückkehrer« des Sozialwissenschaftlichen Institutes der Bundeswehr nicht. Danach geben 40 Prozent der Befragten an, das Angebot nicht genutzt zu haben.[86] Aus dem Forum für Soldatenfamilien, eine Organisation im Betreuungsnetzwerk für Bundeswehrangehörige, wird die Zahl auf etwa ein Drittel geschätzt.[87] Allerdings wird die Qualität der Betreuungszentren in der Langzeitstudie niedrig eingeschätzt: Weniger als die Hälfte der Befragten (44 Prozent), die das Angebot in Anspruch nahmen, waren mit der Unterstützung zufrieden.[88] Diese Feststellung kontrastiert deutlich mit der exzellenten Wertung im Bericht des Wehrbeauftragten

85 Personalerfassungsbogen Einsatz, bundeswehrinternes Dokument zur Personalsteuerung für Einsätze
86 Seiffert, 2014, S. 64
87 Petersen, 2013
88 Seiffert, 2014, S. 64.

Helmut Königshaus aus dem Jahr 2011. In seinem Jahresbericht von 2014 kritisiert er die Studie deutlich:

> »Die Ergebnisse der Studie müssen jedoch insgesamt kritisch hinterfragt werden, denn sie widersprechen fundamental den Eindrücken, die der Wehrbeauftragte aus Gesprächen mit Partnerinnen und Partnern von Soldatinnen und Soldaten gewonnen hat.«[89]

Diese pauschale Kritik wird weder durch konkrete Zahlen noch durch Angaben über die Befragungen von Soldaten untermauert, im Gegensatz zu den Ergebnissen der angeführten Langzeitstudie. Die Übersicht über die Besuche des Wehrbeauftragten im Jahr 2014 führt ebenfalls nicht weiter. Lediglich aus zwei Beschreibungen kann auf Gespräche mit Angehörigen der Bundeswehr gefolgert werden. Sicherlich sind es mehr gewesen. Es wäre sehr wünschenswert, wenn die niedergeschriebene fundamentale Feststellung empirisch unterfüttert würde. Verständlich wäre die Kritik auch, wenn nachgewiesen würde, die der Studie zugrunde liegenden Methoden entsprächen nicht wissenschaftlichen Standards. Dafür liegen jedoch keine Anhaltspunkte vor. So könnte der Eindruck entstehen, dass die dem Wehrbeauftragten vorgetragene Kritik zwar begründet ist, aber die Erlebnisse von wenigen Betroffenen ihn zu einer pauschalen Verurteilung der Studie verleitet haben.

In der Langzeitstudie wird festgestellt: Der »wichtigste Ansprechpartner für Einsatzrückkehrer und ihre Familien ist [...] das soziale und dienstliche Nahumfeld«[90]. Aus der persönlichen Erfahrung kann ich dies bestätigen. Meine Familie hatte bei keinem Einsatz das Angebot der Familienbetreuung wahrgenommen. Sie wurde vom sozialen Umfeld vorbehaltlos unterstützt, wie auch durch meine jeweilige Stammeinheit. Wiederholt habe ich jedoch mit verschiedenen Zentren zusammengearbeitet und dabei positive Erfahrungen gesammelt. Die von ihnen geführten Gespräche mit den Angehörigen von Soldaten bestätigen die Wichtigkeit dieser Zentren.

---

89 Könighaus, 2015, S. 41

90 Seiffert, 2014, S. 63

Die Zentren der Bundeswehr

Die Bundeswehrbetreuungsorganisation durchlief mehrere Wandlungen. Auf der Homepage der Bundeswehr ist auf einer Seite der Stand vom 01.07.2014 dargestellt:[91] Hier wird ein Leit- Familienbetreuungszentrum beim Einsatzführungskommando der Bundeswehr in Potsdam als zentrale Stelle genannt, die eine Koordinierungs- und Leitfunktion für die insgesamt 31 Familienbetreuungszentren in Deutschland wahrnimmt. Diese 31 Zentren sind für unterschiedlich große Betreuungsbereiche zuständig. So umfangreich diese Organisation insgesamt ist, so wird doch von den Angehörigen die Klage laut, die Wege zu den Zentren seien zu lang. Hier ist insbesondere die Gruppe von Angehörigen betroffen, die Wochenendbeziehungen pflegen und deshalb die Familienbetreuungsstellen bei den Einheiten ihrer Partner nicht nutzen können: Denn bis zu 50 weitere Familienbetreuungsstellen werden bei den Truppenteilen eingerichtet, deren Soldaten für einen Einsatz vorgesehen sind. Es ist allerdings auch möglich, das Angebot von zwei Betreuungszentren beziehungsweise Betreuungsstellen zu nutzen, was aber im Regelfall ebenfalls lange Anfahrtswege voraussetzt.

Das hauptamtliche Personal in den Zentren wird gesondert geschult, wozu auch eine Ausbildung für Gesprächsführung in emotional fordernden oder belasteten Situation zählt. Mittlerweile kann das Personals in den Zentren mehrere Jahre tätig sein, was sich wie nicht anders zu erwarten sehr positiv ausgewirkt. Die Angehörigen der Zentren können sich sicher im sogenannten »Netzwerk der Hilfe« bewegen. Es umfasst bundeswehrinterne und externe Organisation. Eine Übersicht der wichtigsten Organisationen wird ebenfalls auf der Homepage der Bundeswehr dargestellt.[92] Über Links wird auf die Seiten der einzelnen Organisationen verwiesen. Eines sei hervorgehoben: Die Familienbetreuungszentren verstehen sich als Spinne im Netz der Hilfe. Sie sind einzigen unter den Organisationen, die über eine Hotline immer erreichbar sind: 24 Stunden am Tag, auch an den Wochenenden.

---

91 Quelle: http://www.einsatz.bundeswehr.de/portal/a/einsatzbw/ > Familienbetreuung > Bundeswehrbetreuungsorganisation, 03.03.2014.

92 Quelle: http://www.einsatz.bundeswehr.de/portal/a/einsatzbw/ > Familienbetreuung > Partner der Bundeswehrbetreuungsorganisation, 04.03.2014.

Die Veranstaltungen der Zentren sind für die Familien gedacht, die zu Hause geblieben sind. Sie bieten ein Programm an, das auf die Erwachsenen und die Kinder zugeschnitten ist. Das eigens für die Kinder gestaltete Programm findet meist parallel zu der Informationsphase für die Eltern statt. Manche Zentren bieten darüber hinaus auch ein gesondertes Programm für Kinder an, hierzu gehört auch das Familienbetreuungszentrum in Berlin. Jedes Jahr wird beispielsweise zum dreitägigen »Camp Julius« eingeladen.[93] Während des Camps sind ein eingespieltes Team von ausgebildeten Erziehern sowie Mitarbeiter der Militärseelsorge anwesend. Beide Personengruppen wissen um die besonderen Belastungen im Einsatz oder verfügen selbst über Einsatzerfahrungen. Wichtiger Bestandteil des Camps sind Zeitabschnitte, in denen die Kinder unter sich sind und die Erzieher aus der Distanz zuhören. So erfahren sie eher, über welche Themen sich die Kinder unterhalten und wie sie die Einsätze ihrer Väter oder Mütter bewerten. So erkennen sie auch die Kinder, die den Einsatz der Mutter oder des Vaters nur schwer oder kaum verarbeitet haben. Deren Eltern erhalten im Anschluss ein Feedback, in dem Hinweise für die notwendige Hilfestellung gegeben werden. Gleichzeitig werden die Eltern darin unterstützt, mit kompetenten Stellen oder Organisationen in Kontakt zu treten. Nicht nur in diesen Fällen greifen die Mitarbeiter auf das »Netzwerk Hilfe« zurück.

Als besonderes Highlight wird von den Zentren eine Videoschaltung in die Einsatzgebiete angeboten. Angehörige sollen mit ihren Müttern, Vätern oder Partnern sprechen und vor allem sich gegenseitig sehen können. Diese Veranstaltungen bedürfen der besonderen Vorbereitung. Nur die wenigsten sind es gewohnt, in ein Mikrofon zu sprechen, gefilmt zu werden und gleichzeitig den Partner auf der Leinwand zu sehen. Das öffentliche Gespräch unterscheidet sich sicherlich vom privaten skypen, falls denn diese Möglichkeit überhaupt besteht. Die Angehörigen wirken oft angespannt, weil sie sich unsicher fühlen, wie sie angesichts der Öffentlichkeit mit ihren Emotionen umgehen sollen. Manch einer steht vor einem Mikrofon und blickt in das Objektiv der Kamera, ist aber kaum in der Lage zu sprechen. Die Themen, die besprochen werden, die Fragen, die beantwortet werden

93 Quelle: http://www.einsatz.bundeswehr.de/portal/a/einsatzbw/ > Familienbetreuung > Bundeswehrbetreuungsorganisation > Berlin. Dort am rechten Rand das Bild mit der Überschrift »Was ist eigentlich Camp Julius« anwählen.

sollen, müssen vorher abgesprochen werden. Ein erfahrender Moderator sollte durch die Veranstaltung führen, der plötzlich auftretende emotionale Ausbrüche auffangen und ein Desaster für die Beteiligen vermeiden kann. Tränen und feuchte Augen hingegen sollten immer zugelassen werden. So vorbereitet, wird eine Videokonferenz zwar mit innerer Anspannung erwartet und durchlebt, es bleibt aber eine positive Erinnerung zurück.

Der gesamte Aufwand für die Familienbetreuung erscheint hoch. Insgesamt 350 Mitarbeiter sind eingesetzt, um eine Betreuung zu gewährleisten, die noch im Jahr 2013 für etwa 25.000 Angehörige angeboten wurde.[94] Diese Zahl hat sich 2015 drastisch reduziert. Der ISAF-Einsatz in Afghanistan wurde 2014 beendet. Zeitweise waren dort über 5000 Soldaten im Einsatz. Die nachfolgende Operation Resolute Support, im Grunde eine Beratungs- und Ausbildungsunterstützung für die afghanischen Sicherheitskräfte, ist vom Bundestag mit maximal 850 Soldaten bewilligt. Auch in anderen Einsatzgebieten erfolgten Reduzierungen. Im Februar 2015 werden im Internetauftritt der Bundeswehr 13 Einsätze aufgelistet, an denen 2460 Soldaten teilnehmen – etwa ein Viertel im Vergleich zu den höchsten Einsatzzahlen der vergangenen Jahre. Auf den ersten Blick erscheint es konsequent darüber nachzudenken, ob der Umfang der Familienbetreuungsorganisation zukünftig noch notwendig sein wird oder ob freie Kapazitäten innerhalb der Organisation nicht besser für andere Zwecke genutzt werden sollten. Überlegungen in dieser Hinsicht werden sicherlich angestellt werden. Wie auch immer die Entscheidungen ausgehen werden: Das über Jahre aufgebaute Netzwerk der Hilfe darf nicht durch die Auflösung von Zentren oder deren Überfrachtung mit anderen Aufgaben Löcher bekommen oder zerrissen werden. Die dann verloren gegangene Erfahrung muss wieder aus dem Nichts aufgebaut werden, wenn ein umfangreicher und lang andauernder Einsatz die Streitkräfte erneut fordert. Es wäre sehr bedauerlich, wenn den Soldaten und deren Familie erneut zunächst mit den Lasten allein gelassen werden, die ihnen durch die Einsätze aufgebürdet werden.

---

94 Petersen, 2013

Die Betreuung durch die Stammeinheit

Ungeachtet der hauptamtlichen Betreuungsstellen und deren professionelle Angebote ist die Betreuung der Angehörigen durch die Stammeinheit die bestmögliche Form. Vorausgesetzt, dort ist man sich seiner begrenzten Möglichkeiten bewusst, wenn Angehörige eine weitergehende Betreuung benötigen. Hier sollte die jeweilige Einheit das Netzwerk der Hilfe über die regionalen Betreuungszentren nutzen. Alle anderen Faktoren sprechen für die Einheit, als best geeignetem Ansprechpartner. Im Regelfall bestehen bereits soziale Netzwerke zwischen den Angehörigen der Soldaten. Der Kontakt zu den Soldaten im Einsatz wird so unmittelbar gepflegt. Die Informationen aus dem Einsatz sind ungefiltert, kommen quasi aus erster Hand. Oft sind auch die familiären Situationen der Soldaten im Einsatz in der Einheit bekannt, wodurch nicht nur eine unmittelbare und schnelle Hilfe möglich ist, sondern auch unabhängig von konkreten Bitten oder Notlagen Kontakt gesucht und gehalten wird. Bewährt hat sich ein Treffen aller Soldaten mit ihren Angehörigen bereits vor dem Einsatz. Hier können die Sorgen und Ängste der Angehörigen geteilt werden und sie können sich vergewissern, dass sie damit nicht allein sind. Gleichzeitig erfahren sie die Gelassenheit anderer, die den Einsatz ihres Partners zwar aufmerksam verfolgen, aber keineswegs von Ängsten geplagt sind. Wichtig scheint auch, dass sich die Angehörigen der gleichen Hierarchieebene miteinander unterhalten können. Die Erfahrung zeigt, dass Angehörige sich wegen des immer noch vorhandenen Ideals des tapferen Soldaten scheuen, mit Vorgesetzten und selbst deren Angehörigen über ihre Ängste oder die ihres Partners zu sprechen. Sie befürchten dadurch Benachteiligungen für ihren Partner. Dieses Verhalten ist sogar bei Kindern zu beobachten, wenn sie mit Kindern von Vorgesetzten sprechen.

Wie oft während der Einsatzzeit zu einem Familientag oder einem Treffen der Angehörigen eingeladen wird, hängt von der Motivation und dem Engagement des Betreuungspersonals in der Einheit ab. Die Erfahrungen hierzu sind sehr unterschiedlich. Manchmal werden alle Veranstaltungen gut besucht, manchmal sind Angehörige wegen anderer Verpflichtungen gebunden oder die Rückmeldungen sind starken Schwankungen unterworfen.

Es kann ebenfalls eine Konkurrenzsituation zwischen Einheit, Betreuungsstelle und Betreuungszentrum entstehen. Denn zusätzlich bieten Organisationen aus dem Netzwerk der Hilfe und andere Stellen ihre Veranstaltungen an. Für die Einheit bedeutet dies, rechtzeitig die Angehörigen anzuschreiben. Bereits bei der Veranstaltung vor dem Einsatz muss deshalb die Terminplanung für die Veranstaltung während des Einsatzes bekannt gegeben werden, genauso der Termin für den Familientag nach dem Einsatz. Dieser sollte nicht unmittelbar nach Einsatzende stattfinden, sondern einige Wochen später. So kann die Urlaubsphase nach dem Einsatz berücksichtigt werden.

Die soeben beschriebenen Vorteile treffen nur für Einheiten zu, die quasi geschlossen in einen Einsatz gehen. Das trifft aber nur auf wenige zu. Normalerweise ist ein Kontingent aus Angehörigen verschiedenster Dienststellen zusammengesetzt. In den Einsatz-Hauptquartieren sind Uniformen des Heeres, der Luftwaffe und der Marine anzutreffen, was nicht bedeutet, dass deren Träger ausnahmslos aktive Soldaten sind. Die Angehörigen der Wehrverwaltung tragen genauso Uniform wie die Militärpfarrer, Rechtsberater, zivilen Mitarbeiter oder Reservisten. Sie alle stammen aus den verschiedensten Dienststellen, in denen zumeist eine zumindest vorübergehend eingerichtete Betreuungsstelle fehlt. Die Verbindung aus dem Einsatz nach Hause gestaltet sich für dieses Personal äußerst unterschiedlich. Die Betreuungsdichte umfasst eine ganze Palette von Möglichkeiten: Einige erhalten irgendwann nach Weihnachten ein Paket von der Dienststelle, weil man zu Hause zu spät an den Kameraden im Einsatz dachte und das Paketaufkommen vor Weihnachten wie auch die Kapazität der Feldpostversorgung unterschätzte. Auf eine Karte zum Geburtstag wartet man dann auch vergeblich. Andere werden regelmäßig über E-Mail oder Telefon kontaktiert und man hält sich gegenseitig auf dem Laufenden. Eine Zeitverschiebung zwischen Deutschland und Einsatzland sowie der intensive, fordernde Tagesablauf im Einsatz erschweren die Kontaktaufnahme ebenfalls. Schließlich wird die Arbeitszeit in Deutschland nicht verändert, weil Mitarbeiter im Einsatz sind. In den Dienststellen selbst wird die Abwesenheit eines Mitarbeiters nur zu Beginn wahrgenommen, da dessen Aufgaben zusätzlich übernommen werden müssen. Ja länger die Abwesenheit dauert, desto weniger wird der Mitarbeiter vermisst. Er ist nicht mehr präsent. Das Sprichwort lautet nicht ohne Grund: »Aus den Augen, aus dem Sinn.« Dabei ist den in Deutschland Dienenden kaum ein Vorwurf zu machen, da seit Jahren die ständigen Reformen und Umstrukturierungen der Streitkräfte auch in höheren Kommandobehörden und Ämter einen enormen Arbeitsdruck erzeugen, unter dem die sozialen Aufgaben, in den Streitkräften als Fürsorge bezeichnet, leiden. Überwinden kann man diese dienstlich verursachte Vergesslichkeit nur durch eine systematische Planung von Aktivitäten. Hiermit muss ein Mitarbeiter betraut werden.

Da für diesen Personenkreis immer individuelle Regelungen gefunden werden müssen, sind gerade für deren Angehörigen die Familienbetreuungszentren oftmals die einzige Anlaufstelle.

Zeit nehmen für Gespräche – je früher, desto besser

Von den zu Hause gebliebenen Angehörigen hört man oft die Klage, wichtige Gespräche seien erst kurz vor der Abreise in den Einsatz und wegen der vielen anderen Aufgaben nicht in der notwendigen Tiefe geführt worden. Solche Äußerungen verweisen auf die dem Menschen innewohnende Tendenz, als unangenehm empfundene oder emotional fordernde Gespräche so spät wie möglich zu führen oder so kurz wie möglich zu halten. Wie bereits ausgeführt, wird heute jeder Bewerber schon im Einstellungsgespräch auf die Wahrscheinlichkeit hingewiesen, an einem Einsatz der Streitkräfte teilnehmen zu müssen. Diese Möglichkeit trifft natürlich auch auf die Arbeiter, Angestellten und Beamten zu. Von ihnen erwartet man die Bereitschaft, sich freiwillig zu Auslandseinsätzen zu melden – einer der wesentlichen Unterschiede in der Rechtsstellung von Soldaten und zivilen Mitarbeitern der Bundeswehr. Sehr früh ist also jedem Angehörigen der Bundeswehr bewusst, dass Gespräche zu führen sind. Viele der oben angesprochenen Verfügungen und Vollmachten können unabhängig von einem Einsatz längst besprochen und ausgefüllt sein. Steht der Einsatz dann unmittelbar bevor, werden sie auf Aktualität geprüft und unterschrieben. Und unabhängig von bevorstehenden Einsätzen sollte man sich ebenfalls darüber austauschen, wie Angehörige, Familie oder Partnerschaft mit den gegebenenfalls beziehungsverändernden Folgen von Einsätzen umgehen wollen. Die gegenseitig abgegebene Versicherung, man stehe auch dann weiter füreinander ein, erzeugt im Regelfall ein tieferes Vertrauen. Sie kann Balsam für die Seelen der Daheimbleibenden wie auch für den Soldaten im Einsatz sein. Und noch ein weiterer Aspekt sei angesprochen: Je früher man sich in einer Beziehung mit diesen Fragen beschäftigt, desto weniger muss man sich damit unmittelbar vor der Abreise in den Einsatz mit einem emotional besonders belastenden Thema auseinandersetzen. Man lässt die Angehörigen nicht mit dem aktuellen Gedanken an eine Rückkehr als Versehrter zurück. Der Wunsch an eine gesunde Rückkehr wird nicht von der soeben geführten Diskussion um Patientenverfügungen und Betreuungsvollmachten überlagert. Eine Diskussion, die in der Familie wohl nur mit dem Partner geführt wird, weniger mit den Kindern. Die wiederum besitzen ein feines Gespür für die Ängste der Erwachsenen, die durch diese Diskussionen ausgelöst werden können. Wird sie unmittelbar vor dem Abflug geführt, wird dadurch letztlich der Abschied von den Partnern und den Kindern unnötig belastet. Gleiches gilt für das Abfassen eines Testamentes. Es sollte deshalb im besten Falle lange vor dem bevorstehenden Einsatz verfasst worden sein.

Eine Grundregel gilt für alle Gespräche: Nur aufrichtige und ehrliche Schilderungen, Aussagen und Antworten sind akzeptabel. Dies gilt besonders für Kinder. Ihnen auf »Augenhöhe« zu begegnen und schon mit jungen Jahren als Persönlichkeit zu begreifen und zu behandeln, erfordert zunächst den Mut der Erwachsenen. Er wird durch Vertrauen belohnt und reduziert die Zweifel – und gegebenenfalls die mit einem Einsatz einhergehenden Ängste.

5. Die Tabuisierung der Ängste

Lebensnotwendiges, erlebtes und unterdrücktes Gefühl

Angst zu haben ist eine normale Gefühlsregung, die angesichts gefährlicher Situationen auftritt, so eine allgemeingültige Feststellung. Sie zu überwinden wird vom Lehrer bereits im Sportunterricht gefordert, wenn die Rolle auf dem Barren geübt wird. Mancher Schüler wird zunächst Angst verspüren, die Holme loszulassen, sich zu drehen und wieder zuzufassen. Schafft es ein Schüler nicht, seine Angst zu überwinden, wird er nicht gezwungen werden, die Übung dennoch auszuführen.

Soldaten hingegen kann befohlen werden, sich in eine extrem gefährliche Situation zu begeben. Verweigern sie sich wegen ihrer aufkeimenden Angst, werden sie normalerweise disziplinarrechtlich belangt. In der Literatur sind viele solcher Fälle beschrieben, in denen die Militärgerichtsbarkeit teilweise harsche Urteile fällte. Angst wird als Grund für eine Gehorsamsverweigerung nicht akzeptiert. Im Gegenteil wird von Soldaten erwartet, dass sie ihre Angst überwinden, aktiv in eine gefährliche Situation gehen und in ihr überlegt sowie angemessen handeln. In dem Arbeitspapier des Zentrums Innere Führung »Auseinandersetzung mit Verwundung, Tod und Trauer im Einsatz« aus dem Jahre 2010 wird der Angst ein eigenes Unterkapitel gewidmet.

> »Soldatinnen und Soldaten fällt es oft schwer, sich Angst einzugestehen. Sie verdrängen die Angst und verheimlichen ihre Gefühle vor ihrer Umwelt, da das Offenbaren von Angstgefühlen insbesondere im militärischen Leben oftmals als Schwäche angesehen wird.
>
> Angst ist jedoch lebensnotwendig.«[95]

---

[95] Zentrum Innere Führung, 2010, S. 18

Angst als Lebensnotwendigkeit zu verstehen, die in extremen Situationen hilft, weder in plötzliche Starre zu verfallen oder sie ausblendend tollkühn zu handeln, ist nach meinen Erfahrungen auch bei Soldaten allgemein bekannt. Allerdings habe ich in einer konkreten Ausbildungssituation nur wenige Male und im Einsatz noch nie erlebt, dass ein Soldat zugab, Angst zu haben. Die mögliche Reaktion der Kameraden, als »Weichei« oder »Warmduscher« tituliert zu werden, erklärt dieses Verhalten jedoch nicht. Denn in den Pausen nach den Ausbildungsabschnitten wird die eigene Angst ohne Probleme thematisiert. Und es erfordert keinen Mut, nur sich selbst gegenüber Angst einzugestehen. Die Schwierigkeit, Angst zuzugeben, resultiert also eher aus dem Bedürfnis, erst darüber zu sprechen, wenn man sie überwunden hat.

Das Arbeitspapier des Zentrums Innere Führung erläutert sehr sachlich die mit Angst einhergehenden Begleitumstände, bis hin zu den Auswirkungen auf die physische und psychische Stabilität und daraus resultierenden Krankeitsbildern. Spätestens in der einsatzvorbereitenden Ausbildung sei der Umgang mit Tod, Verwundung sowie die damit verbundene Angst zu unterrichten. Das Papier schließt mit einer Forderung:

> »Den Soldatinnen/Soldaten dürfen die Gefahren des Einsatzes nicht vorenthalten oder verharmlost werden. Sie müssen sich mit der Realität befassen. Die Ausbildung darf auf der anderen Seite aber auch nicht »Angst machen«. Dies bedeutet, dass bei der Ausbildung zum Thema »Verwundung, Tod und Trauer« einerseits die Gefahren des Einsatzes klar und deutlich aufgezeigt werden müssen, auf der anderen Seite aber auch die Häufigkeit des wahrscheinlichen Auftretens in die richtige Relation gehoben werden muss.«[96]

Eine richtige und zugleich hehre Forderung? Aus eigenem Erleben kann ich nicht die Angst beschreiben, die einen in Gefechten oder im Kampf befällt. Ich war lediglich in Situationen, in denen die Adrenalinausschüttung im Körper spürbar war und die den Pulsschlag innerhalb von Sekunden hochschnellen ließ. Momente von aufkommender Angst spürte ich und verdrängte sie sofort, um weiterhin als Vorgesetzter äußerliche Ruhe ausstrahlen zu können. Der Pulsschlag muss wieder gesenkt werden, um nicht

---

[96] Zentrum Innere Führung, 2010, S. 30

in den Zustand des Tunnelblicks oder der sogenannten *target fixation* zu verfallen. In diesem Zustand erblickt man nur die vermeintliche unmittelbare Gefahr, weshalb das Umfeld aus der Wahrnehmung verschwindet und damit die möglicherweise tatsächliche Gefahr. Davon muss sich ein Vorgesetzter lösen, da von ihm eine umfassende Beurteilung der Lage erwartet wird. Keine der erlebten Situationen entwickelte sich zum Gefecht, zumal die feuernden Gegner nicht zu erkennen waren. Wiederholt erlebte ich, wie mein eigener Körper zu zittern begann und der Kugelschreiber aus der Hand zu gleiten drohte, als die so empfundene Gefahr vorüber war. Trainierte Autosuggestion und Meditation hilft allerdings, diesen Zustand schnell zu beenden.

Angst überfällt den Soldaten plötzlich und meist völlig überraschend, genauso wie die Explosion eines Sprengsatzes oder der Beschuss durch den Gegner, wenn die Patrouille oder der Spähtrupp es zum ersten Mal erlebt. Darum ist die Forderung zu hinterfragen, die Häufigkeit des wahrscheinlichen Auftretens von Angst in die richtige Relation zu setzen. Ganz im Gegenteil: Die verschiedenen Erlebnisberichte von Soldaten aus dem Einsatz in Afghanistan schildern das Chaos im Moment des ersten Anschlages. Die Verunsicherung tritt unmittelbar auf, weil nicht sofort erklärlich ist, was die Schüsse bedeuten oder der krachende Lärm der Explosion und die Rauchwolken. Der Einzelne kann die Situation fünfzig Meter von seinem Platz entfernt nicht einschätzen, weil ein Haus oder eine Mauer die Sicht versperrt und der Feind nicht sichtbar ist. In vielen Berichten beschreiben die Betroffenen, dass sie auf die Situation nicht vorbereitet gewesen seien, aber nach einem kurzen Moment des Schocks »funktioniert« hätten – ein Zustand, den offensichtlich unterschiedslos alle erfahren. Das Empfinden ändert sich nach dem ersten Kampf oder dem Erleben von Sterben und Verwundung. Es weicht beim nächsten Verlassen des Feldlagers einem angespannten, aufmerksamen Zustand und einer Gewissheit: Im Kampf besteht man, man kann aber auch sterben. Es scheint von großer Wichtigkeit zu sein, die Angst vor dem Bestehen oder Versagen in der ersten extremen Situation bereits in der Ausbildung, spätestens unmittelbar vor dem Verlassen des Feldlagers zu thematisieren und den Soldaten Vertrauen in die eigenen Fähigkeiten zu vermitteln. Auch das ist den verschiedenen Berichten der Betroffenen zu entnehmen. Je öfter man mit dem Extremen konfrontiert wird, desto eher wird es ertragen. In einem Interview nach dem Einsatz äußerte sich ein Soldat dazu, der wiederholt in Gefechte mit Taliban verwickelt gewesen war. Er schilderte eine Situation, in der ein Fahrzeug schnell auf die errichtet Straßensperre zufuhr, er automatisch die notwendigen Schutzmaßnahmen ergriff und auf die Explosion wartete:

> »Und ich saß bloß noch da, wirklich, von der Reaktion her, hm, schon wieder, alles klar. Mach den Mund auf, halte die Ohren zu und warte, bis es knallt. Das war meine Reaktion auf diese Situation. Und das war was, wo ich für mich gemerkt habe, du bist abgestumpft. Es interessiert dich nicht mehr. Du hast keine Angst mehr davor.«[97]

Im Nachhinein wertete er diese Stumpfheit auch als Gefahr, da er nicht mehr so aufmerksam wie früher, so vorsichtig wie zu Beginn seines Einsatzes auf Patrouille ging.

Die Erkenntnis des Soldaten ist nicht neu. In seinem Buch über den Ersten Weltkrieg beschreibt Ernst Jünger die Begegnung mit einem Soldaten, der schon tagelang im Stellungskrieg gewesen war.

> »Nichts war in dieser Stimme zurückgeblieben als ein großer Gleichmut; sie war vom Feuer ausgeglüht. Mit solchen Männern kann man kämpfen.«[98]

Die menschenvernichtenden Materialschlachten des Ersten Weltkrieges sind nicht mit den heutigen Auslandseinsätzen vergleichbar. Aber die menschlichen Reaktionen auf wiederholt erlebte Gefechte scheinen sich unabhängig von deren Intensität zu ähneln. Der Schutz gegen die aufkommende Abgestumpftheit sollte heutzutage als vordringliche Aufgabe der Institution Bundeswehr verstanden werden. Raum für die nötige physische und psychische Erholung ist also unbedingt zu schaffen. Wenn Robert Eckhold in seinem Buch beschreibt, dass manche Soldaten 28 Stunden nicht geschlafen hätten, weil sie nach einem Einsatz sofort in den nächsten befohlen werden, ist die Frage erlaubt, weshalb eine solche Eile im zehnten Jahr des Afghanistaneinsatzes notwendig ist, um ein paar Taliban zu fangen. Es erinnert an jenen

---

97 Näser-Lather, 2014, bisher unveröffentlichte Forschung

98 Jünger, 1978, S. 104

Als weitere Lektüre, um sich mit dem Phänomen auseinanderzusetzen, ist empfohlen:

Hans Dollinger: *Kain, wo ist dein Bruder – Was der Mensch im Zweiten Weltkrieg erleiden musste – dokumentiert in Tagebüchern und Briefen*, List Verlag, Köln 2003

Marc Baumann (Hrsg.): *Feldpost: Briefe deutscher Soldaten aus Afghanistan* (2011); Bundeszentrale für Politische Bildung, Bonn 2011

Sebastian Junger: *WAR – Ein Jahr im Krieg*, Blessing, 3. Aufl., München 2010. [Junger war als Journalist mit Soldaten der US-Armee im Einsatz. Auch wenn dieses Buch deren Erlebnisse schildert, ist die Lektüre nachhaltig empfohlen. Selten werden die Umstände eines lebensgefährlichen Einsatzes so realistisch und schonungslos beschrieben und wie Soldaten damit umgehen.]

Kommandeur der Kampftruppe, der bei Raketenalarm seine marschbereite Kompanie immer aus dem Lager jagte, um an der Abschussstelle die »Taliban« zu fangen. Beständig meldete er am nächsten Morgen, sie seien fast erwischt worden. Dabei spielten die Aufständischen mit ihm und seinen Soldaten Hase und Igel. Monatelang dauerte das Spiel an und ließ übermüdete und frustrierte Soldaten zurück, die in ihrer dienstfreien Zeit die Bars des Lagers ausgiebig besuchten. Nein, Vorgesetzte, Ärzte und Psychiater sind gefordert, die für Ruhephasen und Erholung sorgen sowie diese Pausen sinnvoll gestalten. Psychiater müssten in jedem Feldlager ständig vor Ort sein und nicht erst nach Anschlägen verspätet eintreffen, weil sie die Straße nicht nutzen durften und Hubschrauber nicht flogen. Wenn eigene Soldaten verwundet oder getötet wurden oder Soldaten glauben oder sicher wissen, dass sie Gegner getötet haben, muss ein Psychiater vor Ort sein, wenn die Patrouille wieder ins Lager zurückkehrt.

Unverändert ist es äußerst schwierig, empirisch gesicherte Daten über Ängste im Zusammenhang mit Auslandseinsätzen zu erhalten. Die sogenannte Veteranenstudie des Zentrums für Militärgeschichte und Sozialwissenschaften der Bundeswehr geht dieser Frage nicht eindeutig nach. Im Fragebogen werden Gründe aufgelistet, die dafür oder dagegen sprechen, in einen Einsatz zu gehen. Weder wird die konkrete Frage nach angstauslösenden Faktoren gestellt noch werden Faktoren oder Situationen aufgelistet, die angstauslösend wirken. Lediglich in der Frage nach Gründen, die gegen einen Einsatz sprechen, werden folgende Antwortmöglichkeiten angeboten, die angstauslösend sein könnten:

»- Probleme wegen der Trennung von der Famili/der Partnerin/dem Partner
- Belastungen durch Aufenthalt im Einsatzland (Konflikte mit der Zivilbevölkerung, Konflikte mit afghanischen Partnern, klimatische Bedingungen usw.)
- Bedrohungen im Einsatzland (IED- und Minengefahr, Hinterhalte, Gefechte usw.)
- extrem belastende Situationen (Verwundung und Tod)
- Konflikte mit Vorgesetzten
- Rechtsunsicherheit«[99]

Sicherlich ist die Aufzählung nicht erschöpfend Hinzu kommt beispielsweise, auf Kinder schießen zu müssen, weil sie als Selbstmordattentäter erkannt wurden, oder auf streunende Hunde, weil sie in Rudeln Menschen anfallen. Welches Vertrauen besteht in die Rettungskette und die ärztliche Betreuung? Wie lebt man mit einer Verwundung oder Verstümmelung weiter? Wie begegnet man Suizidgedanken? Wie bewertet man die Gefährdung der eigenen Gesundheit durch die im Einsatzgebiet vorherrschenden Umweltbedingungen? Die Emissionen der Kohlekraftwerke in Pristhina war so extrem, dass ich mich nachts aus dem Container in Sicherheit bringen wollte, weil ich glaubte, dass ein Feuer ausgebrochen war. Ein Besuch einer Fabrikanlage im Norden des Kosovos hinterließ einen grau gefärbten Haarkranz unterhalb des Barettes. Wenig Trost spendet die daraufhin gemachte Aussage, dass die Arbeiter im den Industrieanlagen im Norden des Kosovo eine durchschnittliche Lebenserwartung von circa 40 Jahren hätten und die Erde auf über einen Meter abgetragen werden müsste, um die extreme Schadstoffbelastung zu senken. Kein Baum wuchs in dieser Gegend, nur

---

99 Seiffert, 2014, S. 119

Gestrüpp. In Kabul bei Wind im Lager zu joggen, führt auch geradewegs ins Feldlazarett. Die Beispiele für extreme Umweltbedingungen lassen sich fortsetzen, denen sich die Soldaten ausgesetzt sehen und deren Spätfolgen nicht absehbar sind. Krankheitsübertragungen durch Insekten und Tiere sind zudem möglich, hierzu gehören beispielsweise Malaria, durch Sandfliegen verursachte Leishmaniose oder durch Zecken übertragene Borreliose. Die grundlegenden Daten für eine empirische Untersuchung könnten mit der Auswertung der Einsatznachbereitungsseminare und den Veranstaltungen der Familienbetreuungszentren leicht erfasst werden. Daran scheint aber kein Interesse zu bestehen. Die bisher in Teilbereichen ausgewertete Befragung wurde vom Zentrum für Militärgeschichte und Sozialwissenschaften dem Ministerium im Juni 2013 vorgelegt und zunächst unter Verschluss genommen. Ein Jahr später in der Amtszeit von Frau von der Leyen wurde sie dann doch veröffentlicht. In diesem Jahr werden die Ergebnisse der Gesamtauswertung dem Ministerium vorgestellt. Es bleibt abzuwarten, ob sie vollständig veröffentlicht werden. Vielleicht stehen die Ergebnisse in starkem Widerspruch zu der Fremdwahrnehmung im Ministerium, der bisher veröffentlichten amtlichen Meinung und der Werbung für die Bundeswehr.

In der bisher erschienenen »Soldatenliteratur« werden die Einsätze sehr unterschiedlich bewertet – und oftmals überwiegen negative Bewertungen. In der Öffentlichkeit und der veröffentlichten Meinung wird schließlich abgestritten, dass die überwiegende Mehrheit der Soldaten (circa 60 %) die Einsätze als positiv bewerten – auch in der Rückschau. Diese empirisch gesicherte Erkenntnis stimmt nicht mit dem öffentlichen Bild des traumatisierten Soldaten überein.

Ängste zu erkennen und Antworten auf die Frage zu bekommen, was als beängstigend empfunden wird, sind für die Vorbereitung auf jeden Einsatz unglaublich wichtig. In der einsatzvorbereitenden Ausbildung kann darauf eingegangen werden. Sich bereits in der Ausbildung seinen Ängsten zu stellen, ist der erste Schritt, den Umgang mit ihnen zu erlernen. Es kann ebenfalls die Grundlage dafür legen, Einsatzerlebnisse zu verarbeiten und nicht traumatisiert, sondern um Erfahrungen reicher aus dem Einsatz zurückzukehren. Letztlich ist es ein Gebot der Fürsorge gegenüber seinen Anvertrauten, sich damit zu beschäftigen. Ängste zu verdrängen oder zu verharmlosen ist also letztlich ein unmenschliches Verhalten. Deswegen ist es für das Verteidigungsministerium geboten, hierzu empirisch fundierte Untersuchungen zu ermöglichen.

Ängste der Kinder

Kaum etwas ist so ausführlich dokumentiert wie die möglichen Reaktionen von Kindern auf Ängste. Wie bereits im vorherigen Kapitel erwähnt hat das Zentrum Innere Führung die Broschüre »Auslandseinsatz – Dein, Mein, Unser Einsatz, Ratgeber für Soldatenfamilien« herausgegeben. Darin ist der Abschnitt enthalten »Wie erleben Kinder den Einsatz von Mama und Papa«. Die darin enthalten Aussagen sind inhaltlich beinahe identisch mit der Broschüre von Johanna Mödl »Wir schaffen das – Eine Hilfestellung für Eltern, die mit ihren Kindern die Zeiten berufsbedingter Trennung meistern wollen«. Die Broschüre des Zentrums Innere Führung erschien im Jahr 2011, die von Johanna Mödl im Jahr 2006. Deswegen wird sich der Autor in diesem Unterkapitel neben eigenen Erfahrungen auf die letztgenannte Broschüre beziehen, die nochmals überarbeitet im Jahr 2015 erscheinen soll.

Welcher Vater war nicht überrascht, wenn er nach vier Wochen Lehrgang wieder nach Hause kam und sein Baby sah. Es war gewachsen, von der Mutter auf dem Arm gehalten und dem Vater zum Tragen angeboten. Doch das Kind fremdelt, wendet sich ab, klammert sich an die Mutter und versteckt den Kopf an deren Hals. Es schmerzt den Vater und ist dennoch eine völlig natürliche Reaktion des Kindes, das mit einem Fremden konfrontiert wird. Wie wird es erst nach vier oder sechs Monaten Abwesenheit sein, wenn er aus dem Einsatz zurückkehrt. Unnötig zu sagen, dass sich dieses Kind keine Sorgen macht, während der Vater im Einsatz ist. An seine Stimme wird es sich erinnern, wenn er aus dem Einsatz anruft und mit ihm spricht. An das Gesicht kann es sich erinnern, wenn Skypen aus dem Einsatz möglich ist und er es auf dem Bildschirm sieht. Das Problem liegt beim Vater, der aus dem Einsatz zurückkehrt und die Beziehung zu seinem Kind neu aufbauen muss. Behutsam und einfühlend. Es kann Tage dauern.

Kinder im Säuglingsalter werden keine Ängste entwickeln, wenn ein Elternteil, im Regelfall der Vater, längere Zeit abwesend ist. Die möglichen entwicklungsphysiologischen Folgen seien an dieser Stelle jedoch nicht betrachtet. Ängste entwickeln Kinder erst dann, wenn sie Vater und Mutter als solche erkannt und enge Beziehungen zu ihnen entwickelt haben.

Eine Strategie der Eltern besteht darin, den Kindern zu erzählen, dass die Soldaten im Einsatz Gutes für die dortigen Kinder bewirken. So erklärt ein Vater seinem Kind den Einsatz in Bosnien-Herzegowina:

> »[…] guck mal, du kannst dich abends ins Bett legen, machst dein Licht aus und gehst am nächsten Morgen zur Schule und hast deine Ruhe. Da, wo ich jetzt hingehe, können die Kinder das nich. Da erschießen sich die Väter, und die Frauen werden vergewaltigt, und die Kinder ham kein Dach überm Kopf, keine Schule, und damit das aufhört, gehn wir halt dahin und helfen denen, dass die sich nicht mehr streiten [...] und erschießen, und dass das wieder aufgebaut wird, die Kinder wieder auch so wie du im trockenen warmen Bett liegen können und Sachen zum Anziehen haben und zum Spielen und am nächsten Morgen in die Schule gehen und auch ihr Frühstücksbrot mitkriegen.«[100]

Näser-Lather fügt hinzu, weshalb der Vater seinem Kind die Bedingungen im Einsatz ungeschminkt schildert.

> »Also schon auf kindlichem Niveau, sagen wir mal, aber nich- nich schöngeredet oder so, also du liegst da im Zelt im Kosovo, hörst die Flieger rüberbrummen, wennse dann grad nach Serbien fliegen, weißte genau, wenn die inner halben Stunde wiederkommen, sindse 500 Kilo leichter, ne ham n paar Bomben abgeschmissen. Also schon- mit Kinderaugen, aber schon die Wahrheit und auch wirklich nichts- nichts schöngeredet oder nichts weggelassen, aber auch nichts dramatisiert oder heroisiert …«[101]

Näser-Lather führte für ihre Dissertation 116 ausführliche Interviews mit Soldaten und Experten innerhalb der Bundeswehr. Der soeben zitierte Vater

---

[100] Näser-Lather, 2011, S. 344, zitiert ist die wörtliche Wiedergabe eines anonymisierten Interviews vom 11.07.2006

[101] Ebd., zitiert ist die wörtliche Wiedergabe eines anonymisierten Interviews vom 11.07.2006

spricht nicht von sich und in welche Gefahr er sich begibt. Beim Einsatz in Bosnien-Herzegowina mag das angebracht gewesen sein, da Gefechte dort nicht zu erwarten waren. Schwieriger dürfte es sein, wenn das Kind bereits über die Gefahren im Einsatz von anderer Seite gehört hat, was bei einem Schulkind zu erwarten ist. Doch nur in einem der Interviews wurde von einem Soldaten eine Diskussion mit seinen Kindern erwähnt, in der seine Verwundung oder sein möglicher Tod angesprochen wurde. Offensichtlich sind Eltern bemüht, die möglichen dramatischen Konsequenzen eines Einsatzes nicht zu erwähnen, geschweige denn eine Zukunftsvision zu entwickeln, wie die Familie mit einem verwundeten oder schwerbehindertem Vater oder Mutter umgehen wird. Wie bereits im vorherigen Kapitel ausgeführt, kann diese Kommunikationsstrategie nicht erfolgreich sein, da Kinder ab dem Kindergartenalter in ihrem Umfeld mit Informationen konfrontiert werden, die Verlustängste entstehen lassen. Mit zunehmendem Alter und Zugang zum Internet sowie den sozialen Netzwerken werden Verlustängste bei den Kindern automatisch entstehen. Ob sie diese ansprechen, hängt wesentlich von der Kommunikationskultur innerhalb der Familie ab. Für den zu Hause gebliebenen Elternteil ist es wichtig, Anzeichen von Ängsten zu erkennen und darüber zu sprechen. Er sollte sich vor allem nicht scheuen, die Unterstützung von professionellen Einrichtungen in Anspruch zu nehmen, die unter anderem im Netzwerk für Hilfe[102] angeboten werden. Der Elternteil im Einsatz sollte sich immer wieder zu Hause in Erinnerung bringen und vermitteln, dass er gesund ist und sich auf die Rückkehr freut.

Aus den Veranstaltungen mit Kindern der Familienbetreuungseinrichtungen wird berichtet, vor allem der mögliche Verlust des Elternteils schüre die Ängste der Kinder. Die Reaktionen darauf sind je nach Alter unterschiedlich. Mödl schildert dies aufgeschlüsselt nach vier Stadien der kindlichen Entwicklung. Sie betrachtet Säuglinge und Kleinkinder, Kindergartenkinder, Schulkinder von sechs bis elf Jahren sowie Jugendliche und Pubertierende.[103] Mödl beginnt ihre Broschüre mit einer allgemeingültigen Erklärung:

---

102 Quelle: http://www.bundeswehr.de/portal/a/bwde, Soziales, Netzwerk der Hilfe, 28.03. 2015

103 Mödl, 2006. Die Broschüre enthält keine Seitenzahlen.

»Jedes Kind reagiert bedingt durch seine Persönlichkeit auf Stresssituationen wie eine bevorstehende Trennung unterschiedlich: einige bleiben gelassen, andere sind betroffen oder unruhig […] Manche Kinder verändern sich überhaupt nicht und kommen offensichtlich mit der Situation klar. Weiterhin stellen Eltern sogar fest, dass ihre Kinder recht positive Entwicklungsfortschritte machen, während und aufgrund der Erfahrung, dass der Papa fehlt.«[104]

Diese beruhigenden Sätze kann ich aus eigenem Erleben vollends bestätigen. Die Broschüre soll aber Hilfen für Kinder geben, »die unter der berufsbedingten Trennung leiden. Wichtig ist es, diese zu begleiten.«[105]

Wenn zum Beispiel Kinder miteinander über ihre Eltern sprechen und eines erklärt, sein Vater sei wohl behindert, weil er im Krieg gewesen ist, dann sollte sowohl den Eltern wie auch dem Kind Hilfe angeboten werden, die sehr wohl zu einer therapeutischen Behandlung führen kann. Eltern sollten in solch einem Fall den Mut aufbringen, sich einer Familientherapie zu stellen.

Der Broschüre von Johanna Mödl liegt insgesamt ein sehr traditionelles Rollenbild zugrunde, das wahrscheinlich der katholischen Idealvorstellung von Familie entspricht. Es ist das Familienernährermodell, nach dem der Vater im Beruf steht – und so ist es auch seine Abwesenheit, die in der Broschüre thematisiert wird. In den größeren Einsätzen der Bundeswehr leisten jedoch zwischen sieben und zwölf Prozent Soldatinnen ihren Dienst[106]. Gleichgeschlechtliche Lebensgemeinschaften werden ebenfalls nicht erwähnt. Die Broschüre des Zentrums Innere Führung ersetzt die Rollenzuschreibungen von Vater und Mutter durch die Wortwahl »Partner/Partnerin« und wird damit allen möglichen Beziehungen gerecht. Auf die Ratschläge für den Umgang mit Kindern wirkt sich dies nicht aus. Sie sind in beiden Broschüren beinahe deckungsgleich.

Den Eltern ist zu empfehlen, dass sie die beiden Broschüren von Mödl und Seitz lange vor einem Einsatz lesen. Sie geben auch wertvolle Anregun-

---

104 Ebd. Die Broschüre enthält keine Seitenzahlen.

105 Ebd. Die Broschüre enthält keine Seitenzahlen.

106 Einsatzzahlen – Die Stärke der deutschen Einsatzkontingente, Quelle: http://www.bundeswehr.de/portal/a/, Einsätze – Stärke, vom 28.03.2015

gen für die Zeit, in der Vater oder Mutter für einen längeren Zeitraum auf Lehrgängen oder Übungen verweilen.

Durch das soziale Umfeld geschürte Ängste

Über 90 Prozent der Soldaten nehmen Hilfe aus ihrem Freundes- und Verwandtenkreis in Anspruch, wenn sie aus dem Einsatz zurückkehren. Die Einbettung in das soziale Umfeld bietet Unterstützung sowohl bei den täglich anfallenden Arbeiten als auch bei der Suche nach Hilfe, wenn psychische oder physische Probleme bis hin zu ernstlichen Erkrankungen auftreten sollten.[107]

Die Kehrseite der Medaille, nämlich die Nachteile durch soziale Beziehungen, wird jedoch kaum öffentlich diskutiert: Denn besonders das engere Umfeld informiert sich aus der Sorge um die Verwandten oder Freunde über die Ereignisse im Einsatzgebiet. Oftmals wird der Partner des Soldaten mit SMS oder Telefonanrufen über Extranachrichten und Eilmeldungen über Anschläge und Gefechte in Kenntnis gesetzt. Damit beginnt für den Partner die Zeit der absoluten Verunsicherung. Im Einsatz darf nämlich nach Anschlägen oder Gefechten mit Verwundeten oder gar Toten nicht telefoniert werden. Die Angehörigen des Verwundeten oder des Gefallenen sollen zuerst von dem Schicksalsschlag erfahren, entweder durch einen offiziellen telefonischen Anruf oder durch den Besuch des militärischen Vorgesetzten, der die Nachricht vom Tod überbringt. Der Schutz der nächsten Angehörigen genießt eine sehr hohe Priorität. Man will sie vor unliebsamen Anrufen oder gar Besuchen von ehrgeizigen Journalisten der Sensationsmedien bewahren, die unbedingt das erste Bild der trauernden Mutter, Ehefrau oder Partnerin online stellen wollen. Dafür wird das Bangen aller anderen in Kauf genommen, die über Stunden keine Nachrichten aus dem Einsatz erhalten. Die Ängste seiner Verwandten oder Partner kann der im Einsatz befindliche Soldat auch mit dem Hinweis nicht lindern, sie würden sofort etwas erfahren, wenn ihm etwas zugestoßen sei. Ein Wagen der Bundeswehr würde zu Hause vorfahren und es würden normalerweise zwei Personen aussteigen. Ein Offizier und ein Pfarrer, die eine Todesnachricht überbrin-

---

[107] Seiffert, 2014, S. 67 ff.

gen würden. Die dem Schutz der Angehörigen dienende Regel hält natürlich der Realität nicht stand. Es ist illusorisch zu glauben, ein Verbot zu telefonieren würde von den Soldaten im Einsatz eingehalten werden, wenn sie die Möglichkeit besitzen, ihre Angehörigen zu Hause zu informieren. Spätestens dann, wenn im Einsatzgebiet Handynetze vorhanden sind, rufen die Soldaten in einer solchen Situation durchaus zu Hause an, senden eine E-Mail oder eine SMS und teilen mit, ihnen sei nichts passiert. Oder die Soldaten werden von den Angehörigen angerufen, die eine Eilmeldung über einen Anschlag mit Toten gehört hatten. So schildert Robert Eckhold eine durchaus gängige Reaktion, wenn nach einem Anschlag das Handy klingelt.

> »Mein Gruppenführer stand ebenfalls im Zelt und ich sagte zu ihm: »Mein Telefon klingelt. Was soll ich jetzt machen?« […] die Antwort: »Nicht rangehen!« lag relativ nah. Er antwortete jedoch: »Geh' ran!« So konnte ich wenigstens Bescheid sagen, dass es mir gut ging.«[108]

Manche Befehle erzeugen Ungehorsam. Das Telefonverbot ist einer davon. Es muss zwar allen Soldaten im Einsatz gegenwärtig sein, die Namen der Schwerverletzten oder Gefallenen nicht zu nennen. Es muss aber immer möglich sein, die eigenen Angehörigen anzurufen. Ihnen mitzuteilen, selbst nicht verletzt oder verwundet zu sein, erlöst sie aus der quälenden Unsicherheit, schafft zumindest momentane Erleichterung. Der Bitte, über den Anruf in den nächsten Stunden außerhalb der Familie nicht zu sprechen, werden die Angehörigen sicherlich nachkommen. Das offizielle Überbringen der Todesnachricht würde dadurch nicht beeinträchtigt. Leider kommt es aber auch immer wieder vor, dass bereits in den Nachrichten die Namen von Verletzten, Verwundeten oder Toten genannt werden, bevor die Angehörigen benachrichtigt werden konnten.

Soziale Bindungen können während des Einsatzes auch zur Last werden. Eine Freundin oder ein Freund, der ständig nachfragt, wie der Partner des Soldaten mit den Belastungen umgeht, ob es ihm unverändert gut gehe, wird nach wiederholten Nachfragen auf nichtssagende Antworten stoßen und schließlich auf eine nicht beabsichtigte Distanzierung. Eine überfür-

---

108 Eckhold, S. 220.

sorgliche Bemutterung stößt in fast allen Fällen auf Ablehnung. Dies muss vom Partner des Einsatzsoldaten jedoch deutlich ausgesprochen werden, um Bindungen nicht unnötigen Belastungen auszusetzen. Die bisweilen angewandte Strategie, nicht mehr aus dem Haus zu gehen oder den Anrufbeantworter anzustellen, um lästigen Anrufen zu entgehen, schränkt das soziale Leben unverhältnismäßig und unnötig ein.

Noch problematischer ist der überängstliche Nachbar, der jede Meldung aus dem Einsatz in sich aufsaugt und mit seinen Horrorvorstellungen den zu Hause gebliebenen Partner drangsaliert. Diese kommunikative Haftmine muss man entschärfen, bevor sie seelische Schäden anrichtet. Führt der dezente, aber deutliche Hinweis, solche Vorstellungen nicht länger anhören zu wollen, nicht zum gewünschten Ergebnis, ist es angebracht, die freundschaftliche Beziehung eine Zeitlang ruhen zu lassen.

Denn das soziale Umfeld ist für die zu Hause Gebliebenen unendlich wichtig. Bei aller freundschaftlichen Sorge um den Soldaten im Einsatz ist es aber allzu häufig die Ursache für Ängste bei Angehörigen.

Ängste der Soldateneltern

Über die Ängste der Eltern findet sich in der Literatur fast nichts. Die Mütter äußern sich gelegentlich darüber, die Väter haben entweder keine Angst um ihre Soldatenkinder oder äußern sich nicht dazu. Dieses Verhalten bestätigte sich in den wenigen Begegnungen mit Eltern, bei denen erläutert werden sollte, was auf ihre erwachsenen Kinder in Afghanistan zukommen werde. Selbst wenn dort die Ehepaare zusammensaßen, fragte normalerweise die Mutter, was den Sohn oder die Tochter erwarte. Der Vater saß und hörte zu, hier und da bestätigte er das Gesagte mit einem Kopfnicken. Die Mütter hatten Angst um ihr Kind. Nur Eindrücke kann ich hier aus eigenem Erleben schildern, da die Resonanz der Eltern auf die Informationsveranstaltungen so gering war, dass sie nicht mehr angeboten wurden. Es könnte ein Hinweis darauf sein, dass Eltern mit ihren Ängsten um die erwachsenen Kinder umgehen können und weniger Beistand von außen brauchen. Es gab aber auch Soldatinnen und Soldaten, die ihren Eltern abrieten, an der Veranstaltung teilzunehmen. Sie würden nur offiziellen Statements lauschen, Beschwichtigungen hören und verbale Beruhigungspillen verabreicht bekommen. Der Ratschlag kann aber auch der Sorge des Soldaten entsprungen sein, die eigenen Eltern würden in der Informationsveranstaltung der Einheit ein deutlich realistischeres Bild erhalten als das schöngefärbte der Tochter oder des Sohnes. Ich erlebte sogar Eltern, die nichts vom Einsatz ihres Sohnes wussten, weil er sich weigerte, davon zu erzählen. Aber welches emotionale Chaos hätte dieser Sohn verursacht, wenn er verletzt zurückkehrt wäre oder gar im Sarg. Er wollte sie bestimmt nicht unnötig beunruhigen, war die Erklärung der Eltern. So waren sie auf die Katastrophennachrichten aus den Einsatzgebieten angewiesen, um sich zu informieren. Man höre ja nur Schlechtes, hieß es dann. Ihnen half in dieser Situation eine detaillierte Beschreibung über die Aufgaben des Sohnes im Einsatz und den damit einhergehenden Gefahren. Nur wenn offen und vorbehaltlos über die Einsätze informiert wird, verdienen Informationsveranstaltungen auch ihren Namen und werden akzeptiert. Nicht immer ist dies der Fall. Kerstin Laszowski, die Mutter eines Soldaten, beschreibt ihre Erfahrungen wie folgt:

> »Es wurde während eines Kaffeetrinkens über bisherige Auslandseinsätze der Bundeswehr gesprochen [...] Über Afghanistan wurde nur kurz erwähnt, dass die Lage dort stabil sei und die Soldaten dort das Lager in der Nähe Kabuls aufbauten. Bei zwei weiteren Zusammenkünften während des Ein satzes meines Sohnes lief alles ähnlich ab. Diese Betreuung empfand ich als wenig hilfreich, da es an aussagekräftigen Informationen fehlte.«[109]

Aus den wenigen Quellen und persönlichen Erfahrungen wird deutlich, dass sich Mütter um ihre Kinder sorgen. Der Umgang mit ihren Sorgen gestaltet sich jedoch völlig unterschiedlich. Eine Mutter äußerte, sie könne nicht in Ruhe sterben, wenn ihr Sohn verstümmelt oder verletzt aus dem Einsatz zurückkehre und auf tägliche Betreuung angewiesen sei. Eine andere Mutter hingegen empfand überhaupt keine Angst, obwohl ihre beiden Söhne im Einsatz waren. Die Abwesenheit eines erwachsenen Sohnes oder der Tochter mache sich zwar bemerkbar, aber Angst könne man das nicht nennen.

---

[109] Laszowski, S. 132

Die Eltern wissen heute, dass ihre Tochter oder ihr Sohn als Soldat in einen gefährlichen Einsatz abgeordnet werden kann oder sich dorthin freiwillig meldet. Dies dürfte in jeder Familie diskutiert werden, außer das erwachsene Kind weiß um die ablehnende Haltung der Eltern und informiert sie erst, nachdem es in die Bundeswehr eingetreten ist – ein außergewöhnliches, aber wiederholt erlebtes Vorgehen einer Tochter oder eines Sohnes. Die Reaktionen der Eltern auf den Wunsch des erwachsenen Kindes sind sehr unterschiedlich. Es kann der Vorwurf im Raum stehen, warum die Eltern Jahre ihres Lebens geopfert haben, um dem Kind beste Möglichkeiten mit auf den Weg ins Leben zu geben – ein Leben, das nun leichtfertig weggeworfen werde. In einigen Familien gibt es aber auch die Selbstverständlichkeit, wie der Vater Soldat zu werden. In wieder anderen Familien wird der Wunsch des Kindes nicht nur respektiert, sondern auch unterstützt. So warnte der Vater des Hauptgefreiten Sergej Motz seinen Sohn davor, zur Bundeswehr zugehen. Er habe im Afghanistankrieg als russischer Soldat viele Gefechte erlebt. Das würde auch seinem Sohn drohen. Sergej Motz fiel in Afghanistan einem Anschlag zum Opfer. Wie die Eltern mit seinem Tod umgehen, mit den tragischen Folgen eines gemeinsam getragenen Berufswunsches, ist in den öffentlichen Medien ausführlich dargestellt worden.[110]

Abgesehen von einzelnen Ausnahmen ist fast nichts darüber zu erfahren, wie Eltern mit den Einsätzen ihrer Kinder umgehen. Deshalb können auch in diesem Buch nur Einzelbeobachtungen wiedergegeben werden. Es wäre lohnenswert, ein Projekt zu starten und Eltern von Soldaten einzuladen, über ihre Empfindungen zu sprechen oder zu schreiben. Einen Ansatz dazu findet man in Heike Groos Buch »Das ist auch euer Krieg«. Zwei Mütter von Soldaten schreiben hierin über ihre Empfindungen. Der eine Beitrag ist in die Traumaliteratur einzuordnen, die so sehr die öffentliche Wahrnehmung der Einsätze beherrscht. Der zweite Beitrag berührt auf andere Weise. Er schildert Verlustängste, die wohl viele Mütter empfinden:

> »Jetzt, wo ich alles aufschreibe und Gedanken zulasse, die ich sonst gerne verdränge, merke ich, wie sehr wir in der Familie gelitten haben. Ich denke

---

110 Bei der Eingabe des Namens Sergej Motz bei Google werden über 65.000 Treffer angezeigt. An prominenter Stelle findet sich ein Hinweis auf eine Spiegel-TV-Produktion, die sehenswert ist.

an die Träume, die ich hatte. In denen ich auf eine Mine trat und gerade noch einer Explosion entrinnen konnte. Aber der kleine Junge, der gerade noch an meiner Seite ging, war verschwunden und ich suchte ihn, bis zum schweißgebadeten Aufwachen. Ich weinte noch am Kaffeetisch.«[111]

Wer wird denn da weinen?

Beim Auflösungsappell der Einheit stand der Fahnenträger unbeweglich in der militärischen Formation. Als er die Trompetensignale hörte, die dem Einrollen der Fahne vorangingen, weinte er hemmungslos.

Bei jedem Abschied aus dem Einsatz schimmern die Augen der Anwesenden, die Umarmungen sind sehr emotional und die Stimmen versagen hier und da.

Ziehen Särge mit toten Kameraden an den angetretenen Soldaten vorbei, sieht man Soldaten salutieren und weinen.

Und noch während des Gefechts, nach der allgemeinen Anspannung und Aufregung, wenn plötzlich Ruhe einkehrt, passiert es. Der Puls geht zurück und der Körper beginnt zu zittern. Beim einen mehr, beim anderen weniger. Jeder, der extreme Situationen erlebt hat, kennt es:

> »Selbst der Kommandeur zog sich in sein Fahrzeug zurück – und weinte Rotz und Wasser.«[112]

Weinen ist wichtiger Bestandteil eines jeden Einsatzes, in dem gefährliche oder emotional hoch belastende Situationen erlebt und durchlebt werden. Dennoch wird es in den Schriften der Bundeswehr kaum thematisiert. Lediglich in der Schrift des Zentrums Innere Führung wird nüchtern ausgeführt:

> »Trauer äußert sich in vielfältigen Formen. Eine Möglichkeit sind Tränen. Diese können befreien und neues Handeln ermöglichen.«[113]

---

[111] Peters, S. 172
[112] Eckhold, S. 219
[113] Zentrum Innere Führung, 2010, S. 27

Natürlich ist diese Aussage richtig. Aber es fehlt die Aufforderung zu weinen. Tränen habe ich immer als Befreiung erlebt und niemals eine abfällige Bemerkung darüber vernommen. Weinen ermöglicht, emotional Abschied zu nehmen und befreit. Es ist ein vollkommen natürliches und selbstverständliches Verhalten. Dabei von Kameraden umarmt oder sogar in den Arm genommen zu werden, ist von unschätzbarem Wert und weit entfernt von homosexuellem Verhalten, wie es manchmal wahrgenommen wird. Es wäre wünschenswert, wenn das Weinen in den Broschüren des Zentrums als charakterliche Stärke beschrieben würde, kennzeichnend für einen Menschen, der trauert, seine Emotionen zeigt und dann wieder in den Kampf zieht. Dennoch ist für viele das Bild des tapferen Soldaten vorherrschend, der seine Tränen verbirgt und keine Schwäche zeigt.

Im Einsatz kommt eine Besonderheit hinzu. 80 bis 90 Prozent der Soldaten verlassen während des Einsatzes die Feldlager selten oder nie. Die extremen Erfahrungen machen die wenigen, die außerhalb des Lagers auf Patrouille gehen, in Gefechte verwickelt werden oder für Wochen in einem der *Observation Points*, den Außenlagern, leben müssen. Es sind vor allem die Kampftruppen, die ständig draußen sind. Im Interview erläutert Stefan E., ein Fallschirmjäger, dessen Nachname nicht genannt wird, die Zweiklassenarmee im Einsatz:

> »In der zementierten Zweiklassengesellschaft der Einsatzsoldaten sind die Draußis die Oberschicht, die Drinnis das Fußvolk, die Ersten erobern und sichern, die Zweiten reparieren und stapeln, die einen kämpfen gegen Taliban, die anderen gegen den Lagerkoller. Stefan E. unterscheidet zwei Kategorien von Drinnis. ‚Die einen verstehen, was draußen passiert, die anderen nicht‘.«[114]

Kommen die »Draußies« in das Lager zurück und zeigen Tränen, verstehen die »Drinnies« das kaum. Obwohl in Afghanistan vor Ort, wissen diese außer aus Erzählungen nichts von dem Land und seinen Gefahren. Ihnen gegenüber Tränen zu zeigen, verbietet die Ehre – außer alle sind angetreten, um gefallene Kameraden zu verabschieden.

---

[114] Dausend, *Zeit Online*,20.05.2011

Selbst als er wieder zu Hause war versuchte Robert Eckhold seine Tränen durch Flucht zu verbergen, als er erkennt, wie der erlebte Tod seiner Kameraden ihn immer noch beschäftigt. Bei einer Wiedersehensfeier im Familien- und Freundeskreis wurde er durch Bilder an deren Tod erinnert.

> »Dieser Moment war für mich so ergreifend, dass ich raus musste, weil ich meine Tränen nicht mehr zurückhalten konnte. Der Tod meiner Kameraden hing mir tiefer in den Knochen, als ich geglaubt hatte.«[115]

Dann folgt in seinem Bericht ein Satz, der darauf hinweist, dass man als Soldat eigentlich nicht weint. Denn Weinen wird mit Kontrollverlust gleichgesetzt. Zumindest erscheint es ihm peinlich zu sein. Entschuldigt wird die Situation denn auch mit vorangegangenem Alkoholgenuss:

> »Sicher hatte auch der Alkohol dafür gesorgt, dass ich meine Trauer nicht mehr unter Kontrolle hatte. Dennoch tat es unheimlich gut, seinen Gefühlen freien Lauf zu lassen und aufrichtigen Trost von der Familie und den Freunden zu erhalten.«[116]

Die Zitate aus diesem Kapitel stammen allesamt von Fallschirmjägern, bei denen das Auftreten von Emotionen besser bekannt sein sollte als bei anderen Truppengattungen. Sie haben in Afghanistan die meisten Gefechte bestritten. Die befreiende Wirkung der Tränen sollten sie erlebt haben. Das Weinen zu unterdrücken führt dagegen zu Verdrängungsprozessen, die den Soldaten so sehr verändern können, dass er letztendlich der psychiatrischen Betreuung bedarf. Ihnen freien Lauf zu lassen, so seltsam es für Soldatenohren klingen mag, führt eher zur uneingeschränkten Einsatzbereitschaft.

[115] Eckhold, S. 286
[116] Ebd.

Nur schlechte Nachrichten sind gute Nachrichten

Beim Mittagessen auf dem Marktplatz von Skopje erklärte Hansjörg Eiff, der damalige NATO Botschafter in Mazedonien, an welchen Anzeichen ein Bürgerkrieg zu erkennen sei. Vertreter aller in Mazedonien lebenden Volksgruppen saßen an den Tischen. In der näheren Umgebung hatten Goldschmiede und Juweliere geöffnet. Die Einkaufstüten der Frauen waren normal gefüllt. Solange sich dieses Bild auf der Straße und den Plätzen zeige, herrsche kein Bürgerkrieg, so der Botschafter. Zu dieser Zeit war ich Mitglied einer Delegation, die Regierungsmitglieder der mazedonischen Regierung über eine kürzlich durchgeführte KFOR-Operation unterrichtete. In dieser Operation im Jahr 2001 war es gelungen, ein erneutes Aufflammen der Kämpfe zwischen den serbischen Sicherheitskräften und der sogenannten kosovo-albanischen Befreiungsarmee, der Ushtria Çlirimtare e Preshevës, Medvegjës dhe Bujanocit (UÇPMB), zu verhindern. Die UCPMB hatte sich in der Pufferzone festgesetzt, die zwischen dem Kosovo und Serbien eingerichtet war. Sie hatte den Anspruch erhoben, die über 100.000 ethnischen Albaner zu beschützen, die in Südserbien vor allem um die Städte Preševo, Medveđa und Bujanovac lebten. KFOR war es gelungen, die UÇPMB zum Niederlegen der Waffen zu bewegen. Die serbischen Sicherheitskräfte erhielten zum ersten Mal in der Geschichte ihrer Armee Einsatzregeln, die ein gewaltsames Vorgehen gegen die ethnisch-albanische Bevölkerung in Südserbien untersagten. Kurz gesagt, die Operation war sehr erfolgreich, da sie einen neuen Krieg im Balkan verhinderte und tausenden ethnisch albanischen Familien ein Verbleiben in ihrer Heimat ermöglichte.

Von NATO-Verbündeten wurde die UCPMB entweder als Terrororganisation oder als Befreiungsarmee bezeichnet. Die serbische wie auch die mazedonische Regierung bezeichneten sie nicht zu Unrecht als Aufständische, die terroristische Akte vollzogen. Deswegen hatten die mazedonischen Streitkräfte begonnen, die in ihrem Land an der Grenze zum Kosovo operierenden Aufständischen zu bekämpfen. Es waren lokale Gefechte auf den Norden des Landes begrenzt, die jedoch mit menschenverachtender Brutalität auch gegen die Zivilbevölkerung geführt worden waren. Dennoch war Mazedonien weit entfernt von einem das gesamte Land umfassenden Bürgerkrieg. So genoss die Delegation das Mittagessen auf dem friedlichen historischen Marktplatz, bevor die Gespräche mit Regierungsmitgliedern fortgesetzt wurden.

Spätabends im Hauptquartier schaltete ich die Spätnachrichten der ARD ein. Deren Hauptnachricht war dem Krieg in Mazedonien gewidmet, garniert mit dramatischen Bildern aus der Gegend nördlich von Tetovo, einer Stadt im Norden. Die Spannungen in Skopje seien unerträglich, Unruhen stünden kurz vor dem Ausbruch. Meine Familie wusste vom meinem Aufenthalt in Skopje. Etwa eine halbe Stunde später war eine E-Mail zum elektronischen Postkasten der Familie versandt. In der E-Mail schilderte ich den Tagesverlauf, hängte Bilder vom Mittagessen und dem historischen Zentrum Skopjes an und riet den Kindern, den Nachrichten nicht zu glauben. Denn auch die Tagesthemen übertrieben maßlos und die Berichte über Skopje waren reine Spekulation, aber sicherlich keine Nachrichten. Den Kindern wurde weiter erklärt, dass es auch Krieg in Mazedonien gebe, nämlich im Norden. Wo genau, sei auch bekannt. Würde ich dorthin fahren, telefoniere ich vorher und kündige mein Kommen an, damit nicht auf mich geschossen würde. Das habe bisher immer gut funktioniert. Die Kinder sollten ruhig bleiben. Auch bei den nächsten Nachrichten. Es gelte der alte Journalistenspruch, dass nur schlechte Nachrichten gute Nachrichten sind. Und auch in den nächsten Tagen würden sie aus Mazedonien nur Schlechtes vernehmen. Das sei aber nicht die Realität.

Durch die Medien werden häufig unnötige Ängste bei den Angehörigen zu Hause, aber auch bei den Soldaten in der Heimat erzeugt. Zu den prominenten Beispielen gehört die Berichterstattung über die angeblich nuklear verseuchten Panzer im ehemaligen Jugoslawien. Obwohl längst wissenschaftlich widerlegt, wurde die Geschichte wiederholt aufgewärmt. Ein anderes Beispiel war die völlig überzogene Berichterstattung über das Krim-Kongo-Fieber, dessen Verlauf als oftmals tödlich beschrieben wurde. Die Medienkampagne endete, als der KFOR-Kommandeur aus Pristhina einen Brief an die Herausgeber verschiedenster Medien seines Heimatlandes sandte. Er bat darum, die völlig verzerrten und unnötig aufgebauschten Berichte einzustellen, damit die Angehörigen nicht weiter unbegründet in Angst versetzt würden.

Schlechte Nachrichten verkaufen sich jedoch besser als Gute. Die Ursachen dafür liegen aber auch bei der Medienarbeit der Bundeswehr selbst. Fast jeder Unfall oder Anschlag wird mit einer Mitteilung an die Presse veröffentlicht. Fast zeitgleich wird an den Computerbildschirmen in den Dienstzimmer die interne Meldung angezeigt. Die internen Briefings konzentrieren sich vor allem auf die Risikolage. Auf diese Weise erhält der vor einem Einsatz stehende Soldat ein selektives Bild, das die Lebenswirklichkeit in dem Einsatzland nicht realistisch widerspiegelt. So schüren sowohl dienstliche Meldungen als auch die öffentliche Berichterstattung die Wahrnehmung, im Einsatz drohe überall Gefahr. Selbst wenn man bereits in Afghanistan gewesen war, wuchs aufgrund dieser Informationen die Anspannung vor der Ankunft. Es dauerte ein paar Tage, bis man den Alltag im Einsatzland wieder unvoreingenommen beurteilen konnte.

6. Als Reservist in den Einsatz

Der ehemalige Verteidigungsminister zu Guttenberg folgte bei seiner Entscheidung zur Struktur der Bundeswehr dem Vorschlag, möglichst viele Fähigkeiten der Streitkräfte zu erhalten. Die Bundeswehr behält so ein breites Spektrum an Fähigkeiten, wie es im Sprachgebrauch der Bundeswehr bezeichnet wird. Gleichzeitig wird der Personalumfang der Streitkräfte reduziert. Für einige Fähigkeiten ist deswegen kaum Personal vorhanden, mit denen man mögliche Einsätze für längere Zeit bestreiten könnte. Verschärft wird der Personalengpass durch den Beschluss des Bundestages, aus sozialen Erwägungen heraus die Regeleinsatzzeit für Soldaten auf vier Monate zu begrenzen und anschließend eine zwanzigmonatige Pause vor dem nächsten Einsatz zu gewähren. Dieser Beschluss erfordert für einen zweijährigen Einsatz rein rechnerisch fünf qualifizierte Soldaten für jede Aufgabe im Einsatz. Selbst eine nur einjährige Mandatierung, wie im derzeitigen politischen Umfeld bevorzugt, erfordert eine dreifache personelle Unterlegung. Unnötig zu erwähnen, dass ein solcher Beschluss des Bundestages also gar nicht umgesetzt werden kann. Besonders in Spezialfunktionen fehlt das Personal, aber auch bei einigen Einheiten. Beispiele aus Heer, Marine und Luftwaffe sind in allen Berichten der Wehrbeauftragten der letzten Jahre enthalten. Als ein Ausweg werden schleichend die Einsatzzeiten auf sechs Monate verlängert und die Abstände zwischen den Einsätzen unterschreiten deutlich die Beschlusslage des Bundestages.[117] Auch fehlt der Wille in der Regierung, im Bundestag oder auch in der Bundeswehr dem Beispiel anderer Nationen zu folgen und internationale Einsatzverpflichtungen auf vier, acht oder zwölf Monate zu begrenzen.

Der erwähnte Bundestagsbeschluss stößt in seiner Umsetzung zudem an fiskalische Grenzen. Will man eine Einheit mit fünffachem Personal aufstel-

---

[117] Könighaus, 2015, S. 11 ff. Könighaus liefert eine detaillierte Beschreibung von Einsatzbelastungen ausgewählter Truppenteile bzw. Schiffsbesatzungen mit durchschnittlich 220 Tagen Abwesenheit vom Heimatstandort im Jahr.

len, um die Einsatzverpflichtungen zu erfüllen, bleibt unklar, welche Aufgaben diejenigen zugeordnet bekommen, die nicht im Einsatz sind. Nicht nur der Bundesrechnungshof als auswärtige Instanz, sondern auch die interne Revision, die »Haushälter«, erscheinen zur Überprüfung. Als Konsequenz werden Stellen gestrichen und die damit einhergehende Mängelverwaltung zum Prinzip erhoben.

Der Wehrbeauftragte Helmut Könighaus bewertete die Situation in seinem Bericht aus dem Jahr 2014:

> »Die Neuausrichtung der Bundeswehr wird von der Vorgabe geleitet, dass die Breite des Fähigkeitsprofils gegenüber anderen Faktoren einen höheren Stellenwert hat (‚Breite vor Tiefe'). Diese Maßgabe darf nicht dazu führen, dass bestimmte Gruppen von Soldatinnen und Soldaten regelrecht verbraucht werden. [...] In den Mangelbereichen müssen also entweder ausreichend Dienstposten ausgeplant und auch besetzt sein, oder aber es können bestimmte Einsatzverpflichtungen durch die Bundeswehr nicht mehr übernommen werden.«[118]

Als eine Konsequenz hat Verteidigungsministerin von der Leyen angekündigt, dass durch eine engere Kooperation mit anderen Nationen und Nachsteuerungen in Spezialgebieten[119] die Durchhaltefähigkeit erhöht und damit die Belastungen für die Soldaten gesenkt werden soll. Unabhängig von diesen Ankündigungen werden Reservisten auch zukünftig gebraucht werden. Ihre internationalen Verpflichtungen kann die Bundeswehr nur durch ihren zusätzlichen Einsatz erfüllen. Ohne deren Bereitwilligkeit und Engagement würden die Soldaten noch stärker belastet.

---

[118] Könighaus, 2015, S. 11 ff

[119] Von der Leyen, 27.02.2015

Die Beweggründe der Reservisten

Wenn sich der Besitzer einer Tauchschule auf einer Karibikinsel für einen sechsmonatigen Einsatz bei der Bundeswehr meldet, darf zu Recht die Frage gestellt werden, weshalb ein Leben in einem Inselparadies gegen das schmale Feldbett im doppelt belegten Container getauscht wird. In diesem exemplarischen Fall waren es eher wirtschaftliche Erwägungen, die den Betreffenden in den Einsatz führten. Diese Motivation zeigte sich verstärkt insbesondere bei Selbständigen, die in wirtschaftliche Schwierigkeiten geraten waren. Um dem zu begegnen, wurden die Auswahlkriterien schärfer definiert mit den Worten, die Bundeswehr sein kein Auffangbecken für gescheiterte Existenzen oder Arbeitslose. Reservisten sollten nicht selbst in den Einsatz gehen, sondern die Aufgaben von aktiven Soldaten im Inland übernehmen, während diese im Ausland eingesetzt wurden. Die Höchstdauer der Wehrübungen wurde auf sechs Monate festgelegt und letztlich wurde die Höhe der Aufwandsvergütungen für die Reservisten einer kritischen Prüfung unterzogen.

Bestimmendes Kriterium für die Verpflichtung eines Reservisten sollte vor allem seine Qualifikation sein. Doch an einem Beispiel sei erläutert, zu welch absurden Entscheidungen die Richtlinien manchmal führten. So wurde ein hochqualifizierter Selbstständiger, der aus Überzeugung seine Qualifikationen zur Verfügung stellen wollte, abgelehnt. Er war im zivilen Leben erfolgreich, was an seinem Einkommenssteuerbescheid abzulesen war. Anhand dieses Bescheides wird die finanzielle Vergütung für die Dauer der Wehrübung festgesetzt. Obwohl eine vergleichbare Qualifikation bei aktiven Soldaten nicht vorhanden war, wurde sein Einsatz abgelehnt, weil er dann mehr verdienen würde als ein Oberst. Eine Begründung, die angesichts der Ausgaben für den Einsatz von Tornados zum Abfotografieren Afghanistans unerklärlich ist.

So richtig die Zielsetzung ist, aktives Personal in den Einsatz zu senden und ihre Aufgaben in Deutschland durch Reservisten wahrnehmen zu lassen, so wenig erfolgversprechend ist sie. Kann sich ein Reservist für Wochen und Monate von seiner beruflichen Tätigkeit befreien, so wird er in den Einsatz gehen wollen. Dort ist er für sein Engagement finanziell deutlich besser gestellt. Diese Erwägung fließt oft in den Entscheidungsprozess ein.

Letztlich gibt es Bereiche in den Streitkräften, bei denen es vorgesehen ist, dass nur unter Rückgriff auf Reservisten die Einsatzverpflichtungen erfüllt werden können. Als Beispiel seien die Offiziere und Unteroffiziere der zivil-militärische Zusammenarbeit erwähnt. Sie sind in den Einsatzgebieten beratend tätig, um den zivilen und wirtschaftlichen Wiederaufbaus des jeweiligen Landes zu unterstützen. Ein Aufgabengebiet, in dem in Deutschland Soldaten nicht eingesetzt sind.

Der Zivilist in Uniform

Will ein Reservist in den Einsatz, unterwirft er sich den gleichen Ausbildungsforderungen wie ein aktiver Soldat. Die Zeit stellt hierbei das zentrale Problem dar. Denn ein viermonatiger Einsatz erfordert ein mindestens sechsmonatiges Engagement. Kaum ein Arbeitgeber ist bereit, qualifizierte Mitarbeiter für ein halbes Jahr freizustellen. Deswegen findet man unter den Reservisten viele ehemalige oder pensionierte Soldaten, die bis zum fünfundsechzigsten Lebensjahr wieder die Uniform anziehen können. Sie sind in den Streitkräften sozialisiert worden und können sich dort sicher bewegen. Sie pflegen meist ein Netzwerk, das es ihnen erlaubt, sich über aktuelle Entwicklungen zu informieren.

Völlig anders stellt sich die Situation für den »ungedienten« Reservisten dar. Er wird selbst nach einer einsatzvorbereitenden Ausbildung einen Mentor brauchen, der ihn im Einsatz begleitet und unterstützt. Sein Training wird kaum ausreichen, um in gefährlichen Situationen schnell und angemessen zu handeln. Er benötigt einen aktiven Soldaten, der ihm zur Unterstützung und gegebenenfalls zum Schutz zugeteilt wird. Wird dem Reservisten aufgrund seiner zivilen Qualifikation ein vorläufiger höherer Dienstgrad zuerkannt, sollte er sich in seiner Rolle als Vorgesetzter einfinden und die Erwartungen der im Rang unter ihm stehenden Soldaten erfüllen. Auch hier ist die Unterstützung eines Mentors erforderlich. Aus dem Einsatz sind Situationen bekannt, wo nach der Verwundung des verantwortlichen Führers alle Augen auf dem Dienstgradhöchsten, dem uniformierten Zivilisten ruhten. Die Soldaten erwarteten, dass er die Führungsverantwortung übernehme. Solche Situationen können vermieden werden, wenn zuvor bestimmt wurde, dass in einem solchen Fall der Qualifizierteste und nicht der Dienstgradhöchste die Führung übernimmt.

Persönliche Vorbereitungen

Informationen für die Reservistenarbeit der Bundeswehr erhält man über den Internetauftritt des »Kompetenzzentrum für Reservistenarbeit beim Streitkräfteamt der Bundeswehr«[120]. Auf der Startseite ist ein Link zu »RESERVE aktuell« enthalten. Dabei handelt es sich um eine Publikation des Kompetenzzentrums, die über Neuigkeiten aus der Reservistenarbeit informiert.

Die Startseite führt über Links zu den Ansprechstellen in allen Bereichen der Bundewehr. Sucht man hingegen einen Ansprechpartner in einem Verband seiner Wahl, dann hilft ein Brief an den jeweiligen stellvertretenden Kommandeur. In seiner Funktion als Beauftragter für Reservistenarbeit wird er diesen beantworten.

Der Internetauftritt des Reservistenverbandes der Bundeswehr[121] enthält ebenfalls eine Vielzahl an Informationen, um sich persönlich vorzubereiten. Unter dem Stichwort »Reservistenbetreuung« wird auf der Homepage des Reservistenverbandes die Adresse angezeigt, an die sich jeder Interessierte wenden sollte, um über die unterschiedlichsten Stellen informiert zu werden, die an der Einberufung zu einer Wehrübung beteiligt sind.

In den verschiedenen Bundeswehrforen berichten auch Reservisten über ihre Erfahrungen mit der Bürokratie der Bundeswehr. Neben den positiven Berichten überwiegen unverändert die Klagen.[122] Deswegen bedarf es trotz der offiziellen Erklärungen über die Wichtigkeit der Reservisten des persönlichen Engagements, um eine Wehrübung oder einen Einsatz absolvieren zu können. Manchmal sind es bürokratische Kleinigkeiten und Formalismen, die eine Bearbeitung von Anträgen zum Erliegen bringen. Manchmal beschleunigt das aktive Dranbleiben den Prozess, so dass statt wochenlanger

---

120 Zu finden unter: http://www.reservisten.bundeswehr.de/portal/a/resarb

121 Zu finden unter: http://www.reservistenverband.de

122 Ein anonymer Bericht, dennoch sehr glaubwürdig und lesenswert, ist im Afghanistan-Blog veröffentlicht. Quelle: http://www.afghanistan-blog.de/afg-anonymer-bericht-eines-reservisten/

Bearbeitung Bescheide innerhalb von Stunden versandt werden können. Beides hat der Autor erlebt und auch Verständnis für die Frustration von Reservisten aufgebracht, die einen bevorstehenden Einsatz kurz vor Beginn absagten, weil eine Stelle erst nach Wochen plötzlich ein polizeiliches Führungszeugnis verlangte, obwohl die betreffende Person bereits Geheimnisträger war. Wer hingegen als Reservist seine sogenannte »militärische Heimat« gefunden hat, wird sich zwar immer wieder über die Anzahl der Formulare ärgern, aber über die verzugslose Abwicklung freuen.

7. Kontakt in den Einsatz und nach Hause

Telefonieren und Internet – eine unendliche Geschichte

In seinem Jahresbericht von 1993 lobte der damalige Wehrbeauftragte Alfred Biehle die Bundeswehr:

> »Der Bundesminister der Verteidigung war von vornherein darum bemüht sicherzustellen, daß der Kontakt zwischen den nach Somalia entsandten Soldaten und ihren Angehörigen in angemessenem Umfang erhalten blieb. Durch die Einrichtung von Familienbetreuungszentren, die Organisation des Post- und Telephonwesens sowie die Gewährung eines kostenlosen zweiwöchigen Heimaturlaubs für die Soldaten des Somalia-Kontingentes wurde in diesem Bereich aus meiner Sicht — unabhängig von den vielen Problemen der schwierigen Anlaufzeit — Vorbildliches geleistet. Mittels der Telefonverbindungen war es den Soldaten insbesondere möglich, die Sorgen und Ängste, die sich den Angehörigen oftmals aufgrund der Medienberichterstattung über den Somalia-Einsatz aufdrängten, auszuräumen.«[123]

Derjenige, der den Einsatz in Somalia erlebte, vermag die positive Aussage des Wehrbeauftragten zur Kontaktmöglichkeit nach Hause kaum zu teilen. Sie als angemessen zu beschreiben war selbst nach damaligen Standards reine Schönfärberei. Es war ja selbst aus dem Ministerium heraus kaum möglich, das Kontingent in Belet Huen telefonisch zu erreichen, so begrenzt waren die Kapazitäten. Die vom Wehrbeauftragten beklagte angsterzeugende Berichterstattung der Medien konnten die Soldaten kaum telefonisch ausräumen. Ihnen blieben für Gespräche nach Deutschland nur Minuten und das auch nur dann, wenn die wenigen Leitungen nach Deutschland für Privatgespräche freigeschaltet waren. Absprachen mit der Familie oder dem

123 Biehle, S. 7

Partner, wann der Anruf erfolgen würde, konnten kaum getroffen werden. Zu Hause war man oft von den Anrufen überrascht.

Schon mit dem ersten größeren Einsatz in Somalia reifte bei den eingesetzten Soldaten die Erkenntnis, das private Telefongespräche, um die Verbindungen nach Hause zu halten, von der Fürsorge des Dienstherrn ausgenommen sind. Jahrelang vermochte das Verteidigungsministerium nicht, einen Anbieter zu finden, der zu vernünftigen Preisen und guter Verbindungsqualität Telefonate aus den Einsatzgebieten ermöglichte. Sie kommentierten den lang andauernden Streit um einen Anbieter mit immer größer werdendem Sarkasmus und andauerndem Kopfschütteln. 2001 konnte ich aus dem Kosovo lediglich einmal in der Woche am Sonntagmorgen verabredungsgemäß mit den Kindern telefonieren. Während der Woche war es aussichtslos früh am Abend, bevor die Kinder zu Bett gingen, die Familie zu erreichen. So vertelefonierten damals viele Soldaten große Geldsummen mit Handygesprächen, die über die lokalen Anbieter abgewickelt wurden. 2008, sieben Jahre später, im fünften Einsatzjahr Afghanistan, war es in Kunduz noch nicht gelungen, zu einem erträglichen Preis privat zu telefonieren. Völlig anders stellte sich die Situation in den Hauptquartieren dar. Dort waren sowohl die Internetverbindungen im Büro geschaltet als auch Telefonieren nach Hause über das militärische NATO-Netz möglich. Konnte das nicht realisiert werden, telefonierte man mit einer Prepaid-Karte zu einem außergewöhnlich günstigen Tarif. Spät abends oder früh morgens stand sogar eine wackelige Skype-Verbindung zur Verfügung.

Noch im Jahresbericht 2014 beklagt der Wehrbeauftragte diese Situation:

> »Die Kritik an der Betreuungskommunikation richtete sich im Berichtsjahr insbesondere gegen die Höhe der Kosten für die Nutzung des Internets. Der Dienstherr gewährt jedem Bundeswehrangehörigen in mandatierten Auslandseinsätzen 30 Freiminuten pro Woche zur Telefonie in das deutsche Festnetz. Darüber hinaus gehende Leistungen müssen die Soldatinnen und Soldaten selbst bezahlen. Eine sogenannte Flatrate für die Nutzung des Internets besteht nicht. Die Internetnutzung wird stattdessen minutenweise abgerechnet und kostet bis zu 14 Cent pro Minute.«[124]

---

[124] Könighaus, 2015, S. 24

In seiner Antwort verwies das Verteidigungsministerium auf den laufenden Vertrag mit einem Anbieter. Für das Jahr 2015 könne mit einer Verbesserung gerechnet werden. Eine Option wäre sicherlich gewesen, den Beschluss des Bundestages umzusetzen, der bereits 2012 beschlossen hatte, den Soldaten einen kostenfreien Internetzugang zu ermöglichen. Die Bereitschaft der Ministerialbürokratie, dafür Gelder zur Verfügung zu stellen, ist jedoch nicht vorhanden. In den Gängen des Ministeriums wird außerhalb der Konferenzräume hingegen weitergetragen, die Soldaten würden auf sehr hohem finanziellem Niveau klagen, erhielten sie doch einen steuerfreien Auslandsverwendungszuschlag, der in Afghanistan monatlich über dreitausend Euro betrage. Mit diesen Äußerungen wird zunächst die Missachtung von Parlamentsbeschlüssen durch die ministerielle Bürokratie dokumentiert. Zudem ist es unter ethischen und moralischen Gesichtspunkten inakzeptabel, finanzielle Aufwendungen für lebensgefährliche Einsätze mit Neid zu betrachten.

Der gläserne Soldat

Im Einsatz muss ein Soldat notgedrungen die Einschränkung seiner Privatsphäre hinnehmen. Der Rückzug ins Private ist ihm kaum möglich, weil er Arbeits- und Schlafstätte mit anderen teilt. In den Außenposten leben alle auf engstem Raum zusammen. Es geschieht nicht selten, dass auch die Gespräche mit den Angehörigen oder Partner zu Hause von anderen mitgehört werden, weil kein abgeschiedener Raum zur Verfügung steht. So kann man zu Recht davon sprechen, der Soldat sei im Einsatz ein gläserner Mensch. Die digitale Welt eröffnet dagegen scheinbar die Möglichkeit, privates mit den Lieben in der Heimat auszutauschen. Doch hier sind einige Besonderheiten zu beachten. Jeder Soldat ist gläsern, wenn er am dienstlichen PC schreibt, E-Mails versendet oder im Internet surft. Nutzt er sein Handy oder Smartphone, gleich ob es ein dienstlich bereitgestelltes oder ein privates ist, muss er damit rechnen, vom örtlichen Geheimdienst oder der eigenen Aufklärung abgehört zu werden. Bei Gesprächen über Dienstleitungen sollte er ebenfalls die Möglichkeit in Erwägung ziehen, dass jemand mithört. Der in Deutschland garantierte Schutz des Post- und Fernmeldegeheimnisse, der grundsätzlich nur auf richterliche Anordnung eingeschränkt werden darf, kann den Soldaten im

Einsatz nicht garantiert werden. In einem multinationalen Einsatz unterliegen die Soldaten der einzelnen Nationen ihrem nationalen Recht. Damit ist ein Spielraum geschaffen, der das Mitlesen und –hören von beinahe jeder Kommunikation ermöglicht. Abhören unter Freunden ist in einem multinationalen Umfeld Normalität. Ein weiterer Grund, mit den Angehörigen besser nicht über Einsatzspezifisches oder ganz privates zu sprechen, ist in den Basaren oder Märkten zu finden, die vor oder in den Feldlagern aufgebaut werden. Dort kann man nicht nur Andenken erwerben, sondern auch Gebrauchsgegenstände: Unter anderem werden Handys oder Smartphones zu unglaublich günstigen Bedingungen angeboten. Einige dieser Handys werden offensichtlich von den örtlichen Geheimdiensten oder anderen kriminellen Organisationen geliefert. Die vorgenommenen technischen Veränderungen erlauben nicht nur das Mitschneiden der Gespräche, sondern auch in ausgeschaltetem Zustand das Mithören der Unterhaltung im Büro oder Container. Das Gerät ist ständig im Aufnahmemodus. Unnötig zu erwähnen, dass die ebenfalls aktivierte GPS-Funktion den Aufenthalt des Besitzers verrät. Besonders gut präparierte Geräte sind selbst dann noch aktiv, wenn die SIM-Karte oder die Batterie herausgenommen wurde. Im Gerät kann eine zweite Stromversorgung verborgen sein, die weiterhin erlaubt, Gespräche mitzuhören und die GPS-Funktion des Mobiltelefons zu aktivieren.

Auch die Bearbeitung digitaler Produkte, die ausgedruckt werden, um an die letzte Party oder Besuche in den Betreuungseinrichtungen zu erinnern, sollten nicht beim lokalen Anbieter in Auftrag gegeben werden. Allzu leicht finden die Bilder von feuchtfröhlichen Anlässen oder Aufnahmen von Soldaten und Soldatinnen in freizügiger Kleidung den Weg zu den örtlichen Machthabern. Beim nächsten hochrangigen Treffen werden sie dann dem Kommandeur des deutschen Kontingentes übergeben und gleichzeitig Klage darüber geführt, wie verdorben seine Soldaten seien.

Die Wiederentdeckung des geschriebenen Wortes

Nach einem ereignisreichen Tag, der außergewöhnliche Belastungen mit sich gebracht hatte, findet der Soldat endlich Ruhe. Seine Gedanken schweifen nach Hause und er möchte sich mit seiner Familie unterhalten. Einem plötzlichen Impuls folgend ruft er seine Familie an. Am Telefon hört er die Stimme seines Sohnes. Der freut sich über den Anruf, hat aber keine Zeit, sich mit dem Vater zu unterhalten. Die Kinoverabredung dränge und die Freunde stünden schon im Flur. Die Mutter sei noch zum Einkaufen und wolle anschließend Bekannte besuchen. Die Schwester übernachte heute bei einer Freundin. Die Sätze sind schnell gesprochen, da die Zeit drängt. Das kurze Gespräch endet mit dem unausgesprochenen Vorwurf, man hätte sich doch für Morgen um sieben Uhr abends zum Telefonieren verabredet.

Ähnliches dürfte jeder Soldat erlebt haben, der seinem spontanen Bedürfnis folgte und zu Hause anrief. Das Erlebnis schmerzt. Es hinterlässt einen Gefühlscocktail aus Trauer, Wut und Trotz, der hoffentlich bis zum nächsten geplanten Gespräch verdaut ist. Zu Hause hat sich nämlich die Familie oder der Partner mit der körperlichen Abwesenheit des Soldaten abgefunden. Der Alltag ist neu arrangiert und das Leben verläuft in geregelten Bahnen. Was sich geändert hat und für die gesamte Zeitdauer des Einsatzes anhalten wird, ist die Aufmerksamkeit, die den Nachrichten aus den Einsatzgebieten gewidmet wird, und die Erleichterung, wenn die Nachricht eintrifft, dem Partner im Einsatz gehe es gut. Die Angst muss kein ständiger Begleiter sein, aber sie kommt immer wieder auf, plötzlich und unerwartet. Nur in diesen Situationen sollte sofort nach Hause telefoniert oder eine Mail geschrieben werden. Ein Lebenszeichen wird von den Angehörigen mit Bangen erwartet. Alle anderen Telefongespräche sollten zeitlich geplant und inhaltlich vorbereitet werden. So bieten diese Gespräche, die Möglichkeit, den Kontakt zwischen der Welt des Einsatzes und der Welt zu Hause aufrechtzuerhalten. Denn nichts ist schädlicher als ein plötzliches Gespräch, bei dem die Gesprächspartner nicht aufeinander eingehen können, weil sie sich in diesem Augenblick nicht aus ihrer momentanen Umwelt haben lösen können und sich nicht darauf vorbereiteten. Ein unter diesen Umständen geführtes Telefonat hinterlässt oftmals ein unbefriedigendes Gefühl, weil man doch nicht ausgesprochen hat, was man sagen wollte, oder der

Partner genauso wie man selbst nicht zuhören konnte. Die Grundregel für ein Telefonat aus dem Einsatz oder in den Einsatz lautet deshalb, sich auf das Gespräch vorzubereiten. In seinem Buch »Gelingende Fernbeziehungen« hat Wendl dazu zehn wesentliche Regeln für ein gelingendes Gespräch aufgeführt. Fünf der Regeln sind dem Sprecher zugeordnet, fünf Regeln dem Zuhörer.[125] Es sind im Wesentlichen die Grundregeln, die für eine gelingende Kommunikation im Allgemeinen gelten. Der Sprecher soll von sich selbst sprechen, beim Thema bleiben, seine Gefühle aussprechen und authentisch sein. Der Zuhörer muss zuhören können, klar zu erkennen geben, dass er den anderen verstanden hat, oder rückfragen und darüber eine positive Rückmeldung aussprechen. Bei den Gesprächen mit Soldaten sind jedoch mehrere Besonderheiten zu beachten. Über manche Tätigkeiten oder Erlebnisse darf der Soldat nicht sprechen. Dies sollte er auch eindeutig formulieren, damit beim Partner nicht das Gefühl entsteht, er verheimliche ihm etwas. In diesen Situationen habe ich immer gesagt, ich wisse sehr viel über das Ereignis, sage aber aus zwei Gründen nichts: Zum einen könne das Telefonat abgehört werden, zum anderen dürfe ich darüber nichts erzählen. Die letzte Aussage verband ich grundsätzlich mit der Aufforderung, man solle nicht alles glauben, was in den Medien berichtet werde und die Verschwörungstheorien im Internet seien von einer großen kreativen Phantasie gespeist, aber unsinnig.

Die Kommunikation mit der Familie über E-Mail und SMS erlauben im Gegensatz zum Telefongespräch eine zeitversetzte Antwort. Sie reduzieren möglicherweise die Gefahr von Missverständnissen, wenn nicht dem allgemeinen Trend gefolgt wird, immer und überall erreichbar zu sein und dies mit einer sofortigen Antwort zu beweisen. Ganz im Gegensatz erlaubt der E-Mail-Verkehr, eine Nachricht zu lesen und erst dann zu beantworten, wenn die eigenen Gefühle und Gedanken sortiert sind. Bei Familien, deren Kinder an verschiedenen Orten in der Ausbildung sind oder im Beruf stehen, sind E-Mails und SMS eine ideale Möglichkeit, alle gleichzeitig über die Erlebnisse und das Geschehen im Einsatzland zu informieren. Wenn in der Familie vereinbart wurde, auch alle an den jeweiligen Antworten teilhaben zu lassen, ist ein gleichmäßiger Informationsstand erreicht. Sinngemäß

[125] Wendl, Gelingende Fernbeziehungen, S. 129 ff.

gilt dies für einen Freundeskreis, dem geschrieben wird. Diese Absprachen sollten bereits vor dem Einsatz getroffen sein.

Verwundert reibt man sich die Augen, wenn die E-Mails, die am Abend zuvor, erschöpft vom langen Tag abgesandt worden sind, am Tage darauf gelesen werden. Sie strotzen vor Rechtschreibfehlern, die der Ermüdung am Abend und der nachlassenden Konzentration geschuldet sind. Kaum eine meiner E-Mails, die nach Hause gesandt wurden, war fehlerfrei. Trotz dieser Fehler wurden die Lebenszeichen aus dem Einsatz aufmerksam gelesen.

Wie beschrieben, ist davon auszugehen, dass die E-Mails mitgelesen werden können. Die darin enthaltenen Informationen sollten nicht über das hinausgehen, was man auch in sozialen Netzwerken veröffentlichen würde. Privates und Intimes sollte man dem Brief vorbehalten. Unverändert genießt die Post eine hohe Reputation und wahrt das Briefgeheimnis, auch wenn es kurzfristig erschüttert wurde, als angeblich Briefe geöffnet wurden, weil mitversandte Speichermedien den Empfänger nicht erreichten[126]. Seitdem die Hinweise der Feldpoststellen befolgt werden, USB-Sticks, CDs und Ähnliches in gepolsterten Briefumschlägen zu versenden, trat das Problem nicht mehr auf.

Im Brief werden auch Erinnerungen übersandt, Bilder, Zeichnungen, kleine Notizen. Es sind beständige Erinnerungsstücke, die an einer Pinnwand zu Hause oder im Einsatz an den anderen erinnern. Pro Woche wurden bis ins Jahr 2014 aus allen Einsätzen zusammengenommen etwa 20.000 Briefe und Postkarten über die Feldpost versandt. Das entspricht dem Aufkommen einer Stadt mit etwa 65.000 Einwohnern.[127] Betrachtet man die maximalen Einsatzstärken der Bundeswehr, so werden etwa sechs Mal so viele Briefe und Postkarten versandt wie von einer zivilen Person in der Heimat. Zu Recht kann man daher von einer Wiederentdeckung des geschriebenen Wortes sprechen.

---

[126] Nach den Ermittlungen waren die Sortiermaschinen dafür verantwortlich, die aus den Briefen die Speichermedien herauspressten. Siehe hierzu: Meyer, 05.04.2015

[127] Meyer, 05.04.2015

8. Urlaub

Im Internetauftritt der Bundeswehr und den Broschüren, die sich mit dem Einsatz beschäftigen, wird die Thematik Urlaub nur im Zusammenhang mit der Rückkehr aus dem Einsatz angesprochen. Auch in der Literatur hat der Autor keine Hinweise darauf gefunden – als gäbe es keinen Urlaub während des Einsatzes, der sich vom Urlaub nach dem Einsatz unterscheidet. Diese Beobachtung deckt sich mit der Auffassung vieler Soldaten, während des Einsatzes würde kein Urlaub gewährt.[128] Für die normale Einsatzdauer von vier Monaten trifft dies grundsätzlich zu. Jeder Monat im Einsatz wird jedoch mit eineinhalb Urlaubstagen vergütet. Die sechs Tage erhalten die Soldaten nach dem Einsatz zu Hause. Natürlich gibt es Ausnahmen. Erfordert eine besondere Situation die Rückreise aus dem Einsatz, wird sie grundsätzlich gewährt.

Vor allem in den Hauptquartieren sind viele Dienstposten in den verschiedenen Einsatzgebieten für eine Dauer von sechs Monaten bis zu einem Jahr zu besetzen. In Einzelfällen sind Soldaten auch länger als ein Jahr im Einsatz. Die Soldaten auf diesen Dienstposten können und sollten aus sozialen Gründen während des Einsatzes Urlaub erhalten. Dies gebietet allein die Fürsorge. Dennoch sollen die Vorgesetzten jedes Gesuch prüfen und bei der Genehmigung einen strengen Maßstab anlegen.

Unabhängig davon gilt es, Besonderheiten zu berücksichtigen. Selbst ein bereits genehmigter Urlaub kann kurzfristig widerrufen werden, wenn Krisen im Einsatzgebiet dies erfordern. Kann der Urlaub dennoch angetreten werden, könnte durch die Krise der Flugplan in und aus den Einsatzgebieten beeinflusst werden. Fällt eine der wenigen Maschinen der Flugbereitschaft aus und kann nicht rechtzeitig eine zivile Chartergesellschaft verpflichtet werden, verschiebt sich der Urlaubsantritt in Deutschland. Manchmal werden kurzfristig Maschinen durch Regierungsmitglieder oder die Bundestagsverwaltung angefordert. Selbst der Shuttleflug nach Termez in Usbekistan, wo von der betagten Transall, der Transportmaschine der Bundeswehr, in einen Airbus

[128] Lysk, 2010. Im Artikel ist die Weisungslage aus dem Jahr 2006 genauer dargestellt.

umgestiegen wird, garantiert noch nicht den Weiterflug nach Hause. Die Flugpläne der Bundeswehr unterliegen aus unterschiedlichsten Gründen des Öfteren Änderungen als die ziviler Gesellschaften. Über die mangelnde Zuverlässigkeit der überalterten Bundeswehrmaschinen ist in jüngster Zeit in den Medien gespottet worden. Doch dies sind nicht die einzigen Gründe. Wiederholt verursachte eine Delegation des Bundestages, die mit umfangreichem Medientross zu einer Besuchsreise in einen anderen Kontinent flog, für die Soldaten in Termez eine längere Wartezeit und eine weitere Nacht in den Transitzelten. Mittlerweile darf der Airbus in Mazar-e Scharif landen. Die Umfangsreduzierung der internationalen Streitkräfte für die gegenwärtigen Operationen in Afghanistan führte natürlich zu einem verringerten militärischen Flugverkehr in Afghanistan. Nun stehen die Soldaten der Bundeswehr, die nicht in Mazar-e Scharif eingesetzt sind, vor der Herausforderung rechtzeitig dorthin zu kommen. Verzögerungen von einer Woche sind daher gegenwärtig ohne weiteres möglich. Die Angehörigen, Freunde oder Partner sollten um die Unwägbarkeiten wissen. Vor allem sollten keine Flüge von Deutschland aus im unmittelbaren Anschluss an die geplante Ankunftszeit aus dem Einsatz geplant werden. Es ist schwierig, eine Karenzzeit zu empfehlen. Unter der Voraussetzung, dass pro Woche zwei Flüge stattfinden, sollten vier Tage eingeplant werden. Soll der Urlaub nicht zu Hause verbracht werden, empfiehlt es sich, wenn immer möglich erst nach dem Eintreffen zu Hause die Reise an den Urlaubsort zu buchen. Alle anderen Planungen sind mit dem Risiko behaftet, dass der Soldat der Familie oder dem Partner an den Urlaubsort folgen muss. Die Schwierigkeiten, mit einer größeren Familie unter diesen Bedingungen einen preiswerten Urlaub zu buchen, sind natürlich bekannt und gegen das Risiko abzuwägen. Das Risiko ging ich ein und traf meine Familie wie geplant im Urlaubsland am Flughafen. Sie war aber darauf vorbereitet, die ersten Tage gegebenenfalls ohne mich zu verleben, falls die militärischen Flugverbindungen ausfallen würden.

Wohl dem also, der an einem zivilen Flughafen im Einsatzgebiet einchecken und in den Urlaub fliegen kann.

Von der Distanz zur Nähe

Für den besten Zeitraum und über die Gestaltung des Urlaubes während eines Einsatzes werden die unterschiedlichsten Vorschläge unterbreitet.

Auf die Frage der Mutter, ob sich der Sohn nicht freuen würde, dass der Vater wieder da sei, antwortete das Kind entwaffnend: Er sei gar nicht da, sondern nur im Urlaub. Die Antwort war für den Vater schmerzhaft, beschreibt aber treffend die kindliche Sicht der familiären Situation. Vier Monate lang hatte sich die Familie nicht gesehen. Die ersten Tage im Urlaub verschlief der Vater, weil er sich vom ermüdenden, kräftezehrenden Einsatz erholen musste. Es verbleiben vielleicht zwei Wochen, um sich als Familie zu finden und dann erneut zu trennen. Wie vor vier Monaten, vor dem ersten Abflug in den Einsatz, kreisen die Gedanken des Vaters schon Tage vor dem Ende des Familienurlaubes wieder um den Einsatz.

Der Urlaub nach dem Einsatz kann helfen, die Familie oder Partnerschaft wieder zusammenführen und sich wieder aneinander anzunähern, wieder vertraut miteinander zu werden. Er bereitet auf den Alltag vor, der dem Urlaub folgt. Den Urlaub während des Einsatzes hingegen erleben alle Beteiligten als begrenzte Zeit des Zusammenseins, der wiederum die Trennung folgt. Für die Zuhausegebliebenen stellt sich die Frage, ob sie für zwei Wochen ihren veränderten Alltag, der wegen der Abwesenheit des Vaters oder der Mutter angepasst ist, beibehalten oder wiederum ändern. Für den aus dem Einsatz nach Hause kehrenden Elternteil stellt sich die Frage, ob er den mittlerweile gefundenen Alltag akzeptiert und damit seine Quasi-Abwesenheit oder die Familie damit herausfordert, seine Rolle wieder zu akzeptieren. So kann der Urlaub zur Qual werden. Den gemeinsamen Urlaub kann die Familie deshalb besser jenseits der häuslichen Routine verbringen. Daher ist angeraten, alle aus ihrer gewohnten Umgebung in ein Urlaubsdomizil zu verpflanzen. Für kinderlose Partnerschaften oder Eheleute, deren Kinder aus dem Elternhaus bereits ausgezogen sind, stellt sich die Situation zwar grundsätzlich gleich dar, sie ist aber leichter zu bewältigen.

Als allgemeine Regel wird von Psychologen angeführt, eine Urlaubswoche sei notwendig, um sich vom Beruf und Alltag zu entfernen. In der zweiten Woche beginne die Erholungsphase. Dies spricht dafür, für zwei Wochen aus dem Einsatz in den Urlaub zu gehen. Mit dem Verlassen des

Einsatzgebietes sollte der Urlauber eine innerliche Distanz zu seiner Aufgabe aufbauen, ohne das Erlebte zu verdrängen. Erst wenn er wieder Platz in der Urlauberrückkehrmaschine genommen hat, sollte er diese Distanz wieder aufgeben. So wird er spätestens in der zweiten Woche einen gemeinsamen und erholsamen Urlaub mit seiner Familie oder seinem Partner erleben können.

Die Wahl des richtigen Zeitraums

Die Welt des Einsatzes nimmt den Soldaten oftmals so gefangen, dass er in ihr aufgeht. Zwar wird die Kommunikation mit den Angehörigen und Partnern aufrechterhalten, aber mit der Zeit im Einsatz verblasst die Welt zu Hause. Die soeben geforderte Distanz zum Einsatz wäre im Urlaub idealtypisch auch für das Verhältnis zur Familie zu fordern, damit sich alle nach dem Urlaub wieder in ihrem Alltag zurechtfinden. Dies wäre jedoch eine unmenschliche Forderung, die dem Sinn von Liebesbeziehungen und Familie vollkommen widerspricht. Im Urlaub kehren bei allen Beteiligten die Bindungen zueinander wieder stark ins Bewusstsein. Oft kommen die Soldaten danach in den Einsatz zurück und die Erinnerungen an die Familie, an die Lieben schwingen noch lange nach. Viele gaben an, sie hätten nach dem Urlaub nicht mehr die gleiche Motivation für den Einsatz aufbringen können wie zuvor. Sie hätten sich das Ende des Einsatzes herbeigewünscht. Trifft dies für den Einzelnen zu, sollte der Einsatzurlaub so spät wie möglich angetreten werden. Allerdings muss auch eine angemessene Resteinsatzzeit verbleiben. Eine goldene Regel für den besten Zeitraum kann jedoch leider nicht aufgestellt werden. Ein vier- bis sechswöchiger Zeitraum nach dem Urlaub erscheint in einem solchen Fall angemessen zu sein.

Allerdings habe ich auch beobachtet, dass bei wiederholten längeren Einsätzen die soeben formulierte Empfehlung nicht mehr so notwendig ist. Die Urlaubszeiträume richten sich dann eher an persönlichen oder familiären Daten aus, den Schulferien oder den Möglichkeiten am Arbeitsplatz des Partners.

9. Exkurs zur interkulturellen Kompetenz

Die Bundeswehr wurde mit ihrer Aufstellung im Jahr 1955 als eine Armee im Bündnis aufgestellt. Niemand sprach damals und in den folgenden Jahrzehnten davon, dass die Soldaten deswegen über eine ausgeprägte interkulturelle Kompetenz verfügen müssten, um mit den Angehörigen der Streitkräfte anderer Nationen zusammenarbeiten zu können. Im Gegenteil wird bis heute die westliche Wertegemeinschaft beschworen, die offensichtlich mit einer gemeinsamen westlichen Kultur gleichgesetzt wird. Zu fragen ist aber, ob die verschiedenen nationalen Streitkräfte, mit denen die Bundeswehr zusammen operiert, einen gemeinsamen westlichen Normen- und Werte-Kanon leben. Seit über zwei Jahrzenten bewährt sich die Bundeswehr als eine Armee im weltweiten Einsatz. Mit diesen Einsätzen wurde in der Bundeswehr erstmals die Frage aufgeworfen, inwieweit eine interkulturelle Kompetenz zum Erfolg oder Misserfolg von Operationen beitragen kann, die in fremden Kulturen ausgeführt werden. Die Frage wird übereinstimmend bejaht, weswegen es scheint, als wolle man Eulen nach Athen tragen, wenn man auf die Bedeutung dieser Kompetenz hinweist. Leider klaffen zwischen der Forderung, als Schlüsselkompetenz sei die interkulturelle Kompetenz von Soldaten zu erlernen, und deren Umsetzung in die Praxis immer noch große Lücken. Zudem greift die Konzentration auf fremde Kulturen zu kurz. Selbst innerhalb der westlichen Kultur verlangen unterschiedliche Ausprägungen die gleiche interkulturelle Kompetenz. Die folgenden Betrachtungen zur interkulturellen Kompetenz umfassen daher sowohl die Zusammenarbeit in den Bündnissen wie auch die Operationen in Einsatzgebieten.

Seit Jahren sind die Streitkräfte der Bundeswehr bei Operationen de facto in Koalitionen eingebunden. Die Beteiligung der Streitkräfte an Operationen der NATO, der Europäischen Union oder in Koalitionen erfordert zunächst zweierlei: das Erlernen des militärischen Englisch in seiner englischen und US-amerikanischen Ausprägung sowie die Kenntnis der unterschiedlichen Führungskulturen der beteiligten Nationen. Einerseits sind Staaten beteiligt, die weder Mitglied der NATO noch der EU sind, andererseits haben es die Angehörigen der Führungsmacht in der NATO – die US-amerikanischen Streitkräfte – vermieden, von NATO-Operationen zu sprechen. Während meines letzten Einsatzes in Afghanistan habe ich in Besprechungen niemals das Wort NATO vernommen, sondern immer die Bezeichnung Koalition, wenn über ISAF-Operationen diskutiert wurde. Die tatsächlich gewählte Sprache stand in direktem Gegensatz zu den schriftlichen Befehlen, in denen natürlich die Bezeichnung NATO geschrieben stand. Im Selbstverständnis der US-amerikanischen Soldaten führten jedoch sie die ISAF-Operationen unter Beteiligung anderer Nationen und überwiegend mit der Anwendung von NATO-Doktrinen und Planungsprozessen. Die militärspezifische Kultur der Führungsnation, schnell und kampfkräftig in Operationen eingesetzt zu werden, stand im Gegensatz zu dem nationenübergreifenden Abstimmungsprozess innerhalb eines Bündnisses. Selbst in Besprechungen mit multinationaler Beteiligung fielen öfters die Worte »Fucking NATO«, wenn die Langwierigkeit von Entscheidungsprozessen kommentiert wurde. Die unterschiedlichen militärspezifischen Kulturen wirkten sich somit auf das Verständnis der Nationen untereinander aus, genauso wie auch auf die Strategien, die in den ISAF-Operationen angewendet werden sollten. Hierzu wird später jedoch mehr ausgeführt.

Blickt man auf die Bundeswehr selbst, mag sie für den Außenstehenden als uniformierte Einheit erscheinen. In der Realität ist die Bundeswehr so vielfältig, dass man zu Recht bereits hier von unterschiedlichen, militärspezifischen Kulturen sprechen kann. Schon allein die Spezialisierung der Militärsprache, die mit einem ausgeprägten Abkürzungswahn einhergeht, verhindert ein gemeinsames Verständnis zwischen den Teilstreitkräften. Es bedarf eines mehrwöchigen Trainings, bis zum Beispiel ein Angehöriger des Heeres einem Briefing der Luftwaffe folgen kann, in dem die anstehenden Luftoperationen befohlen werden. Selbst innerhalb des Heeres oder der Luftwaffe ist die Sprachspezialisierung so weit fortgeschritten, dass bisweilen eine gemeinsame hundertprozentige Verständigung unmöglich geworden ist.

Interkulturelle Kompetenz ist also nicht allein deswegen notwendig, um sich in fremden Kulturen, den wahrscheinlichen Einsatzgebieten der

Bundeswehr, sicher bewegen zu können. In der Folge der Globalisierung ist eine interkulturelle Kompetenz im Grunde als gesamtgesellschaftliche Aufgabe zu betrachten. Die Diskussionen um Einwanderung, um Migration und nicht zuletzt die PEGIDA-Bewegung unterstreichen eindrucksvoll, wie notwendig interkulturelle Kompetenz ist. Die Forderung nach dieser gesamtgesellschaftlichen Kompetenz ist relativ neu. Deshalb wird die Diskussion, wie diese Kompetenz definiert und erworben werden kann, immer noch aus den unterschiedlichsten Richtungen befeuert. Zum einen wird der Kulturbegriff in den wissenschaftlichen Disziplinen immer noch unterschiedlich definiert. Zum anderen wird die Diskussion über interkulturelle Kompetenz von der Beantwortung der Frage geprägt, ob ein zielgerichteter Erwerb der Kompetenz, um zum Beispiel eigene Unternehmensziele zu realisieren, das vorurteilsfreie Kennenlernen einer fremden Kultur nicht gleichzeitig ad absurdum führt.

Um das Entstehen von Kultur zu erklären, wählt Stephanie Ratjhe den Ansatz, vor allem durch die Bekanntheit von Differenzen entstünde Übereinstimmung in einer Kultur.

> »Überträgt man diese Vorstellung von Kultur auf den Anwendungsfall der Interkulturalität, so lässt sich ableiten, dass [...] sich Interkulturalität demgegenüber durch Unbekanntheit bzw. durch Fremdheit von Differenzen auszeichnet. Interkulturelle Interaktion als Anwendungsgebiet interkultureller Kompetenz muss dann als Interaktion zwischen Individuen aus unterschiedlichen Kollektiven aufgefasst werden, die aufgrund mangelnder Bekanntheit des jeweiligen Differenzspektrums Fremdheitserfahrungen machen.«[129]

Verfügt man über interkulturelle Kompetenz, dann wird die Herausforderung in einer fremden Kultur darin bestehen, über Kommunikation oder Interaktion ein gegenseitiges Verstehen zu wecken. Im Idealfall führt das zu einer Normalität im Umgang miteinander und damit zu einem Zusammenhalt, wenn es gilt, gemeinsame Zielsetzungen zu erreichen.

---

[129] Ratjhe, S. 17

> »Nach dieser Vorstellung führt interkulturelle Kompetenz dazu, dass aus unbekannten Differenzen bekannte werden. [...] Interkulturelle Kompetenz kann also als Fähigkeit betrachtet werden, die durch Fremdheit gekennzeichnete ‚flüchtige' Interkultur in Kultur umzuwandeln, indem über Normalität Kohäsion [Übereinstimmung, d. Verf.] erzeugt wird.«[130]

Sind Angehörige der Bundeswehr in einem Auslandseinsatz, haben sie im Regelfall einen Auftrag erhalten, der im besten Fall beschreibt, welche Ziele durch diesen Einsatz zu erreichen sind. Der Erwerb der interkulturellen Kompetenz sollte sich an diesen Zielen ausrichten. Hier gleicht der Ansatz dem Ziel eines Unternehmens, das im Ausland erfolgreich produzieren oder verkaufen will. Die Kritik am zieldefinierten Erwerb interkultureller Kompetenz lautet dann auch entsprechend, der Erwerb der Kompetenz sei unternehmensspezifisch und damit einseitig. Eine Gefahr wird darin gesehen, dass eigene Werte und Normen wegen der unternehmerischen Zielsetzung auf die fremde Kultur übertragen werden, anstatt diese Kultur wertneutral anzunehmen. Der Kritik kann begegnet werden, wenn

> »die interkulturell kompetente Person in der Lage ist, ihre Ziele unter Berücksichtigung und Achtung der kulturellen Identität des anderen zu verfolgen«[131].

Mit Beginn der Auslandseinsätze war die Bundeswehr weder auf eine interkulturelle Kommunikation vorbeireitet noch verfügte sie über Soldaten, die mit interkultureller Kompetenz ausgestattet zum Beispiel in Somalia hätten beraten können. Es waren wenig Spezialisten im aktiven Dienst, die als »Landeskundliche Berater« herangezogen werden konnten, und auch wenige Reserveoffiziere. Mit der Zunahme der Einsätze und der Erkenntnis, wie wichtig interkulturelle Kommunikation und Kompetenz sei, wuchs der Druck, diese Kompetenz in den Streitkräften aufzubauen. Es gelang jedoch nicht, in einem gemeinsamen Ansatz ein durchgreifendes Konzept zu entwickeln. Im Gegenteil beherrschte das Konkurrenzdenken zwischen verschiedenen Institutionen innerhalb der Bundeswehr und deren teilwei-

130 Rathje, S.17

131 Axel, M., S. 352: Interpretation von Gertsen, Intercultural Competence and Expatriates

se unterschiedlichen Auffassungen die Diskussion um ein Konzept, die im Grunde erst im Jahr 2008 und 2009 beigelegt wurde. 15 Jahre nach dem Somaliaeinsatz wurde am Zentrum Innere Führung in Koblenz die »Zentrale Koordinierungsstelle Interkulturelle Kompetenz« ins Leben gerufen, die im März 2009 ein erstes Seminar abhielt. Die lange Zeitspanne war auch das Resultat eines beinahe quälenden Entscheidungsprozesses, in welcher Institution diese Koordinierungsstelle eingerichtet werden sollte. Die Lücke zwischen den offiziellen Verlautbarungen zum herausragenden Stellenwert der interkulturellen Kompetenz und deren Entwicklung in den Streitkräften klaffte unglaublich weit auseinander. An diesem Beispiel bestätigte sich, dass weiche Faktoren zwar anerkanntermaßen zum Erfolg im Einsatz beitragen können, sie aber im Wettbewerb um Finanzen und Personal den harten Faktoren unterliegen. Parallel zum Koordinierungszentrum wurde im damaligen Zentrum Operative Information die interkulturelle Einsatzberatung verankert.

Im November 2010 wurde durch das Verteidigungsministerium ein »Vorläufiges Konzept zur Stärkung und Vermittlung Interkultureller Kompetenz in der Bundeswehr« herausgegeben. Darin ist eine für die Bundeswehr gültige Definition aufgenommen:

> »Interkulturelle Kompetenz umfasst die individuelle Fähigkeit und Bereitschaft der Angehörigen der Bundeswehr, sich im Grundbetrieb und Einsatz im Bewusstsein der eigenen kulturellen Prägung mit anderen Kulturen, Religionen, Lebenswelten und deren Besonderheiten angemessen auseinanderzusetzen, entsprechende Kenntnisse und Fertigkeiten zu erwerben sowie Verständnis und Sensibilität für fremde Werte, Ansichten und Handlungsweisen zu entwickeln.«[132]

Die in der Bundeswehrsprache übliche Unterscheidung zwischen Grundbetrieb und Einsatz ist der Versuch, zwischen den Aufgaben zu unterscheiden, die in den Einsätzen und die in Deutschland zu erfüllenden sind. Natürlich gelingt dies nicht immer, da Einsätze auch aus Deutschland heraus unterstützt oder geleitet werden. Das bedeutet, interkulturelle Kompetenz wird von jedem Soldaten erwartet. Der Erwerb wird als Prozess geschildert,

---

132 Ulrich, Berlin 2011, S. 102

der sich über einen längeren Zeitraum erstreckt und an den Kriterien der Erwachsenenbildung orientiert ist. Misst man diesen Anspruch an der Realität, so stellt sich angesichts der knappen Ressource Zeit, die einem Einsatz vorausgeht, die Frage, wie diese Kompetenz ausreichend zu vermitteln ist:

> »Kann allen Einsatzsoldaten ein breites Verständnis von Kultur im Allgemeinen und eine differenzierte Sichtweisen auf lokale Kulturen im Besonderen vermittelt werden oder erfordert die Auseinandersetzung mit Kultur einen längerfristigen Prozess, der beim Militär auf mehreren Ebenen durchlaufen werden muss?«[133]

Die Frage kann aus meiner Sicht eindeutig beantwortet werden: Ein breites Verständnis der Kultur, in die man im Einsatzgebiet eintauchen kann, wird allein aus Zeitmangel nicht allen Soldaten zu vermitteln sein. In der Ausbildung und in der Einsatzvorbereitung kann man die Soldaten für das kulturelle Umfeld interessieren, in dem sie tätig werden. Die wenigen Stunden der Unterrichtung, in denen die für den Einsatz bestimmten Soldaten sich oftmals von den körperlichen Anstrengungen der »militärspezifischen« Ausbildung erholen und die Augen schließen, kann man sie höchstens für die jeweilige Kultur sensibilisieren. In den Unterrichtungen fragen Soldaten dagegen immer, welche Handlungsanweisungen für das Verhalten im Kontakt mit der einheimischen Bevölkerung zur Verfügung stehen. Diese werden genutzt, um in den praktischen Ausbildungsabschnitten mit den Rollenspielern zu kommunizieren, die die Bevölkerung im zukünftigen Einsatzgebiet darstellen. Die in den Taschenkarten aufgeführten sogenannten *Dos and Don'ts* enthalten allgemeine Hinweise zum Verhalten in einem fremden Land, die man in ähnlicher Form auch in Reiseführern finden kann. Sie sind jedoch nicht geeignet, interkulturelle Kompetenz für einen speziellen Einsatz erwerben. Die in jeder Kultur vorhandenen vielfältigen und vielschichtigen Verhaltensregeln können damit nicht ausreichend erläutert werden. Nachteilig könnte sich sogar auswirken, dass durch die Taschenkarten eine Verhaltenssicherheit erzeugt wird, die zu stereotypem, aber für die einheimische Bevölkerung inakzeptablem Verhalten führt. Die Nachfrage nach

133 Tomforde, S. 271

den Verhaltensregeln ist dennoch verständlich.[134] Die Produktion und Verteilung der Karten wird durch das Problem gerechtfertigt, nicht genügend Zeit für eine tiefergehende Ausbildung zur Verfügung zu haben. Eine weitere Schwierigkeit wird gerne übersehen. Um die interkulturelle Kompetenz unter den kulturellen Bedingungen in einem Einsatzgebiet wirksam werden zu lassen, bedarf es der Analyse dieser speziellen Kultur. Sie mündet in Informations- und Kommunikationskonzepten sowie Grundüberlegungen, wie taktische und operative Konzepte auf die kulturellen Gegebenheiten im Einsatzland angewendet werden sollten. Die Erstellung dieser Konzepte nimmt mehrere Wochen in Anspruch, wenn sinnvolle Aussagen getroffen werden sollen. Dieser Prozess mündet in ein erstes Konzept, das mit den im Einsatz gewonnenen Erfahrungen in weiteren Auflagen verfeinert wird und dadurch an Tiefe gewinnt. Dem ersten Anschein nach steht der Zeitbedarf hierfür im Widerspruch zu den aktuellen Forderungen im sicherheitspolitischem Raum, Eingreiftruppen sehr schnell zur Verfügung zu stellen, um unmittelbar auf krisenhafte Entwicklungen reagieren zu können. Um diese Problematik zu lösen, müssten mögliche Einsatzgebiete frühzeitig analysiert und unter den Gesichtspunkten des interkulturell angemessenen Handelns beurteilt werden. Die Expertise für diese Analysen ist in der Hierarchie der Streitkräfte jedoch auf einer nachgeordneten Ebene angeordnet, was wiederum ein weiteres Dilemma bedeuten kann. Gelangen diese notwendigen und sinnvollen Überlegungen in die Öffentlichkeit, steht der Vorwurf im Raum, das Militär würde Operationen planen, bevor der Bundestag ein Mandat erteilt habe. In der Vergangenheit führte dies dazu, dass die sogenannten weichen Faktoren in die Entscheidungsfindung des Ministeriums kaum oder gar nicht einflossen und in die operativen Planungen zu spät. Das Resümee von Maren Tomforde zu dieser Thematik wird von mir uneingeschränkt geteilt:

> »Auf der politisch-strategischen Makroebene, welche die Zielvorgaben und Inhalte des Mandats definiert und damit den Rahmen für die Soldaten im Einsatzland absteckt, spielt der ‚kulturelle Blick' demgegenüber häufig gar keine Rolle. Einsätze wurden und werden eher von Strategen und Techno-

[134] Vgl hierzu ebd., S. 269 ff.

kraten geplant, für die Informationen über lokale Lebenswelten, Strukturen und Bedürfnisse bestenfalls zweitrangig sind.«[135]

Die Feststellung kann dahingehend ergänzt werden, dass Kommandeure mit emphatischen Fähigkeiten eher die weichen Faktoren in die operative und taktische Planung einfließen lassen. Die Verantwortung tragenden Kommandeure, die von den Experten der interkulturellen Kommunikation in der Landsersprache als »Krieger« bezeichnet werden, legen ihr Augenmerk eher auf den klassischen Ansatz militärischer Operationen. Es wird wohl auch auf absehbare Zukunft Fakt bleiben, dass die Einsätze der Bundeswehr zu Beginn ohne die auf die Kultur des Einsatzgebietes abgestimmte Informations- und Kommunikationskonzepte beginnen. Auch deswegen ist es entscheidend, dass jeder Einsatz von Experten der interkulturellen Einsatzberatung begleitet wird.

Die für die Bundeswehr gültige Definition der interkulturellen Kompetenz erfüllt insgesamt die Kriterien einer wertneutralen Aneignung, so lautet eine Interpretation. Unterstützt wird sie durch einen Aufsatz von Uwe Ulrich, der am Zentrum Innere Führung die oben angesprochene Zentrale Koordinierungsstelle aufbaute. Er führt aus:

»Um es am Beispiel des Einsatzes der Bundeswehr in Afghanistan deutlich zu sagen: Die Bundeswehr bemüht sich nicht in erster Linie um die Interkulturelle Kompetenz des Personals, um bei der Bekämpfung von Aufständischen und beim Eigenschutz Vorteile zu haben. Allerdings sind möglicherweise auch Vorteile bei der Bekämpfung der Aufständischen und beim Eigenschutz zu erwarten, weil die Soldaten – hoffentlich authentisch – im Sinne einer sich selbst und der eigenen Kultur bewussten und gegenüber einer anderen Kultur respektvoll agierenden Menschen wahrgenommen zu [sic] werden.«[136]

Diese in einer öffentlichen Publikation getätigte Aussage wird in dem Arbeitspapier des Zentrums Innere Führung abgewandelt und exakter formu-

135 Tomforde, S. 276

136 Ulrich, Berlin 2011, S. 101

liert. Der Vorteil interkultureller Kompetenz wird im Text im Fettdruck herausgehoben:

> »Die Bundeswehr bemüht sich nicht in erster Linie um die IKK [Interkulturelle Kompetenz, d. Verf.] des Personals, um bei der Bekämpfung von Aufständischen und beim Eigenschutz Vorteile zu haben. Vielmehr sind Vorteile bei der Bekämpfung der Aufständischen und beim Eigenschutz zu erwarten, weil die Soldaten hoffentlich authentisch – im Sinne eines sich seiner selbst und der eigenen Kultur bewussten und gegenüber einer anderen Kultur respektvoll agierenden Menschen – von der Bevölkerung des Gastlandes wahrgenommen werden.«[137]

Die in den beiden Zitaten zu Tage tretenden Auffassungen bedürfen der Differenzierung. Sicherlich wird ein kulturell kompetenter Soldat in seinem normalen Dienstalltag in einem multinationalen Stab seine Kompetenz nicht unmittelbar zur Bekämpfung von Aufständischen oder der Steigerung des Eigenschutzes einsetzen – mittelbar jedoch sehr wohl. Wenn die Behauptung jedoch zutrifft, die interkulturelle Kompetenz sei nicht nur auf der Mikroebene unverzichtbar, also bei Soldaten auf der Patrouille oder im Gespräch mit Einheimischen, sondern auch auf der Makroebene, das heißt in Stäben, die Operationen führen, bis hin zum Verteidigungsministerium, dann wird diese Kompetenz zum Vorteil bei der Bekämpfung von Aufständischen eingebracht sowie zur Erhöhung des eigenen Schutzes. Ansonsten würde sich die Frage stellen, warum eine Schlüsselkompetenz erworben werden soll, die für die Kernfunktion des Militärs nicht genutzt wird. Interkulturelle Kompetenz trägt natürlich dazu bei, Operationen erfolgreich und mit möglichst geringen Verlusten oder sogar ohne Verluste zu Ende zu führen.

Dazu sollte jeder militärischer Einsatz mit einem klaren Auftrag definiert sein. Dessen Erfüllung steht im Mittelpunkt der Anstrengungen auf allen Ebenen der militärischen Hierarchie sowohl im Einsatz wie auch im Grundbetrieb[138] – Letzterer wurde deshalb mit in die Definition aufge-

---

[137] Ulrich, Koblenz 2011, S. 11

[138] Vereinfacht ausgedrückt werden im Grundbetrieb alle Aufgaben wahrgenommen, die nicht unmittelbar dem Einsatz zugeordnet sind.

nommen. Folglich dient auch die interkulturelle Kompetenz keinem anderen Zweck. Wie sonst wäre die Bereitschaft bei Soldaten und auch bei Generalen zu wecken, sich diese Kompetenz anzueignen? Die so erworbene Kompetenz sollte vor allem Offiziere, die Operationen planen, in die Lage versetzen, die kulturellen Bedingungen in den Einsatzgebieten in ihren Planungen zu berücksichtigen. Gelingt es dann allen Beteiligten, sich in der Operation in Übereinstimmung mit den Normen der fremden Kultur zu verhalten, werden die Chancen auf einen erfolgreichen Abschluss steigen.[139]

Es ist Uwe Ulrich zu verdanken, dass die konzeptionellen Überlegungen zur interkulturellen Kompetenz vorangetrieben wurden. Insofern sind die unterschiedlichen Formulierungen als Zwischenergebnis eines Denkprozesses zu werten, der noch seines Abschlusses harrt. Die Umstrukturierung des Zentrums Innere Führung, verbunden mit einem personellen Wechsel im Koordinierungszentrum, trägt sicherlich nicht zur ununterbrochenen Weiterentwicklung bei. Der Beschluss im Verteidigungsministerium, die Systematik zu ändern, nach denen Konzeptionen und Doktrinen für die Streitkräfte erstellt werden, führte zu weiteren Verzögerungen. Die hierzu durchgeführte Bestandsaufnahme war nur möglich, indem die existierenden Entwürfe von Konzepten und vorläufigen Dokumenten nicht weiter bearbeitet wurden. Für den Außenstehenden, dem das Hintergrundwissen für die schleppende Erstellung von Konzepten fehlt, kann dies zu einer fatalen Falschwahrnehmung führen.

Das Koordinierungszentrum interkulturelle Kompetenz steht in einem regen Austausch mit verschiedenen Universitäten Deutschlands und darüber hinaus. Darin mag ein Grund dafür liegen, dass Uwe Ulrich in seinen öffentlichen Publikationen den Nutzen der interkulturellen Kompetenz zurückhaltender formuliert. So könnte er den kritischen Stimmen aus dem wissenschaftlichen Raum begegnen, die den Missbrauch der interkulturellen Kompetenz in der Bundeswehr zum funktionalen Zweck der militärischen Zielerfüllung beklagen. In den bundeswehrinternen Publikationen hingegen muss er die Erwartungen der Kommandeure erfüllen, die Handlungsoptionen in einem kulturell fremden Umfeld erwarten. Diese

[139] Zur vertiefenden Betrachtung der konkurrierenden und sich teilweise widersprechenden Vorstellung der verschiedenen Disziplinen, die sich in der Bundeswehr der Binnen- und Außenkommunikation widmen: Lather, Dietger 2011.

Interpretation kommt dem weitverbreiteten Vorurteil entgegen, Streitkräfte würden in der Außenkommunikation ihre wahren Absichten verschleiern. In der immer wieder vorgetragenen Anschuldigung, im Kriege stürbe die Wahrheit zuerst, wird dieser Vorwurf untermauert. Doch diese Mutmaßung bewahrheitet sich nicht, da auch die sogenannten internen Papiere bei Tagungen mit Vertretern von Universitäten diskutiert werden. Betrachtet man die Daten der jeweiligen Veröffentlichung, wird deutlich, dass der Leser der Dokumente Zeuge eines Entwicklungsprozesses ist, der seinen vorläufigen Abschluss in dem oben genannten vorläufigen Konzept gefunden hat.

Die von Ulrich in der Schrift des Zentrums Innere Führung vorgenommene Eingrenzung auf die »Bevölkerung des Gastlandes« bezieht sich allerdings unnötigerweise auf Auslandseinsätze der Bundeswehr, die der Zustimmung eines Staates bedürfen. Dies ist aus zwei Gründen kaum nachvollziehbar. Zum einen wird in der Definition ausdrücklich der Grundbetrieb der Bundeswehr erwähnt, der sich überwiegend auf dem Gebiet Deutschlands befindet. Zum Zweiten engt die Wahl des Begriffes »Gastland« das Einsatzspektrum der Streitkräfte ein. Interkulturelle Kompetenz ist ebenfalls erforderlich, wenn mit militärischen Mitteln ein Land gegen seinen Willen angegriffen wird. Die Operationen der NATO gegen das ehemalige Jugoslawien, um den möglichen Völkermord an ethnischen Albanern im Kosovo zu beenden, sei hierzu als zeitgeschichtliches Beispiel erwähnt. Auch wenn zum damaligen Zeitpunkt das Konzept der interkulturellen Kompetenz nicht existierte, eignet sich der Verweis auf die damaligen Luftkriegsoperationen. Heutzutage müsste die interkulturelle Expertise bei der Zielauswahl und -bekämpfung berücksichtigt werden. Darüber hinaus vergessen die sogenannten »Krieger«, die vor allem Waffen sprechen lassen, um einen Sieg zu erringen, welche Verantwortung sie in der Zeit nach dem Sieg tragen werden. Waffenstillstandsverhandlungen mit dem Gegner sind zu führen, Recht und Ordnung in dem besiegten Gebiet sind zu garantieren und letztlich ist der Prozess hin zu einer gesellschaftlichen Ordnung zu begleiten, der von den Menschen in ihrem bisherigen kulturellen Umfeld akzeptiert wird. Der Luftkrieg gegen das ehemalige Jugoslawien ist ein Beispiel dafür: Um den Präsident Serbiens, Slobodan Milošević, zur Kapitulation zu zwingen, wurden letztlich zivile Ziele bombardiert, da die militärischen ausgegangen waren. General Dr. Klaus Reinhardt, einer der ersten Kommandeure im Kosovo, äußerte sich im Nachhinein dazu, dass unnötigerweise zerstört wurde, was später wiederaufgebaut werden musste.

In der für die Bundeswehr gültigen Definition interkultureller Kompetenz wird zum Kompetenzerwerb die »individuelle Fähigkeit und Bereitschaft der Angehörigen der Bundeswehr« vorausgesetzt. Nach Maren Tomforde erfordert dies ein langjähriges Training. Sie unterscheidet drei Ebenen, die der Ausbildung bedürfen. Kenntnisse der Grundlagen der eigenen Kultur und von fremden Kulturen sowie deren Sprachen ordnet sie der Verstandesebene (Kognition) zu. Um sich kulturell angemessen zu verhalten, ist ein Handlungstraining gefordert, bei dem verbale und nonverbale Kommunikation eingeübt wird (Ebene der Konation). Von besonderer Bedeutung ist für sie die sogenannte »Ambiguitätstoleranz«: Während jeder interkulturellen Kommunikation können Situationen von allen Beteiligten neu, überraschend, befremdlich, ja sogar als widerlich wahrgenommen werden. Das dabei Erlebte darf nicht anhand der Werte und Normen der eigenen Kultur bewerten werden. Diese Ambiguitätstoleranz ermöglicht so einer Person, die Spannungen auszuhalten, die beim Aufeinandertreffen verschiedener Kulturen zwangsläufig auftreten. Außerdem kann dieser Mensch gelassen und möglichst unvoreingenommen nach deren Ursachen forschen. Anspannung und Aufregung sind Begleiter, wenn man sich in einer fremden Kultur bewegt. Tomforde bezeichnet dies als die Ebene des Affekts und fordert zur Bewältigung der eigenen Emotionen ein ausgeprägtes Einfühlungsvermögen (Empathie) sowie Interesse am Fremden. Nicht zuletzt sollte fremden Kulturen bewertungsfrei begegnet werden, was gelingen kann, wenn man über einen gering ausgeprägten Ethnozentrismus verfügt. Hiermit ist die Bereitschaft beschrieben, seine eigenen kulturellen Werte und Normen nicht zum Bewertungsmaßstab des Fremden heranzuziehen.[140]

An dieser Stelle sollen die Erläuterungen ausreichen, um die in der Bundeswehr diskutierten theoretischen Grundlagen zu verdeutlichen. Allen von der Bundeswehr veröffentlichten Dokumenten fehlen jedoch Beispiele aus der Praxis, um Soldaten für die Notwendigkeit einer interkulturellen Kompetenz überzeugen zu können. Im Internetauftritt der Bundeswehr wird davon gesprochen, dass das Handlungstraining nach Möglichkeit mit Ak-

140 Vgl. Tomforde, S. 270

teuren aus dem jeweiligen Kulturkreis gestaltet wird. So richtig und wichtig dies Training ist, dient es ebenfalls nur der Sensibilisierung. Selbst wenn die Akteure Angehörige des jeweiligen Kulturkreises sind, leben sie oftmals schon längere Zeit in Deutschland und können die aktuelle Stimmungslage in einem von jahrelangem Krieg oder Bürgerkrieg geschundenen Land nicht authentisch vermitteln. Selbst unter der Annahme, der Akteur habe die Gräuel selbst erlebt, sei geflohen und fühle sich noch nicht in der bundesrepublikanischen Kultur angekommen, ist Folgendes zu bedenken: Die Authentizität des Akteurs wird sehr hoch sein, er zeigt im Rollenspiel wahrscheinlich die Verhaltensweisen seiner Familie, seines Clans, Stammes oder seiner Ethnie. Daraus aber auf Verhaltensmuster im gesamten Einsatzgebiet zu schließen, wäre verhängnisvoll, insbesondere wenn sich dort verschiedene Ethnien miteinander im Krieg befinden. In Somalia, in Bosnien-Herzegowina, in Kroatien, im Kosovo, in Mazedonien und in Afghanistan fanden die Soldaten sich mit einer kulturellen Gemengelage konfrontiert. Erfahrungen aus diesen Einsätzen sollen in die folgenden Kapitel einfließen und Ereignisse aus dem Blickwinkel der interkulturellen Kompetenz kommentiert werden.

Führungskulturen in der Bundeswehr

Ein Briefing von Soldaten einer spezialisierten Einheit, die in großer Höhe mit einem Gleitschirm abgesetzt werden und über mehr als 20 Kilometer durch die Luft segeln, um ein zukünftiges Operationsgebiet zu erkunden, endet sinngemäß mit den Worten: »Der Auftrag ist ausgeführt, wenn wir wieder aufgenommen werden oder gefallen sind.« Auch wenn man sie vermeiden will, werden Verluste als selbstverständlich vorausgesetzt. Operationen der Fallschirmjäger, die mit dem Sprung aus dem Flugzeug und der Landung mit dem Fallschirm beginnen, kalkulieren grundsätzlich eine Anzahl an Verletzten ein, die meist im einstelligen Prozentbereich liegen. Es prägt die Kultur in dieser Truppengattung, dass sich jeder, unabhängig von seinem Dienstgrad, dem Risiko aussetzt, verletzt zu werden, bevor die Operation am Boden überhaupt beginnt. Dennoch ist der Auftrag auszuführen, so das Selbstverständnis der Soldaten. In Abwandlung mag dies auch für die Infanterie generell gelten, wenn sie aus ihren gepanzerten Fahrzeugen ausgestiegen sind und ohne deren Schutz kämpft. Allerdings sind dem Autor keine Briefings aus deren Bereich gegenwärtig, die mit einem ähnlichen Satz enden würden.

Die in dem oben erwähnten Briefing getätigte Aussage erinnert andererseits an die Haltung von Piloten der Luftwaffe, die während des Kalten Krieges darauf vorbereitet wurden, Atombomben auf feindliche Ziele abzuwerfen. Die Piloten betrachteten diesen Einsatz fatalistisch als den letzten, den sie durchführen würden. Die Chance, nach dem Abwurf wieder zu einem NATO-Flugplatz zurückzufliegen, war denkbar gering.

Trotz dieser Gemeinsamkeiten, Verluste als unabänderliche Tatsache in Gefechten und Kriegen hinzunehmen, herrscht in fliegenden Verbänden eine Führungskultur, die von völlig anderen Prioritäten geprägt ist. In den Kampftruppen ist die unmittelbare Führung durch den Vorgesetzten, den Gruppenführer, den Zugführer oder den Kompaniechef zum Leitbild erhoben. Er befiehlt, die anderen gehorchen im Vertrauen auf korrekte Befehle. Geradezu gegensätzlich werden die Prioritäten bei fliegenden Einheiten gesetzt, den Hubschrauberverbänden in Heer und Luftwaffe sowie den Geschwadern der Luftwaffe. Hier bestimmen die Techniker, ob und wie lange Maschinen eingesetzt werden. Im Selbstverständnis überwiegt folglich die Technik. Erst wenn die Maschine freigegeben ist, darf sie vom Boden abheben. Erinnert man daran, dass eine Maschine auch mit Mängeln fliegen kann, damit das Risiko eines Absturzes eingegangen wird und so den Tod der Besatzung in Kauf nimmt, erblickt man zunächst völliges Unverständnis. Der Hinweis, Situationen in Einsatz könnten diese Entscheidung erfordern, regt zumindest zum Nachdenken an. Die vorherrschende Einstellung mag den detaillierten Sicherheitsbestimmungen geschuldet sein, die vor dem Abflug zu beachten sind. Die Verpflichtung, nach deutschem Recht und nach inländischen Bestimmungen die Auslandseinsätze zu bestreiten, trägt ebenfalls zu dieser Haltung bei. Hinzu kommt der Stellenwert der Piloten. Er stellt die wichtigste Ressource dar, in die eine lange und kostenintensive Ausbildung investiert wurde. In Diskussionen kann man immer wieder feststellen, welch hoher Stellenwert dem Schutz des Piloten und seiner Rettung beigemessen wird, wenn er abgeschossen wurde oder in feindlichem Gebiet notlanden musste. Konfrontiert man sie mit der oben zitierten Aussage, wieder aufgenommen zu werden oder zu sterben, stößt man zunächst auf völliges Unverständnis. In einer ersten Erwiderung wird das Leben des Piloten als zu kostbar eingeschätzt, um es auf eine solche Weise aufs Spiel zu setzen. Von der ethisch fragwürdigen Dimension einer solchen Aussage einmal abgesehen, die den Wert des Menschenlebens anhand seiner Qualifikation misst, verdeutlicht sie eine fundamental andere Führungskultur.

Die Unterschiede in der Führungskultur der Teilstreitkräfte wurden auch im Einsatzführungskommando der Bundeswehr sichtbar. Sie zeigen sich an Kleinigkeiten. Die militärische Umgangssprache von Heeresangehörigen vermeidet in der mündlichen wie schriftlichen Kommunikation eine Bitte. Denn dies könne den Untergebenen veranlassen, die Äußerung nicht als Befehl oder Anweisung zu verstehen, so eine weit verbreitete Auffassung, die keiner rechtlichen Prüfung standhält. Angehörige der Marine und der Luftwaffe sind in dieser Beziehung deutlich freundlicher sozialisiert. Manche beklagten den rüden Umgangston von Heeresangehörigen oder fühlen sich davon sogar beleidigt. Darunter litt die Zusammenarbeit. Es dauerte eine Weile, bis sich die Angehörigen des Kommandos an die unterschiedliche Sprache gewöhnt hatten.

Interkulturelle Differenzen in einem Bündnis

Die so oft beschworene westliche Wertegemeinschaft, die auf gemeinsamen kulturellen Wurzeln ruht, beurteilt man nach einer längeren Verwendung in einem multinationalen Stab deutlich differenzierter. Es sind Fragezeichen erlaubt, ob gemeinsame Grundlagen auch dann unverändert bestehen, wenn über militärische Operationen nachgedacht wird. Zunächst ist ein entscheidender Unterschied im Selbstverständnis zu erkennen, wenn ein deutscher Soldat mit einem Angehörigen einer ehemaligen Kolonialmacht spricht. Dessen ungebrochene Tradition resultiert im Selbstverständnis, die Streitkräfte hätten zum wirtschaftlichen Gedeihen und Wohlstand seines Landes beigetragen. Ein britischer Offizier wird sagen, die Streitkräfte hätten Großbritannien zu Weltmacht werden lassen. Türkische Streitkräfte sicherten jahrhundertelang die Existenz des Osmanischen Reiches ab, eines der größten damaligen Reiche. Die koloniale Vergangenheit wirkt auch heute noch in Operationen nach. In einem Einsatz zur Befriedigung einer Region verhängte der zuständige französische Kommandeur eine nächtliche Ausgangssperre mit der Ankündigung, jeder werde ohne Vorwarnung erschossen, der sich danach noch in den Straßen aufhielte. In der ersten Nacht waren Tote zu beklagen, dann war die Ausgangssperre durchgesetzt. Eine Vorgehensweise, der man sich sehr zu Recht in der Bundeswehr nicht anschließen würde.

Ein US-amerikanischer Offizier wiederum vertritt eine Großmacht, die sich der militärischen Überlegenheit über alle anderen Staaten bewusst ist. Der Deutsche hingegen lebt zunächst einmal mit seiner gebrochenen Tradition. Er wird verwundert sein, wie viele US-Amerikaner und Briten über die militärischen Leistungen der Wehrmacht belesen sind und deren Feldherren bewundern. Hierzu gehört zum Beispiel Rommel, der von Angehörigen des britischen Heeres in den Himmel gehoben wird. Es sind für die Deutschen beinahe peinliche Momente, die darin begründet sind, dass die Bewertungen der militärischen Leistungen im Zweiten Weltkrieg in Deutschland immer hinter der Diskussion zurücktreten, wie sich das Verhältnis des betreffenden Generals zum Faschismus gestaltete. Als Teilnehmer an der britischen Generalsstabsausbildung habe ich mich selbst erstmals intensiv mit den Operationen der Wehrmacht im Zweiten Weltkrieg beschäftigt. Es ist irritierend, dass ein Studium an einer ausländischen Akademie zur Beschäftigung mit der eigenen Geschichte zwingt, die an der eigenen Akademie kaum gelehrt wurde. Ein als Anerkennung gemeinter Satz eines britischen Generals beschrieb die Situation in den späten achtziger Jahren treffend: Sie, die Briten, wüssten ja, dass die Deutschen kämpfen können. Sie dürften nur nicht, weil die Politiker sie nicht ließen. In der NATO wurde damals gerne ein Spruch zitiert: Die Nordatlantische Verteidigungsorganisation, die Allianz, würde aus drei Gründen bestehen, nämlich um die Amerikaner in Europa und die Russen draußen zu halten sowie die Deutschen unter Kontrolle. Der deutsche Faschismus, der verlorene Zweite Weltkrieg, der Terror, den deutsche Streitkräfte in anderen Ländern ausgeübt hatten, und die Vernichtung der Menschen jüdischen Glaubens wirken nicht nur in der täglichen Unterhaltung nach.

Noch im Jahr 1992 erklärten kanadische Offiziere, es sei unmöglich, deutsche Soldaten im Balkan für Friedensmissionen einzusetzen. Angesichts der Grausamkeiten, die die Wehrmacht dort begangen hatte, würden deutsche Soldaten den Krieg in Kroatien anheizen. Auch wenn sich drei Jahre später, als deutsche Soldaten auf dem Balkan in den Einsatz gingen, diese Voraussage als völlig falsch erwies, so war es nicht verwunderlich, wenn manchmal Gespräche mit älteren Bewohnern kaum möglich waren. Deren Eltern waren von deutschen Soldaten umgebracht oder auch ihnen selbst war Gewalt zugefügt worden. In diesen Situationen ist es kaum hilfreich, sich der Worte des ehemaligen Kanzlers Kohl zu erinnern, der die Gnade der späten Geburt ins Feld führte, um persönliche Verantwortung abzulehnen. Geschichte wird in diesen Momenten plötzlich sehr persönlich und es ist angebracht, sein Beileid auszusprechen.

Die oben beschriebene Ambiguitätstoleranz wird als wesentliche individuelle Kompetenz im interkulturellen Umfeld gefordert. Bereits in der NATO ist sie notwendig. In einem Vortrag vor internationalem militärischem Publikum trug ein Oberst der US- amerikanischen Streitkräfte vor, die Täuschung, die Lüge sei in den Einsätzen selbstverständlich notwendig. Dies beträfe auch die Nationen, mit denen man eine Koalition für den Einsatz eingegangen sei. Die Anwesenden könnten aber beruhigt sein: Dieses Mittel würden die US-Streitkräfte so geschickt anwenden, dass jene es nicht bemerken würden. Nach den Worten herrschte Stille im Konferenzsaal. Später distanzierten sich andere US-amerikanische Teilnehmer von den Äußerungen, ohne die Tatsache als solche abzustreiten.

Auf einer Fahrt durch Afghanistan erblickte der mitfahrende Stabsoffizier der US-Luftwaffe ein Tal, in dem die Bauern die Felder bestellt hatten und das in der Morgensonne silbern leuchtete. Er schien gebannt vom Anblick und äußerte Augenblicke später, er könne nicht glauben, was er sehe. Vor Jahren hätten sie dieses Tal mit B-52-Bombern umgepflügt und die Einwohner in die Steinzeit zurückgebombt. Genauso erstaunt vernimmt man die Begrüßungsworte eines Kommandeurs, der soeben sein Kommando übernommen hatte. Nach dem Gruß an die Anwesenden erklärte er, sich auf sein Kommando zu freuen. Er sei zwar erst seit ein paar Tagen im Amt, aber ein paar Bomben habe er schon »ge-dropped« [abgeworfen, d.Verf.].

Wie soll man mit Soldaten zusammenzuarbeiten, die Gründe anführen, weshalb die Fotos aus dem Gefängnis Abu Ghuraib notwendig waren, auf denen irakische Gefangene nackt, würdelos und menschenverachtend zu sehen waren, und die Foltermethoden wie Waterboarding als zulässige ansehen. Die Erklärung, Guantanamo müsse außerhalb der Vereinigten Staaten eingerichtet bleiben, weil die Behandlung der Gefangenen auf dem eigenen Gebiet gegen die Verfassung verstoße, kann man nur mit der Frage begegnen, warum die Ideale einer Nation verraten würden. Einige dieser Auffassungen beziehen sich auf extreme Verletzungen der Menschenrechte, andere zeigen, dass eine Supermacht ihren nationalen Interessen folgt und sie auch auf Kosten der Koalitionspartner durchsetzt. So waren zum Beispiel 2001 während des Bürgerkrieges im Norden Mazedoniens Fotos eines Autos mit Heidelberger Kennzeichen, das in den umkämpften Gebieten umherfuhr, in den Zeitungen abgebildet. Der Bericht schilderte, dass auf das Fahrzeug geschossen wurde, als es an einer Kontrolle der mazedonischen Streitkräfte nicht anhielt, und dass dabei ein Insasse verwundet wurde. Der Verwundete soll aufgeschrien und sich in perfektem amerikanischen Englisch geäußert haben. Die Frage stellt sich sofort, ob hier Soldaten des damals in Heidelberg stationierten Kommandos der US-Army die deutschen Kennzeichen nutzten, um ihre Identität zu verschleiern. Bei einem anderen Einsatz erschien ein Unteroffizier einer verbündeten Armee und bat um Wimpel der deutschen Flagge. Er wolle diese an seinem Jeep anbringen. Schließlich seien die Deutschen in diesem Einsatzgebiet hoch angesehen.

Ein Soldat der Fallschirmjäger hat unter Wahrung seiner Anonymität Auszüge seines Tagebuches der *Westdeutschen Allgemeinen* zur Verfügung gestellt. Darin schildert er die Berichte von Kameraden über eine Begegnung mit Spezialkräften der USA:

> »Aber diese Task Force Leute sind wirklich ein Killer-Kommando, eine echte Mörderbande, im wahrsten Sinne des Wortes. Die gehen los, um die Taliban umzubringen, da haben die auch keinen Hehl draus gemacht.«[141]

Am Wahrheitsgehalt der Aussage ist kaum zu zweifeln. Allerdings darf sie nicht als allgemeingültig angesehen werden. Ich habe selbst mit Spezialkräften verschiedener Nationen zusammengearbeitet und teilweise völlig andere Einstellungen erlebt. Nachdenklich macht aber eine Äußerung von Jeff McMahan, ein prominenter US-amerikanischer Moraltheologe, als er über

---

141 *WAZ*, 01.11.2010

die Frage des Tötens im Krieg referierte. In der anschließenden Diskussion beurteilte er die Einstellung der US-Streitkräfte zur Frage, ob ein Gegner gefangen genommen oder getötet werden solle. Unglücklicherweise würden die Amerikaner das Töten gegenüber der Gefangennahme bevorzugen.[142]

In der täglichen Zusammenarbeit weiß man um diese Einstellungen und um die unzähligen anderen, welche die geschilderten Vorgehensweisen verurteilen und offen Kritik an ihrer eigenen Nation üben.

Die Deutschen andererseits werden von ihren Partnern im Einsatz sehr unterschiedlich wahrgenommen. Von vielen werden sie wegen ihrer Professionalität geschätzt. Es wurden aber auch von internationaler Seite Stimmen laut, nie wieder mit Deutschen zusammen arbeiten zu wollen. Zu enttäuscht sei man von der Planung und Führung der Operationen. Alle Deutschen mussten sich sehr lange Kritik anhören, weshalb sie nicht offensiv gegen Aufständische vorgehen würden. Das Wort von den deutschen *»sunshine-soldiers«* war in aller Munde, die unbelastet vom Kampf und braun gebrannt wieder nach Hause zurückkehren würden. Dies änderte sich in Afghanistan mit den ersten größeren Gefechten, die von deutschen Soldaten geführt wurden und in denen einige von ihnen starben. Mit einer gewissen Schadenfreude wurde von manchem internationalen Kameraden registriert, dass auch die Deutschen kollaterale Schäden verursachen. Gerade sie, die bisher die durch andere Nationen verursachten Kollateralschäden und zivilen Opfer kopfschüttelnd kommentierten, töteten nun auch unbeteiligte Zivilisten.

Es gehört zu dem Widersinn im internationalen militärischen Umgang, dass die Anerkennung einer Armee an den erlittenen Verlusten gemessen wird. Diese Anerkennung ist aus dem Wissen gespeist, dass bei jeder Operation mit eigenen Gefallenen und Verwundeten zu rechnen ist. Eine uralte militärische Erkenntnis, die in jedem Kriegsfilm thematisiert, aber im öffentlichen Bewusstsein Deutschlands eher verdrängt wird. Wo immer möglich vermeiden Politiker, öffentlich darüber zu sprechen.

Trotz ihrer anerkannten Professionalität werden die Deutschen in den Bündnissen von den Bündnispartnern immer noch als Zauderer angesehen. Doch bei der Bevölkerung in den Einsatzgebieten genießen sie ein

---

142 McMahan, Killing in War, Diskussion im Seminar »Kann Töten gerecht sein?«, Institut für Theologie und Frieden, Bonn Mai 2011

vergleichsweise hohes Ansehen. Tomforde führt dies nicht nur auf die Ausbildung der interkulturellen Kompetenz zurück, die unverändert unzureichend ist. Sie benennt drei weitere Ursachen: Zunächst einmal herrsche eine gewisse Angst, Fehler zu begehen, die sich nachteilig auf die eigene Karriere auswirken können. Die Scheu, »etwas vor Ort falsch zu machen und dadurch Probleme in Deutschland zu bekommen« resultiere in einem sensiblen Auftreten.[143] Die historische Schuld Deutschlands als Verursacher des Zweiten Weltkrieges trage dazu bei, »nicht als Besatzer, sondern als ‚Helfer' aufzutreten«. Das Argument mag für die Operationen auf dem Balkan zutreffen, obwohl es vom Autor so nicht erlebt wurde. Für den Einsatz in Afghanistan trägt das Argument nicht. Es kann zugestimmt werden, dass die deutsche historische Schuld generell zu einem sensibleren Auftreten führen kann. Doch welcher 20, 30 oder 40 Jahre alter deutscher Soldat empfindet noch eine persönliche Schuld gegenüber der Geschichte? Das gute Ansehen der Deutschen im Einsatz ist eher in der Tatsache begründet, dass Deutschland niemals eine Kolonialmacht war. In der Wahrnehmung der Bevölkerung und der Entscheidungsträger werden den Deutschen daher im Gegensatz zu den ehemaligen Kolonialmächten und den USA als Weltmacht keine verdeckten politischen Interessen unterstellt. Nach Tomforde »erkennen die Soldaten durch einen guten, unterstützenden Kontakt zur einheimischen Bevölkerung einen Sinn auch in teilweise problematischen Einsätzen«[144]. Diese Sinngebung bezeichnete ich als den humanitären Reflex, den alle Soldaten verspüren, wenn sie erstmals mit dem Leid im jeweiligen Einsatzgebiet konfrontiert werden.

»Wir sind doch beide Arier!« – Zur Wahrnehmung der Deutschen

Noch in den achtziger Jahren waren Beteiligungen der Bundeswehr und der NVA an Friedensmissionen undenkbar. Die Vereinten Nationen bitten geteilte Staaten nicht um militärische Unterstützung. Mit der Vereinigung Deutschlands änderte sich dies. Deutsche Soldaten wurden im internatio-

---

[143] Tomforde, S. 275

[144] Ebd.

nalen Bereich immer wieder gefragt, wie sich die zukünftige europäische Mittelmacht verhalten würde. Diese Fragen waren gespeist aus der Erinnerung an den Ersten und Zweiten Weltkrieg und die manchmal undifferenzierte Übertragung des preußischen Militarismus auf die Bundeswehr. Doch sehr schnell wurde von der Bundeswehr verlangt, sich an internationalen Einsätzen zu beteiligen. So schlitterte eine Armee, die sich bisher auf die Verteidigung des Staatsgebietes konzentriert hatte, in die ersten Auslandseinsätze. Um Informationen über das künftige Einsatzgebiet in Somalia zu erhalten, wurden Buchhandlungen aufgesucht und Bibliotheken. Mit Erstaunen wurde festgestellt, dass im zukünftigen Einsatzgebiet der Bundeswehr, in Belet Huen, die Häuser überwiegend zweistöckig gebaut waren. Mohammed Farah Aidid, einer der führenden Persönlichkeiten in Somalia, wurde in Besprechungen des Ministeriums als Raufbold verlacht. Es wurde nicht zur Kenntnis genommen, dass er eine militärische Ausbildung in Italien und eine polizeiliche in der Sowjetunion erhalten hatte, Botschafter Somalias in Indien war und zum Sturz des Diktators Siad Barre maßgeblich beigetragen hatte, woraus er seinen Anspruch auf das Präsidentenamt Somalias ableitete. Als er mit seinen Streitkräften US-Marines angegriffen hatte, wurde er zum Kriegsverbrecher erklärt. Mit Genugtuung wurde dies in den Sitzungen im Ministerium kommentiert und sein baldiges Ende prophezeit. Doch in Wirklichkeit leiteten die USA mit der Erklärung Aidids zum Kriegsverbrecher das Scheitern des Einsatzes in Somalia ein. Das Beschriebene soll als Beispiel dienen, wie wenig damals Ereignisse unter dem Gesichtspunkt des Interkulturellen bewertet wurde. Ganz im Gegenteil war die Wahrnehmung der Ereignisse in Somalia überwiegend ethnozentristisch geprägt, verbunden mit einer tendenziellen kulturellen westlichen Arroganz.

Als ich mich 2001 auf meinen Einsatz im Kosovo vorbereiten wollte, fragte ich nach Literatur. Unter anderem wurde mir dringend empfohlen, das Buch »Die Brücke über die Drina« des Literaturnobelpreisträgers Ivo Andrić zu lesen. Es sei eines der besten Bücher, um die ethnischen Spannungen auf dem Balkan zu verstehen. In Pristhina versuchte ich einen albanischen Literaturprofessor für die Mitarbeit zu gewinnen, der an der dortigen Universität unter anderem die albanische Sprache und ihre vielfältigen Dialekte lehrte. Das Gespräch fand statt, weil die medialen Produkte aus dem Hauptquartier KFOR immer wieder wegen ihrer fehlerhaften

Grammatik und Wortwahl kritisiert wurden. Die Erwähnung, ich habe mich mit diesem Buch auf meine Aufgaben im Kosovo vorbereitet, brachte das Gespräch beinahe zum Erliegen. Der Serbe Ivo Andrić, so der Literaturprofessor, sei kein Freund der Kosovo-Albaner gewesen, so die höfliche Beschreibung eines nationalistischen Serben, der die Unterdrückung der Albaner auf seine Fahnen geschrieben hatte. Mittlerweile wird das Buch nicht mehr zum Lesen vor Kosovo-Einsätzen empfohlen. Im »Wegweiser zur Geschichte – Kosovo«[145], der im Auftrag des militärgeschichtlichen Forschungssamtes herausgegeben wurde, ist kein Hinweis mehr auf Andrić zu finden. Dafür werden mittlerweile über 70 wissenschaftliche und über 20 belletristische Bücher aufgeführt. Angesichts dieser Fülle wäre ein Hinweis hilfreich, welche Bücher zum vorbereitenden Studium empfohlen werden. Leider fehlt ein solcher.

Vor 14 Jahre stellte ich mir meine Lektüre selbst zusammen. Geholfen hat ein Standardwerk über die Geschichte der Albaner, der Serben und des Kosovo. Heute wäre das Buch von Oliver Jens Schmitt mit dem Titel »Kosovo: Kurze Geschichte einer zentralbalkanischen Landschaft« von 2008 zu empfehlen und wie damals schon das Buch von Matthias Rüb, einem Journalisten der *Frankfurter Allgemeinen Zeitung*: »Kosovo: Ursachen und Folgen eines Krieges in Europa« aus dem Jahr 1999. Ebenfalls sehr hilfreich war das Buch von Wolfgang Petritsch und einigen anderen Autoren, das unter dem Titel »Mythen, Daten, Fakten« veröffentlicht wurde. In diesem Werk wird vor allem die Verhandlungsführung der Serben und Kosovo-Albaner bei den Friedensverhandlungen in Rambouillet beschrieben. Aufschlussreich war auch das Buch von Richard C. Holbrook, Meine Mission von 1999, über seine Rolle bei der Aushandlung des »*Dayton Agreement*«. Erst im Einsatz wies der damalige landeskundliche Berater auf den »Kanun« des Lekë Dukagjini hin. Dukagjini war ein Mönch, der das mündlich überlieferte albanische Gewohnheitsrecht niedergeschrieben hatte. Der »Kanun« regelt das tägliche Leben, das Zusammenleben innerhalb der Familien und zwischen ihnen. Ihm wird auch heute noch von vielen Albanern Geltung vor staatlichen Gesetzen eingeräumt. Will man Entscheidungsprozesse in den albanischen Familien und zwischen ihnen verstehen, ist die Lektüre hilfreich.

---

145 Chiari, 2006

Lektürehinweis

Elsie, Robert (Hg.): *Das Kanun*, Dukagjini Publishing House, Peja 2001

Holbrook, Richard C.: *Meine Mission*, Piper Verlag, München 1999

Petritsch, Wolfgang (Hg.): Kosovo: Mythen, Daten, Fakten, Wieser Verlag, Klagenfurt 1999

Rüb, Mathias: Kosovo: Ursachen und Folgen eines Krieges in Europa, dtv, München 1999

Schmitt, Oliver Jens: Kosovo: Kurze Geschichte einer zentralbalkanischen Landschaft, UTB, Stuttgart 2008

Der Einsatz 2001 war für viele, die im Bereich der interkulturellen Kommunikation tätig waren, ein beständiges Lernen im Verlauf der Operation. Die Einschätzung des oben genannten Literaturprofessors bestätigte sich beim ersten Besuch eines serbisch-orthodoxen Klosters. Als Deutscher wurde man als Angehöriger einer Rasse begrüßt, die es ebenso wie die Serben gewohnt waren zu herrschen. Aus der gemeinsamen Religion und dem Anspruch auf Herrschaft folge eine natürliche Zusammenarbeit zwischen Deutschen und Serben, so hieß es. Und Übereinstimmung herrsche sicherlich auch in der Einschätzung, dass die Albaner zu kontrollieren und in ihre Schranken zu verweisen seien. Es war ein freundliches Gespräch im Klostergarten, unter Schatten spendenden Bäumen, neben einem kühlenden Bach. Schnaps wurde serviert und getrocknete Früchte. Nach dem zweiten Glas wurde augenzwinkernd darauf hingewiesen, dass es auch richtig gewesen sei, die Juden in Konzentrationslager zu stecken und zu vergasen. Selten sind mir Völkermord und Unterdrückung so freundlich präsentiert worden. Mein Versuch, die deutsche Geschichte differenzierter darzustellen, schlug fehl.

Ähnliche Äußerungen und Anspielungen waren allerdings auch bei Gesprächen mit Kosovo-Albanern zu erleben. In Prizren wurde man von älteren Einwohnern als Offizier erkannt und ehrerbietig gegrüßt. Der Oberkörper wurde gebeugt und die rechte Hand aufs Herz gelegt. Es waren damals vor allem die ehemaligen Angehörigen der SS-Division Skanderbeg gewesen, die 1944 im Kosovo aufgestellt und nach dem albanischen Nationalhelden benannt wurde. Ein norwegischer Freund kommentierte den Einsatz der Bundeswehr im Kosovo als geschickten Schachzug. Dorthin gegangen zu sein, wo früher eine SS-Division ausgehoben worden sei, ließe auf eine freundliche Aufnahme hoffen. Nach meiner Kenntnis war die Historie jedoch nicht ursächlich für die Auswahl des Einsatzgebietes ausschlaggebend, aber man wurde mit ihr konfrontiert. Die Aussagen der Kosovo-Albaner glichen sinngemäß denen, die ich zuvor im Kloster vernommen hatte. Vom Beherrschen über die Vernichtung der Juden bis hin zur Behauptung, Hitler hätte sich weder selbst umgebracht noch sei er verbrannt worden. Manchmal wurde dies mit dem Hinweis ergänzt, wie dankbar man auch heute noch den Deutschen sei. Mit dem Geld der in Deutschland aufgenommenen Kosovo-Albaner sei es überhaupt erst möglich gewesen, unter der Fremdherrschaft der Serben zu überleben. Zumindest stieß hier die geschichtliche Aufarbeitung auf offenere Ohren. Irritierend war jedoch, dass vor dem Einsatz kein bundeswehreigenes Dokument zur Kenntnis gelangt war, in dem dieses geschichtliche Verständnis thematisiert worden wäre. Und auch im »Wegweiser zur Geschichte des Kosovo« wird diese Division in nur zwei Sätzen erwähnt.[146]

5000 Kilometer weiter im Osten begegnet man in Afghanistan ähnlichen Auffassungen. Von den Paschtunen wird man als »Arier« willkommen geheißen. Gebildete Afghanen erklären sich nämlich zu deren Nachfahren, die vor Jahrtausenden in dem sagenumwobenen Reich Ariana lebten. Sie sehen sich als Arier dazu bestimmt, als »Edle« über Afghanistan zu herrschen. Verschiedene paschtunische Stämme herrschten über die Jahrhunderte hinweg in dem Gebiet des heutigen Afghanistan und darüber hinaus. Die Bedeutung des »Arischen« ist hier jedoch scharf zu trennen von der nationalsozialistisch geprägten Vorstellung vom blonden, blauäugigen Arier und der damit verbundenen Rassenlehre. Dennoch kann ich mich nicht vollständig folgender Interpretation anschließen:

---

146 Chiari, 2006, S. 192

»Afghanische Gesprächspartner hingegen verwenden den Begriff ‚Arier' meist einfach, um damit die Verbundenheit von Deutschen und Afghanen als Teil einer gemeinsamen Kultur zum Ausdruck zu bringen.«[147]

Der persische Dichter Ferdausi schrieb um die Jahrtausendwende das nationale Epos »Schähnäme« (»Buch der Könige«). Die darin enthaltene Heldengeschichte über das Leben und Wirken von Rustam, dessen Haupt in die Wolken ragte, ist jedem gebildeten Afghanen gegenwärtig. Die Bedeutung des Epos ist mit den Sagen um Herakles, dem Nibelungenlied und dem Hildebrandtslied vergleichbar. Ein Gespräch über die afghanischen Vorstellungen vom Arischen kann unter Verweis auf dieses Epos sehr tiefgründig werden. Die Übersetzung von Jürgen Ehlers wird als Lektüre empfohlen. Die Übersetzung in Gedichtform von Friedrich Rüttgers zu lesen wird dem empfohlen, der epische Gedichte liebt.

Die Kulturen beider Völker sind viel zu unterschiedlich, um von Gemeinsamkeiten zu sprechen. Als Gemeinsamkeit, die der Verwendung des Begriffs Arier zugrunde liegt, wird jedoch der Anspruch zu herrschen empfunden. Fast jedes Gespräch über die deutsche Geschichte und die Verbrechen Deutschlands in der Zeit des Nationalsozialismus berührte die versuchte Vernichtung von Menschen jüdischen Glaubens. Auch hier traf ich immer auf eine mehr als nur verhalten geäußerte Zustimmung zu Konzentrationslagern und Krematorien. Gebildete Afghanen wussten sehr wohl um die von Deutschland empfundene Schuld und das sensible deutsch-israelische Verhältnis. Ihre positive Bewertung der Judenverfolgung im Dritten Reich behielten sie dennoch bei. Exemplarisch mag das in der Äußerung eines afghanischen journalistischen Mitarbeiters zum Ausdruck kommen. Er habe gelernt, dass die Deutschen den Begriff Arier nicht mehr benutzen dürften, und hielt dennoch an seiner Überzeugung fest, sie seien es doch.

Die Eindrücke aus den geschilderten Erlebnisse wurden in Gesprächen mit anderen Soldaten, die mit der Bevölkerung in den Einsatzgebieten kommu-

[147] Chiari, 2007, S. 16

niziert haben, bestätigt – allerdings nicht in jedem Fall mit der beschriebenen Schärfe. Ein Grund hierfür kann in der Scheu zu suchen sein, das zu kommunizieren, was in Deutschland tabuisiert ist oder als ungeheuerliche Schuld überliefert ist. Beim Eintauchen in eine fremde Kultur ist aber das Bewusstsein um die eigene Geschichte und deren Wahrnehmung in einer anderen Kultur unendlich wichtig, um authentisch zu bleiben. Authentizität wiederum bildet das notwendige Vertrauen zwischen Angehörigen fremder Kulturen. Ins militärische übertragen wird damit die Chance erhöht, von der Bevölkerung und deren Autoritäten akzeptiert zu werden. Das oftmals beschworene Ziel, »Herzen und Verstand« zu gewinnen, so die Übersetzung des englischen »*winning the hearts and minds*«, kann damit leichter erreicht werden. Unabhängig von dieser Zielsetzung erlaubt der Blick auf die eigene deutsche Geschichte, Zuversicht in die Zukunft einer vom Krieg heimgesuchten Region zu vermitteln. Wurde ich in den Gesprächen mit der Auffassung konfrontiert, die Deutschen müssten noch mindestens 100 Jahre bleiben, um den friedlichen Weg in die Zukunft zu begleiten, verwies ich auf die deutsche Geschichte: Mit dem Ausbruch des Zweiten Weltkrieges brachte Deutschland Leid über Europa und Millionen starben. Doch die über 100-jährige Erbfeindschaft mit Frankreich wurde bereits fünf Jahre nach dem verheerenden Zweiten Weltkrieg aufgegeben. Die Aussöhnung zwischen Deutschland und Frankreich wurde schließlich zum Motor der europäischen Integration.

Weshalb der Verweis auf die Wahrnehmung deutscher Geschichte, die im kollektiven Gedächtnis anderer Kulturen präsent ist, nicht in den Publikationen der Bundeswehr über die Einsatzgebiete thematisiert wird, bleibt unverändert unbegreiflich. Es mag der Schere im Kopf, der innenpolitischen Tabuisierung bestimmter Themen oder schlicht der Angst geschuldet zu sein, öffentliche Aufmerksamkeit zu erregen. Welche Gründe auch immer angeführt werden: Das Verschweigen erscheint in höchstem Maße unprofessionell.

Müssen Kirchen und Klöster brennen?

In Pristhina wurde 1995 mit dem Bau der serbisch-orthodoxen Christus-die-Retter-Kathedrale begonnen. Wegen des Kosovo-Krieges endete das Vorhaben im Rohbau. Von albanischen Intellektuellen im Kosovo wurde sie als Symbol der Unterdrückung durch das Milošević-Regime bezeichnet, das widerrechtlich auf dem Gelände der kosovarischen Universität errichtet wurde. 2001 stand der Rohbau unverändert in Sichtweise der philosophischen Fakultäten, von denen oftmals Demonstrationen ausgingen, die manchmal zum Ziel hatten, die von Serben bewohnten Gebäude niederzubrennen. Das britische Kontingent war unter anderem für den Schutz der serbischen Bevölkerung in Pristhina verantwortlich. Um ihn zu gewährleisten, mieteten sie sich in Wohnungen im Erdgeschoss ein. Damit trugen die Soldaten zwar ein größeres Risiko, Ziele von Anschlägen zu werden, aber der Schutzauftrag konnte erfüllt werden. Auch die Kathedrale wurde nicht zerstört, denn im Inneren lebten britische Soldaten in einem Zelt, abgestellt zum Schutz. Im Vorraum standen die Trimm-Dich-Geräte – ein ungewohnter Anblick.

In Prizren brannten nach der Ankunft der deutschen Soldaten, die von den Kosovo-Albanern frenetisch als Befreier gefeiert wurden, jede Nacht die Häuser der Serben und Kirchen. Ein norwegischer Freund kommentierte die deutsche Vorgehensweise wie folgt. Man habe sich in die Lager zurück gezogen und die Albaner das Werk vollbringen lassen. Zum Löschen sei man natürlich zu Hilfe gekommen. Damit habe man das Übergreifen des Feuers auf angrenzende albanische Häuser vermieden. Ist die Frage in der Überschrift damit beantwortet, warum die deutschen Soldaten sich abends in die Lager zurückzogen und sich auf nächtliche Patrouillen beschränkten? Sicherlich nicht. Im gesamten Kosovo konnten bei einem Hubschrauberflug abgebrannte Häuser inmitten von Dörfern und Städten beobachtet werden – Häuser, die zwei Jahre zuvor noch bewohnt gewesen waren. Die gewalttätige Reaktion der kosovo-albanischen Bevölkerung, die Jahre zuvor noch der Vertreibung und dem Genozid ausgesetzt war, ist nach deren Rückkehr in ihre zerstörten Dörfer und Häuser vorhersehbar. Zu verhindern war das Brandschatzen 2001 nicht. Vielleicht hätte man es einschränken können, wenn eine der britischen Vorgehensweise vergleichbare Taktik angewendet worden wäre. Wieso aber konnten die Märzunruhen im Jahr 2004, nach drei Jahren Präsenz von KFOR-Truppen, für viele so überraschend ausbrechen?

Eine Woche vor Ausbruch der Unruhen stand ich in einer Gruppe von Stabsoffizieren, die ihre Truppen im Kosovo besuchten. Während diesen sogenannten Kommandeursreisen wird unter anderem ein umfassender Einblick in die Aufgaben vor Ort vermittelt. In der Muttergotteskathedrale erklärte der für die Sicherheit dieser Anlage verantwortliche Offizier die Architektur der Kirche, ihre Fresken und die aufgehängten Ikonen bis in einzelne Details, was auf eine lange Beschäftigung mit der Historie des Bauwerk und dabei erworbene profunde Kenntnisse schließen ließ. Zuvor war die Gruppe von einem über der Stadt gelegenen Aussichtspunkt eingewiesen worden. Auch hier wurden überwiegend Kenntnisse über christliche Bauwerke und die serbische Kultur vorgetragen. Auf die Frage an den Offizier, ob er auch die Moschee der tanzenden Derwische und deren Oberhaupt besucht hätte, sowie die Sinan-Pascha-Moschee und dort einem Freitagsgebet beigewohnt habe, schüttelte er den Kopf.

Es blieb leider nicht die Zeit, im konkreten Fall darüber zu sprechen, ob eine in christlichen Werten gründende Religiosität den Zugang zu anderen Religionen und deren Gebetsstätten erschwerte. Es mag für einen Christen eine natürliche Scheu bestehen, die Moschee zu betreten, doch der Auftrag an die Soldaten gebietet gerade dies. Die Gleichbehandlung der in einem Einsatzgebiet vertretenen Ethnien ist ein Grundsatz bei den Operationen in den Einsätzen. Im Austausch mit Imanen und Vorsitzenden muslimischer Vereinigungen kann man sicherlich auch ein Gespür für bevorstehende Gewaltausbrüche entwickeln, weil ihnen die Gefühlswelt der kosovo-albanischen Bevölkerung bekannt sein dürfte. Die sogenannte »*Indicator List*«, die bereits 2001 im Hauptquartier der KFOR entwickelt wurde, besteht unter anderem aus den Ergebnissen dieser Gespräche. Mit allen Gespräche zu führen und kommunikative Netzwerke aufzubauen ist daher ein Gebot in diesen Einsätzen. Dazu zählt natürlich auch die Bevölkerung, die auf dem Weg zu einem friedlichen Miteinander der immer noch verfeindeten Ethnien unterstützt werden soll. Stattdessen war es bereits im Jahr 2001 den deutschen Soldaten verboten, die Gaststätten in Prizren zu betreten und dort zu essen. Welch ein Unterschied zur Befehlslage der Franzosen in Mitrovica, die natürlich ausgingen und die örtlichen Restaurants aufsuchten.

Zum Zeitpunkt der Kommandeurreise herrschte ein kommunikativer Stillstand zwischen dem deutschen Kontingent und den Serben in Prizren. Die Situation war wegen einer Propagandaaktion der Serben entstanden, die Gespräche mit dem Kontingent in der Öffentlichkeit falsch wiedergegeben hatten. Als Reaktion darauf waren die Gespräche und Kontakte eine Zeitlang eingefroren worden – in der damaligen angespannten Situation war dies sicherlich die zweitbeste Lösung und trug auch dazu bei, von den Unruhen in der folgenden Woche überrascht zu werden.

In diesem Zusammenhang stellt sich eine weitere Frage: Im »Wegweiser zur Geschichte des Kosovo« wird von Chiari der Zerstörung des Erzengelklosters im Bistrica Tal bei Prizren weltweite Beachtung zugeschrieben.

> »Die dort unter Führung eines Hauptfeldwebels eingesetzten deutschen Kräfte konnten das Leben der bedrohten serbischen Mönche retten, die Vernichtung auch der historisch bedeutsamen Klosteranlage durch einen Mob von mehr als 500 Personen jedoch nicht verhindern.«[148]

In diesem Zusammenhang ist ein Blick in die Geschichte erhellend. Diese Klosteranlage wurde 1455 zerstört und in der Folgezeit als Steinbruch benutzt. 543 Jahre später erwachte das Kloster wieder zum Leben, weil der Patriarch in Belgrad sieben Mönche in die Ruine entsandte. Das war 1998, als die Vertreibung der Kosovo-Albaner aus dem Kosovo durch Milosevic bereits in Gang gesetzt worden war. Die Ankunft der Mönche wurde verständlicherweise seitens der Kosovaren als Versuch der serbischen Regierung betrachtet, den Kosovo auch religiös zu okkupieren. Aus der Sicht der Kosovaren wurde deshalb die Sicherung dieser Ruine als einseitige Parteinahme Deutschlands zugunsten der Serben betrachtet. Die Serbisch-Orthodoxe Kirche andererseits hatte es verstanden, KFOR für ihre Zwecke zu instrumentalisieren.

Die Märzunruhen führten schließlich zur fast vollständigen Zerstörung der Muttergotteskathedrale und des Erzengelklosters. Die Ereignisse lösten eine intensive Diskussion in der Bundeswehr über das Verhalten der Sol-

---

148 Chiari, 2006, S. 101

daten aus. Die erwähnte Entscheidung des Hauptfeldwebels ist sicherlich richtig gewesen. In der Öffentlichkeit und von höchster Stelle ist er dafür gelobt worden. Noch unter dem Eindruck der Ereignisse wurde in Diskussionen mit Bundestagsabgeordneten den anwesenden höheren Offizieren gegenüber geäußert, dass dankenswerterweise niemand zu Schaden gekommen sei. Weshalb aber Soldaten zum Schutz entsenden, die ihre Waffen nicht einsetzen sollen, obwohl dies beim Sturm auf das Kloster möglich gewesen sei, wurde entgegnet. Der Auftrag sei also nicht erfüllt worden, war die Folgerung der anwesenden Militärs. Diese Feststellung ließ Bundestagsabgeordnete verstummen. Die Konsequenz des Einsatzes von Soldaten war offensichtlich nicht zu Ende gedacht worden. Das Kloster wurde nach den Unruhen mit Mitteln von KFOR wieder aufgebaut.

Eine zentrale Schlussfolgerung aus den Märzunruhen war, die Einsatzkräfte für sogenannte *key indicators* zu sensibilisieren, um frühzeitig krisenhafte Entwicklungen erkennen zu können. Chiari fährt in seiner Bewertung dazu weiter fort:

> »Dabei sind sowohl Erfahrung als auch Glück notwendig. Die exakte Bestimmung von Eskalationspunkten wird auch zukünftig oft nur aus der bequemen und sicheren Rückschau möglich sein.«[149]

Die Schlussfolgerung ist zu hinterfragen. Sie wird sicherlich in einigen Fällen richtig sein. Wenn aber in einer Krise die Kommunikation eingefroren wird, weil die Akteure sich nicht wohlverhalten, wird man beinahe zwangsläufig von Gewaltausbrüchen überrascht. Ambiguitätstoleranz wird als Merkmal der kulturellen Kompetenz beschrieben. Die Gleichbehandlung aller am Konflikt Beteiligten ist also wesentlicher Teil des Auftrages der KFOR-Kräfte gewesen. Der Eindruck, beides sei im Vorfeld nicht vollständig umgesetzt worden, ist kaum von der Hand zu weisen.

---

[149] Chiari, 2006, S. 109

Der Befehl des Oberst Klein

Am 4. September 2010 fuhren morgens zwei Angehörige der Operativen Information zu ihrer Dienststelle. Beide waren bereits mehrmals in Afghanistan gewesen. Als in den Frühnachrichten des *Deutschlandfunks* von der Bombardierung der Tanklaster berichtet wurde, die auf einer Sandbank des Kunduz-Flusses festgefahren waren, schauten sie sich erstaunt an. Die Meldung, Zivilpersonen seien nicht zu Schaden gekommen, glaubten sie nicht. Seit Stunden steckten die Tanklaster im Sand in der Nähe von Dörfern. Also waren sicherlich Kinder und Erwachsene vor Ort, die keine Taliban waren. Wer den Unsinn in die Welt setzte, es seien keine Zivilisten getroffen, hatte keinerlei Kenntnis von der Lebenswirklichkeit in Afghanistan. Auch ahnten sie, dass sich diese Meldung zu einem Desaster entwickeln würde. An der Dienststelle angekommen wurden sie von einem Offizier angesprochen, der ebenfalls mit ungläubigem Staunen die Nachrichten vernommen hatte. Auch er war wiederholt in Afghanistan gewesen und hatte dort mit der Bevölkerung zusammengearbeitet. Selbst jeder Einbeinige würde doch auf Krücken dorthin humpeln, um Benzin zu bekommen, so sein Kommentar. Die beiden anderen bestätigten diese Einschätzung.

Die Nachricht des *Deutschlandfunks* bezog sich auf eine Pressemitteilung der Bundeswehr, die um 06:42 veröffentlicht wurde:

> »Erfolgreicher Einsatz gegen Aufständische im Raum Kunduz
> Berlin/Kunduz, 04.09.2009, Stand 06:00 Uhr.
> In der Nacht zum Freitag den 04.09.2009 wurden durch Aufständische an einem vorgetäuschten Checkpoint, ungefähr 7 km süd-westlich vom Provincial Reconstruction Team (PRT) Kunduz, gegen 01:50 Ortszeit zwei beladene Tanklastzüge gekapert, um den Treibstoff für eigene Zwecke in den Distrikt Char Darah zu verbringen.
>
> Dabei wurden sie aufgeklärt und um 02:30 Uhr Ortszeit erfolgreich bekämpft. 56 Aufständische wurden getötet, Zivilpersonen kamen nicht zu Schaden. Deutsche Kräfte verzeichneten keine Schäden.«[150]

150 Quelle: dipbt.bundestag.de/dip21/btd/17/CD07400/.../Dokument%20100.pdf, 16.03.2015

Mit der Meldung begann die Aufarbeitung der Operation, in deren Verlauf der damalige Kommandeur des Feldlagers in Kunduz, Oberst Georg Klein, die Bombardierung zweier Tanklastwagen befohlen hatte. Der Einsatzbefehl war aus juristischer Sicht nicht zu beanstanden. Die Bundesanwaltschaft hatte das im Anschluss aufgenommene Ermittlungsverfahren eingestellt, weil der Befehl weder gegen das international humanitäre Völkerrecht noch gegen deutsches Recht verstieß. Im Bericht des Generalbundesanwaltes wird an verschiedenen Stellen dargestellt, hinter dem Befehl des Oberst Klein stehe die Absicht, Taliban und insbesondere deren örtliche Führer zu töten. Die Tötung von Zivilpersonen, die sich in der Nähe eines legitimen Zieles befinden, ist völkerrechtlich zulässig. Auch auf die Warnung kann verzichtet werden, wenn dadurch das legitime Ziel nicht mehr bekämpft werden kann. Damit trägt das humanitäre Völkerrecht der militärischen Notwendigkeit eines Überraschungsangriffes Rechnung, denn

> »… eine Warnung [hätte, d. Verf.] das legitime militärische Ziel der Tötung von Taliban […] vereiteln können«[151], so die Ansicht des Generalbundesanwaltes in seiner Verlautbarung vom 16. April 2010.

Glaubt man dem *Spiegel*, dann dachte der damalige Generalsinspekteur der Bundeswehr, als er über den Befehl zum Bombenabwurf unterrichtet wurde:

> »Jetzt haben wir unsere Unschuld verloren.«[152]

Insofern war dies ein Novum in der Operationsführung im PRT Kunduz. Für die Öffentlichkeit erstmalig sichtbar griff ein Kommandeur der Bundeswehr Gegner mit der Absicht an, sie zu töten. Am Morgen des 4. September 2009 empfanden wahrscheinlich viele Angehörige im PRT Genugtuung. Endlich waren Bomben auf die gefallen, deren Angriffen sie selbst immer wieder ausgesetzt waren. Die Stimmung wandelte sich aber. Sie schwankte im Feldlager Kunduz zwischen Frustration und Aggression, so beschreibt der vor Ort anwesende Militärpfarrer die Tage nach dem Angriff:

---

151 Generalbundesanwalt, 2010, S. 67
152 *Der Spiegel*, 5/2009, S. 46

»die afghanischen Vertreter, der Gouverneur, der Distriktmanager, die Dorfältesten – alle klopfen ihnen verbal auf die Schulter für die aus ihrer Sicht richtige Aktion. Ein Zug der Schutzkompanie wurde sogar in einem Dorf mit Kleingeld überschüttet, wie bei einer Konfettiparade. Und gleichzeitig auf der anderen Seite prügelt verbal alle Welt hauptsächlich außerhalb Afghanistan, die ISAF-Führung, [...] die internationale und die deutsche Presse [...] auf die Truppe und ihre Führung ein – das ist doch schizophren.«[153]

Dieser schizophrenen Situation bleibt jedermann in Afghanistan ausgesetzt, der militärische Gewalt einsetzt. Auch von ehemaligen afghanischen Mudschahedin, die gegen die sowjetische Armee und später gegen die Taliban kämpften, werden die Deutschen gelobt. Sie würden gezielt auf Angriffe reagieren und die Bevölkerung schonen. Die Aussage steht im völligen Widerspruch zu den Vergleichen, die von Führern afghanischer Sicherheitskräfte angestellt werden, wenn sie das zögerliche Vorgehen der Deutschen kritisieren: Die Sowjets seien zwar furchtbar gewesen, aber sie hätten wenigsten Napalm eingesetzt. Das könne die Bundeswehr gegen die Taliban auch anwenden. Bei einem Glas gesüßten grünen afghanischen Tees, zu dem getrocknete Maulbeeren und Weintrauben gereicht werden, wird man freundlich zu dieser Operationsführung eingeladen.

In den Dörfern erlebte ein Stabsfeldwebel, der am Tag nach dem Angriff mit einem Dorfältesten sprach, eben jene Schizophrenie, legt man deutsche kulturelle Maßstäbe an. Die Taliban hätten Bewohner aus dem Dorf zur Arbeit an der Sandbank gezwungen, daher seien auch 14 Menschen aus dem Dorf bei dem Angriff der Deutschen umgekommen. Trotz dieser Toten »sei insgesamt eine große Freude über den Tod der Aufständischen gezeigt worden«[154].

Die Freude über den Tod der Taliban, obwohl Freunde oder vielleicht Verwandte bei dem Angriff ums Leben gekommen sind, kann vermutlich nur der nachvollziehen, der die Folgen des Taliban-Terrors erlebt hat.

Eine intensive Diskussion über den Ablauf der Operation, die juristische, moralische und ethische Bewertung habe ich in der Bundeswehr nicht erlebt. Nach meiner Kenntnis war eine Auseinandersetzung über die Dimensionen

153 Göllner, 2009, S. 59
154 Deutscher Bundestag, Drucksache 7/7400, S. 72

dieser ersten großen verlustreichen Operation sogar am Zentrum Innere Führung nicht erwünscht. Dabei ist die Frage für zukünftiges Führungspersonal entscheidend, welche persönlichen Konsequenzen sie zu erleiden hätten, wären sie der Befehlsgeber gewesen. Ob sie denselben Rückhalt innerhalb der militärischen Hierarchie genießen werden? Denn eine Verurteilung von Oberst Klein hätte jeden zukünftigen Kommandeur zögern lassen oder davon abgehalten, militärische Gewalt anzuwenden. Neben den militärischen Aspekten der Operation wird sich jeder zukünftige Kommandeur daneben die Frage stellen, ob er seiner Familie zumuten will, was die Familie Klein erlitten hat.

Aus dem Blickwinkel der kulturellen Kompetenz bleibt zu fragen, weshalb bei offensichtlich allen Beteiligten davon ausgegangen wurde, dass keine Zivilpersonen oder Kinder bei den Tanklastern gewesen sein sollen. In der Einstellungsverfügung des Generalbundesanwaltes wird die Auffassung von Oberst Klein wiedergegeben:

Angesichts des Umstandes, »dass Ramadan war und Zivilisten während des Fastenmonats nachts erfahrungsgemäß ihre Häuser nicht verlassen, hielt er [Oberst Klein, d. Verf.] es für ausgeschlossen, dass sich andere Personen als Taliban vor Ort aufhielten.«[155]

Fünf Anmerkungen zu dieser Aussage sollen sie erschüttern.

Selbst wenn man unmittelbare Einsicht auf die Menschen an der Sandbank gehabt hätte, könnte man nicht zwischen Taliban und Zivilisten unterscheiden. Sie tragen die gleiche Kleidung und manche Waffen sind darunter versteckt.

Wenn Taliban mit eigenen Mitteln ihre Ziele nicht erreichen können, zwingen sie Zivilisten aus den umliegenden Dörfern oder Gehöften zur Mitarbeit. Ein die Weltöffentlichkeit erschütterndes Beispiel hierfür war die Sprengung der Buddha-Statuen in Bamian. Die Taliban zwangen die örtliche Bevölkerung, die Sprengung vorzubereiten. Tagelang hatten sie an den einzigartigen Statuen gearbeitet, bis sie von den Taliban gesprengt wurden. Und auch die in der Sandbank festgefahrenen Lkws konnten nur mit Hilfe der örtlichen Bevölkerung geborgen werden. Also waren Zivilisten vor Ort, die gezwungen wurden, mit Traktoren die festgefahrenen LKW aus dem Sand zu ziehen.

---

155 Generalbundesanwalt, 2010, S. 26

Aus den Untersuchungsberichten geht hervor, dass Taliban aus den umliegenden Dörfern um Hilfe gerufen hatten. Manche Taliban sind auch Familienväter. Die Chance, dass deren Kinder aus Neugierde die Väter begleiten, ist sehr groß.

Während des Ramadan laden sich Familien nach Einbruch der Dunkelheit zum sogenannten Fastenbrechen ein. An solchen Essen durfte ich mehrmals teilnehmen. Nach dem Essen geht man – in der Nacht – nach Hause. Frühmorgens steht man wieder auf, um vor der Morgendämmerung nochmals zu essen. Zu glauben, während des Ramadan sei niemand auf den Straßen der Dörfer unterwegs, steht im Widerspruch zur afghanischen Wirklichkeit, wie ich sie erlebt habe.

Die Armut in den Dörfern ist unverändert dramatisch. Wenn die Bevölkerung sieht oder erfährt, das Traktoren zu einer Sandbank fahren und Benzinkanister dorthin gebracht werden, laufen Kinder und Erwachsene mit Gefäßen dorthin, um Benzin zu ergattern. Die Familie braucht es für das tägliche Leben, auch für das Kochen.

All dies sollte jemandem im zehnten Jahr des Afghanistanengagements bekannt sein und in seine Entscheidungsfindung einfließen. Hätte man den Tod von Zivilisten vermeiden wollen, hätte man den Befehl zum Bombenabwurf nicht erteilen dürfen. Der Generalbundesanwalt stellt dazu fest:

> »Der Umstand, dass entgegen der Erwartung von Oberst Klein tatsächlich doch Zivilisten vor Ort waren, wird in vergleichbaren zukünftigen Situationen von militärischen Befehlshabern bei ihrer Lageeinschätzung zu berücksichtigen sein.«[156]

Man schaut zweimal auf diesen Satz und vermag nicht nachzuvollziehen, dass Selbstverständliches nochmals als Resümee der besonderen Erwähnung bedarf.

---

156 Ebd., S. 35

Indianer, Nazgul, Klingonen – Von der Wortwahl im Einsatz und ihren Auswirkungen

Wie ein Kind in eine fremde Kultur eintauchen und mit offenen Augen staunend lernen – diese Art des unvoreingenommenen Betrachtens und Erfahrens öffnet die Tür zu fremden Kulturen. Verbunden mit dem Bewusstsein, alles Gesehene wird erklärlich und vernünftig sein, lediglich vom Betrachter noch nicht verstanden. Eine Interpretation des Gesehenen sollte vermieden, sondern die Einheimischen gefragt werden. Sie freuen sich über die Neugierde des Fremden und erklären ihre Gebräuche mit strahlendem Lächeln oder auch sehr ernsthaft. Oft bleibt es nicht bei Erklärungen, da die Einheimischen zu fragen beginnen. Die eigene Kultur erläutern zu können ist oftmals der Beginn eines Gespräches und öffnet die Tür zu gegenseitigem Vertrauen. Hierzu kann man die für die Bundeswehr gültige Definition nochmals in Erinnerung rufen:

> »Interkulturelle Kompetenz umfasst die individuelle Fähigkeit [...] sich [...] mit anderen Kulturen [...] und deren Besonderheiten angemessen auseinanderzusetzen [...] sowie Verständnis und Sensibilität für fremde Werte, Ansichten und Handlungsweisen zu entwickeln.«

Die Strategie zur Bekämpfung von Aufständischen setzt wesentlich darauf, die Unterstützung der Bevölkerung zu gewinnen. Darauf müssten die Operationen abzielen. Diese Strategie, auch *counter insurgency* genannt, setzt die in der obigen Definition geforderte individuelle Fähigkeit voraus. Diese Fähigkeiten wurden den deutschen Soldaten auch attestiert. Aber mit dem Beginn der offensiven Operationen wandelte sich die Sprache in manchen Bereichen. Die Schlagzeilen in den deutschen Medien berichten seit 2010 vom »Krieg im Indianerland«. Im Krieg geben die Soldaten dem Feind nämlich Spitznamen, um ihn zu entpersonalisieren, um ihn nicht mehr als Subjekt wahrzunehmen, sondern als Objekt. Ist dies jedoch in Afghanistan bei einer Strategie angemessen, die auf die Unterstützung durch die Bevölkerung abzielt? Will man die Unterstützung der Bevölkerung erreichen, die wie oben ausgeführt sich selbst als Arier versteht, sollte man sie nicht als Indianer bezeichnen. Mit dem verstärkten Engagement der US-Streitkräfte im Einsatzgebiet der Bundeswehr gehörten die herablassend gemeinten Bezeichnungen »Indianer« und »Indianerland« bald zum allgemeinen Sprachgebrauch. In der US-Armee wird in Einsätzen übrigens immer von »Cowboys and Indians« gesprochen, gleich in welcher Region sie eingesetzt ist. Die Deutschen haben zumindest in Afghanistan die Begrifflichkeit der US-Amerikaner übernommen. Angesichts des 2010 stark gesunkenen Ansehens der US-Streitkräfte in Afghanistan hätte dem aus Sicht des Autors gegengesteuert werden müssen. Doch die Begrifflichkeit wurde über die Medien nach Deutschland transportiert. Wenn die Bevölkerung mit Indianern gleichgesetzt wird, deren Schicksal Krieg, Ermordung und Vertreibung war, wird die *counter insurgency strategy* damit verbal unterhöhlt. Als unbeabsichtigter Nebeneffekt wird auf diese Weise die Propaganda der Taliban unterstützt. Sie bezeichnen die Soldaten als Invasoren. Kein Wunder, so werden sie sagen können, dass die Deutschen als Büttel der Amerikaner Afghanistan zum Indianerland erklären.

Während der Begriff Indianerland mit der verstärkten Präsenz der US-Streitkräfte entstand, waren andere Bezeichnungen schon länger in Gebrauch.

In den Einsätzen im Balkan wurden Serben, Kroaten, Bosniaken und Montenegriner unterschiedslos als »Klingonen« bezeichnet. Dabei handelt es sich um menschenähnliche Wesen aus der Serie »Star Trek«, die in den ersten Staffeln als besonders brutal und kriegerisch dargestellt werden. Die Klingonen stellen die Vertreter des Bösen dar, den allgegenwärtigen, mächtigen Feind. Diese Staffeln wurden zu Zeiten des Kalten Krieges abgedreht. Der Feind der US-Amerikaner waren damals die Russen. Es ist kaum anzunehmen, dass den Soldaten die ursprüngliche Bedeutung bekannt war. Sie wählten die Bezeichnung wahrscheinlich als Reaktion auf die von allen am Balkankonflikt beteiligten Parteien begangenen Verbrechen.

Die Nazgul, auch Ringgeister oder Schwarze Reiter genannt, die als Diener des Bösen in Tolkiens weltbekantem Epos »Herr der Ringe« Angst und Schrecken verbreiten, fliegen ebenfalls durch Afghanistan: Die Transporthubschrauber der Heeresflieger werden so genannt. Die humanitäre Hilfe in Afghanistan wird so mit dem Inbegriff des Bösen verquickt. Es ist schwer abzuschätzen, welche Wirkung die Namensgebung auf die Afghanen hat. Da sehr viele afghanische Mitarbeiter in den Feldlagern arbeiten, die deutsch oder englisch sprechen, wird ihnen der Spitzname bekannt sein. Falls Taliban ihn kennen, können sie ihn wunderbar für ihre eigene Propaganda benutzen.

Die Kampfhubschrauber Tiger haben den Namen Gismo erhalten. Er ist den NATO-Listen für die Wahl von Rufnamen entnommen und somit militärisch korrekt ausgewählt. Wer den Film kennt, wird sich an Gismo als Vater der Gremlins erinnern. Dabei handelt es sich um kleine Monster, die eine Kleinstadt in Angst und Schrecken versetzen. Es stellt sich auch hier die gleiche Frage: Ist es wirklich notwendig, dass Rufnamen und Spitznamen gewählt werden, die dem eigentlichen Auftrag widersprechen? Dabei ist es zunächst unbedeutend, ob die Bevölkerung um die Bedeutung des Spitznamens weiß. Die Namen werden bekannt werden und zu passender Zeit für die Propaganda des Gegners instrumentalisiert.

Mit dem Bau des Feldlagers in Mazar-e Scharif wurde im Jahr 2005 begonnen. Im Einsatzgebiet wurde die Bezeichnung Camp Alexander vorgeschlagen und diskutiert. Mit diesem Namen sollte an einen großen Heerführer erinnert werden, der im kollektiven Gedächtnis der Afghanen immer noch ein hohes Ansehen genießt. Alexander war einer der Eroberer, der durch Afghanistan zog. Es wäre ein falsches Signal gewesen, deutschen Soldaten das Attribut eines Eroberers anzuheften. Deswegen wurde der Vorschlag verworfen. Das an das Camp angrenzende Marmal-Gebirge stand schließlich Pate für die Namensgebung.

Es wäre wünschenswert, wenn die damals gezeigte Sensibilität auch in anderen Bereichen bei Namensgebung und Wortwahl erkennbar wäre.

Frauen, Soldatinnen und Prostituierte

Im paschtunischen Wertekanon, der im »Paschtunwali« niedergeschrieben ist, genießen die Frauen ein besonderes Recht. Falls die Blutrache die Existenz zweier befeindeter Familien bedrohen könnte, haben die Frauen das Recht, von den Männern die friedliche Beilegung des Streites zu verlangen und sich über die Entschädigungen zu verständigen. Die Männer hingegen haben die Pflicht, die Ehre der Familie und der Frauen zu schützen. Die Ehre ist nach Ansicht konservativer Paschtunen bereits verletzt, wenn sich die Frau Fremden gegenüber zeigt. Selbst wenn dies unverschuldet, wie zum Beispiel bei einer Hausdurchsuchung, geschieht. Konnte die Ehre der Frau nicht geschützt werden, ist das Familienoberhaupt verpflichtet, dies zu sühnen. So entstehen Blutrachen. Gegenüber Soldaten ist dies allerdings kaum anwendbar, weshalb die Entehrung nicht gesühnt werden kann. Der Ausweg aus diesem Dilemma besteht für das Familienoberhaupt darin, zumindest einen Sohn zeitweise zu den Taliban zu senden, um sich an Soldaten zu rächen. Eine kulturell verständliche und nachvollziehbare Handlung.

Trifft hingegen der Paschtunwali mit einer äußerst stranggläubigen Auslegung des Islam zusammen und kommt die Scharia zur Anwendung, führt dies *de facto* zur absoluten Unterdrückung der Frau. Der Familienvorstand bestimmt über Wohl und Wehe der Familie, und damit auch der Frauen. Dieses Bild beherrscht die öffentliche Meinung und trifft sehr wohl zu, aber nicht überall. Innerhalb der Familien gleicht die Entscheidungsfindung im Allgemeinen den Prozessen in einer westlichen Familie. Es wird diskutiert. Allerdings hat im afghanischen Verständnis der Mann die letzte Entscheidungsgewalt. In der Öffentlichkeit entscheiden die Ältesten der Familien und der Dörfer. Die Frauen hatten dort keinen Zutritt. Dies änderte sich gezwungenermaßen unter der sowjetischen Herrschaft und wiederum mit dem Engagement der internationalen Gemeinschaft nach 2001. Die traditionellen Verhaltensmuster überwiegen dennoch das tägliche Leben.

Mit dem Beginn der UNO- und NATO-Mission in Afghanistan waren die Afghanen mit Frauen konfrontiert, die entscheidende Positionen bekleideten und mit denen zu verhandeln war. Darüber hinaus wurden sie mit Soldatinnen konfrontiert. Allerdings ist immer wieder zu beobachten, dass in Verhandlungen anwesende Frauen ignoriert werden. Es sprechen in der Regel die Männer mit Männern. Manche Soldatinnen haben Schwierigkeiten, dies zu akzeptieren. Bei anderen Gelegenheiten sind Soldatinnen hochwillkommen. Sowohl bei Hausdurchsuchungen wie auch bei ärztlichen Untersuchungen zeugt die Anwesenheit von Frauen vom Respekt vor der einheimischen Kultur und den dort gelebten Wertvorstellungen.

Soldatinnen berichten fast übereinstimmend, dass sie in den Einsätzen kaum Schwierigkeiten hätten, ihre jeweilige Aufgabe zu erfüllen. Widerstände unterschieden sich kaum von denen, die sie zu Hause antreffen würden. Ihre Wahrnehmung seitens der Männer unterscheidet sich allerdings.

Von afghanischen Arbeitern in den Lagern werden sie eher als Prostituierte angesehen. Es entspricht deren Vorstellungswelt, dass sich eine »sittliche« Frau nicht unverschleiert in der Öffentlichkeit zeigen würde. Das Zusammenleben mit Soldaten in einem Lager wäre für solche Frauen ebenfalls unvorstellbar. Also müssen die Soldatinnen Prostituierte sein, so die Schlussfolgerung der Einheimischen.

In Feyzabad rühmten sich die afghanischen Arbeiter und Wachen, mit den weißen Frauen geschlafen zu haben. Dem Polizeichef waren die Behauptungen bekannt, die schon im Basar kursierten. Er wusste auch, dass sie erfunden waren, unternahm aber nichts, um dies richtigzustellen oder seinen Wachen anzuweisen, die Behauptungen zu unterlassen. Im darauf folgenden Gespräch mit dem obersten Geistlichen in Feyzabad stellte sich heraus, dass er von diesen Behauptungen nichts gehört hatte. Obwohl er die westliche Freizügigkeit ablehnte, empfand er die Behauptungen als ehrverletzend für die Soldatinnen. Der Bitte, diese Gerüchte in das Freitagsgebet aufzunehmen, ist er dann auch nachgekommen. Dies kann entscheidend dazu beigetragen haben, die Reputation der Soldatinnen auf dem Basar wiederherzustellen.

Werden Soldatinnen mit der Wahrnehmung der afghanischen Lagerarbeiter konfrontiert, reagieren sie im ersten Moment fassungslos, anschließend meist wütend. Ihre Einschätzung fanden die afghanischen Mitarbeiter allerdings im deutschen Feldlager in Kabul, im Camp Warehouse, bestätigt. Eine der Bars war mit Trophäen dekoriert: BHs und Damenslips in allen Variationen und Größen. Der damalige Kommandeur sah keine Veranlassung, dies zu unterbinden und in die Gestaltung der dienstfreien Zeit einzugreifen. Soldaten bräuchten schließlich auch ihren Spaß. Das galt auch für die Räumlichkeiten, die von Soldaten und Afghanen gleichermaßen genutzt wurden. Sie waren mit Bildern von Playmates und anderen nackten Schönheiten tapeziert.

10. Die mediale Präsenz des Einsatzes

Der Verlust der Wirklichkeit

Medien behaupten von sich, über die Wahrheit und die Realität zu berichten. Es sind Auszüge der Wahrheit, die in wenigen Sekunden über die Bildschirme flimmern oder aus den Lautsprechern tönen. Allerdings stimmt das von den Medien erzeugte Bild von Wahrheit nicht mit der Lebensrealität von Menschen überein. Befragt man sie, ob und wann sie selbst bei Katastrophen, Unglücken, Morden oder Verbrechen anwesend oder deren Opfer waren, wird mit sehr hoher Wahrscheinlichkeit geantwortet, selbst erlebt hätte man so etwas noch nicht. Und trotzdem bestimmen Medien unsere Wahrnehmung der Welt außerhalb unseres persönlichen Erlebens.

Traditionell wahrt das Militär Abstand von den Medien. Soldaten dürfen im Dienst ohne Erlaubnis oder Anwesenheit von Presseoffizieren keine Statements abgeben. Eine Ausnahme besteht für Kommandeure, die für ihren ureigenen Bereich und auf die örtlichen Medien beschränkt mit ihnen zusammenarbeiten dürfen. Zwei Reporter der *Bild-Zeitung* haben die Kontrollfunktion der Presseoffiziere in ihrem Buch »Ruhet in Frieden, Soldaten!«[157] eindringlich beschrieben. In dem Buch werden der Informationsarbeit der Bundeswehr wie auch der Politik unterstellt, die Wahrheit über Afghanistan zu vertuschen. Der Stil der *Bild*-Zeitung findet sich in abgewandelter Form auch in diesem Buch wieder. Diesen Stil muss man nicht mögen, doch viele Beobachtungen und Schlussforderungen sind richtig. Andere wiederum werden als Wahrheiten verkauft, halten jedoch einer genaueren, in die Tiefe gehenden Recherche nicht Stand. So wird beispielsweise behauptet:

---

157 Reichelt, 2010. In allen Kapiteln wird die kontrollierte Informationsarbeit der Bundeswehr kritisiert. Offizielle Statements werden durch Interviews und Äußerungen von Soldaten konterkariert.

> »Die wenigsten dieser Offiziere und Generale in den Planungsstäben, im Ministerium und im Einsatzführungskommando haben ein tiefes Verständnis vom Geist ihrer Truppe. Sie haben kaum Zugang zu jenem seltsamen Gemisch aus Gefühlen, das in einem Krieg entsteht. [...] Viele hochrangige Offiziere verstehen die eigenen Soldaten nicht – und sollen über Situationen entscheiden, die sie selbst nie erlebten.«[158]

Die beiden *Bild*-Reporter beschreiben die Situation im Jahr 2010. Seit 18 Jahren hatte die Bundeswehr zu dieser Zeit Erfahrungen in größeren Einsätzen gesammelt, aber Offizieren wird die Kompetenz abgesprochen, obwohl sie selbst bereits in Einsätzen waren. Die höheren Offiziere des Jahres 2010 waren bereits als Zugführer oder als Kompaniechefs mit ihren Soldaten im Einsatz. Sie waren Truppe. Mit solchen Aussagen, gleich zu Beginn des Buches, bedient man den Mainstream und bestätigt seine eigenen Vorurteile. Anmerken sollte man an dieser Stelle, dass sich höhere Offiziere nicht mit ihrem Wissen in die Öffentlichkeit begeben. Nur wenige Generale äußern sich kritisch über offensichtliche Missstände in den Einsätzen. Wenn sie es tun, sind sie meist bereits pensioniert oder haben das Ende ihrer Karriere erreicht. Diese Selbstbeschränkung ist jedoch verständlich, fordern Politiker doch bei jeder kritischen Äußerungen an ihrer Politik die Zurechtweisung oder Entlassung desjenigen, der es wagt, öffentlich zu kritisieren. So ziehen die Autoren in ihrem Buch den falschen Schluss. Sie verwechseln »nichts in der Öffentlichkeit sagen« mit »nichts wissen« und verlieren damit beim kenntnisreichen Leser gleich zu Beginn ihre Reputation. Schon vor Jahren bewertete ein ehemaliger, hoch angesehener Generalinspekteur der Bundeswehr das Dilemma der fehlenden öffentlichen Diskussion. Übe man Kritik, werde man in Berlin von den Zirkeln ausgeschlossen. Es hilft jedoch wenig, wenn Politiker immer wieder die fehlende öffentliche Diskussion beklagen, wenn kritische Stimmen mit Sanktionen bedroht werden.

Völlig richtig beschreiben die *Bild*-Autoren hingegen das langjährige Bemühen des Pressestabes im Verteidigungsministerium, den Krieg nicht Krieg zu nennen. Die wichtigste Aufgabe des Pressestabes besteht darin, den jeweiligen Verteidigungsminister im medialen Licht leuchten zu lassen, nicht die Soldaten der Streitkräfte. Nachrichten über einen Krieg sind des-

---

[158] Reichelt, S.19 ff.

halb nicht willkommen, solange ein Minister dieses Wort nicht aussprechen will. Erst mit dem Eingeständnis des damaligen Verteidigungsministers zu Guttenberg änderte sich die Informationspolitik. Er äußerte als erster Minister öffentlich Verständnis darüber, dass Soldaten einen Einsatz als Krieg empfinden würden, auch wenn es im völkerrechtlichen Sinne keiner sei.

Bis zu diesem Zeitpunkt und auch heute noch versucht der Pressestab, die Informationshoheit in der Vermittlung von Einsätzen zu erhalten. Dabei übersieht er drei Aspekte, die im militärischen Bereich besondere Aufmerksamkeit verdienen:

> »Zum einen haben staatliche Organisationen das Informationsmonopol verloren, das sie in der Vergangenheit zumindest kurzfristig erlangen konnten. Die in militärischen Planungen und Operationen noch vor Jahren angestrebte Informationsüberlegenheit existiert de facto nicht mehr. Zum Zweiten resultiert aus der revolutionären Entwicklung der Medien die unverzügliche und weltweit verfügbare Nachricht über Ereignisse. Folglich sind die in staatlichen Organisationen und insbesondere im Militär existierenden Hierarchien sowie die darin etablierten Entscheidungsprozesse im Informationszeitalter nicht mehr relevant, wenn sie im Wettbewerb um die schnelle und richtige Nachricht vorhersehbar unterliegen.
>
> Zum Dritten haben Organisationen die Informationshoheit über ihre eigenen Aktivitäten verloren. Sie können den Informationsfluss über ihre Operationen nicht mehr kontrollieren. Neben der dauernden Präsenz von Journalisten erlangen die sozialen Medien immer größer werdende Bedeutung. De facto wird jeder Angehöriger der Streitkräfte, sei er Soldat oder ziviler Mitarbeiter, zu einem glaubwürdigen Informationsträger, der seine Meinung in sozialen Netzwerken veröffentlichen kann und in den darin existierenden virtuellen Netzwerken anerkannt ist.«[159]

Das Resultat der Informationsarbeit wird in den Berichten und Publikationen sichtbar. Die Opfer- und Traumaliteratur bestimmte bis in die jüngste Zeit die Publikationen, aber auch die Berichte in den Medien. Erst im Jahr 2013 gab Wolfgang Schröder mit anderen Autoren das Buch »Feindkontakt – Gefechtsberichte aus Afghanistan« heraus, in dem in sachlichem Stil

---

[159] Lather, 2011, S. 60

über Kampferfahrungen berichtet wird. 2014 wurde von Lukas Reitstetter in Zusammenarbeit mit weiteren Autoren das Buch »Armee im Aufbruch – Zur Gedankenwelt junger Offiziere in den Kampftruppen der Bundeswehr« publiziert. In beiden Büchern berichten und schreiben Angehörige der Kampftruppen. Mit offizieller Unterstützung wurden diese Publikationen veröffentlicht, womit wiederum eine Eindimensionalität erreicht wird, die dem äußerst komplexen System Bundeswehr nicht gerecht wird. Die extremen Situationen, deren Erleben und Verarbeitung dominieren die gesamte Literatur über die Bundeswehr. Sie spiegeln den Alltag in den Einsätzen jedoch nur in Ausschnitten wider.

In dem Bemühen des Pressestabes, grausame Aspekte des Einsatzes aus den Medien und von der Öffentlichkeit fernzuhalten, wird er just von den Medien unterstützt, die ihn deswegen kritisieren. Im afghanischen Fernsehen werden Bilder von den Anschlägen gezeigt: Ein aufgerissener Brustkorb liegt auf dem Bürgersteig, daneben ein halber Schädel mit entblößten Zahnreihen. Es handelt es sich um Bilder eines Anschlages auf ISAF-Soldaten. Sie wurden vom Tatort gesendet, unmittelbar nachdem sich der Selbstmordattentäter in die Luft gesprengt hatte. Videos von den Gräueltaten des IS sind in den Online-Ausgaben von großen Tageszeiten verlinkt. In den Videos sind abgehackte Köpfe zu sehen. Doch in der Berichterstattung über die Bundeswehreinsätze wird dies von ebendiesen Medien tabuisiert. Es existieren Unmengen an Fotos von gefallenen, verwundeten, gesprengten Soldaten, von Leichenteilen und blutgetränkten Fahrzeugen. Über Bilder von Anschlägen auf Soldaten, die ihnen von einem Soldaten gezeigt wurden, schreiben die Bild-Reporter:

> »Es ist ein wahres Foto vom Krieg. Es zeigt, was der Krieg mit den Menschen macht, mit ihren Körpern und ihren Seelen. Wären diese Bilder damals, 2003, in deutschen Zeitungen erschienen – das Märchen von der Wiederaufbaumission der Bundeswehr wäre schlagartig enttarnt gewesen.«[160]

Manche Journalisten kennen diese Fotos oder besitzen sie und veröffentlichen sie doch nicht. Sie sprechen von der Schere im Kopf, wenn in den

---

[160] Reichelt, 2010, S. 25

Redaktionen über die Veröffentlichung solcher Bilder diskutiert wird. Der Schutz der Persönlichkeit des Soldaten, die nicht zumutbaren Anblicke für die Angehörigen und die Unmöglichkeit, diese Bilder einer deutschen Öffentlichkeit zu präsentieren, werden als Argumente ins Feld geführt, um die Bilder unter Verschluss zu halten. So wird die Realität des Krieges von denen tabuisiert, die dies kritisieren. Das erste Opfer im Kriege sei die Wahrheit, wird ein Jahrtausende alter Ausspruch von Aischylos oft zitiert. Er sollte nicht nur die Wände des Pressestabes zieren, sondern auch die der Redaktionen und zur Reflexion ermutigen. Der von den Medien und der Öffentlichkeit an die Bundeswehr gerichtete Vorwurf, den Krieg in seiner Grausamkeit nicht zeigen zu wollen, wird zu Recht erhoben, aber er wendet sich gegen die Kritiker selbst. Die zwei Reporter der *Bild*-Zeitung haben kritisiert, die Wiederaufbaumission wäre schon 2003 schlagartig enttarnt gewesen. Doch selbst sieben Jahre Später trauen sie sich nicht, die Bilder zu veröffentlichen. Realistische, wahrhaftige Bilder vom Krieg in Afghanistan finden sich in ihrem Buch nicht. In der Zeitung, der sie angehören, auch nicht. Die bevorzugt den Skandal, der mit den Schädelfotos ausgelöst wurde. Die Bilder zeigen Soldaten, die widerwärtig mit Schädeln posieren, die sie in Kabul entdeckt hatten.

Eines hat sich jedoch geändert. Die Autoren beklagen, dass Journalisten Soldaten nicht begleiten dürfen. Doch Jonathan Schnitt war sechs Monate zusammen mit deutschen Soldaten im Afghanistaneinsatz. Seine Erlebnisse hat er 2012 in seinem Buch »Foxtrott 4« beschrieben. Er beschreibt einfühlsam die Einsatzrealität in einem Zeitraum, der von Gefechten verschont war. Nimmt man beide Bücher zur Hand, glaubt man von völlig unterschiedlichen Einsätzen an gleichen Orten in Afghanistan zu lesen. Die Wirklichkeit ist sehr vielschichtig.

Skandale sind sexy und erregen die Gemüter

In fast allen Beschreibungen und Erinnerungen von Soldaten aus den Einsätzen sind die Klagen festgehalten, von den Medien nicht fair behandelt zu werden. Die Berichterstattung sei skandalös. Eine empirische Überprüfung der Berichterstattung würde diese Wahrnehmung jedoch als unsinnig entlarven. Insbesondere die lokalen Medien berichten sehr fair und fast immer mit positivem Grundton über die Bundeswehr. Eine Anzahl gut recherchierter Reportagen ist im Fernsehen erschienen – über den Alltag in den Feldlagern, über Patrouillen, aber auch über den Umgang mit dem Verlust eines Sohnes. Im Gedächtnis bleibt jedoch die Skandalberichterstattung, die regelmäßig zu Reaktionen seitens des Verteidigungsministeriums führt. Die Medien, die sogenannte fünfte Gewalt in der Mediendemokratie, wirken sich mit ihrer Berichterstattung auf Operationen aus. Der Generalstabschef der USA, Mike Mullen, kommentierte 2009 die mediale Macht:

> »If we've learned nothing else these past 8 years, it should be that the lines between strategic, operational, and tactical are blurred beyond distinction. This is particularly true in the world of communication, where videos and images plastered on the Web – or even the idea of their being so posted – can and often do drive national security decisionmaking«[161].

Die Berichte der *Bild*-Zeitung über Soldaten, die mit Schädeln posierten, riefen den Protest hervor, damit würde die Sicherheit der Soldaten gefährdet. Nichts war falscher als diese Behauptung. Als Kommandeur des Zentrums Operative Information autorisierte ich damals eine Analyse, die auf der kulturellen Expertise des Zentrums fußte. Eine Bedrohung der Soldaten sei auszuschließen, da weder religiöse Gefühle der Afghanen verletzt seien noch die afghanischen kulturellen Werte. Die Feststellungen der Experten wurde im Ministerium verworfen. Dort bewertete man die Ereignisse anhand des christlichen, abendländischen Wertekanons und regte Vorsichtsmaßnahmen an, die völlig überzogen waren. Die Soldaten posierten mit Schädeln sowjetischer Soldaten, so die gesicherte Vermutung. Bei den Afghanen wäre selbst ein Fußballspiel mit den Schädeln von Ungläubigen ohne Folgen geblieben.

Die Reaktion des Ministeriums auf die Veröffentlichung der Bilder war von der Sorge geprägt, einen Vorfall wie diesen nicht wieder zuzulassen. Schließlich hatte die Bildzeitung die Skandalfotos just an dem Tage veröffentlicht, als das neue Weißbuch vorgestellt werden sollte. Aus journalistischer Sicht ein professionelles Timing, um sowohl den Verteidigungsminister als auch den Generalinspekteur bloßzustellen. Um diesen GAU für die

---

161 Mullen, Mike, Joint Force Quarterly, Issue 55, 4. Quartal 2009

Informationsarbeit des Ministeriums in der Zukunft auszuschließen, wurde allen Soldaten verboten, Fotos außerhalb des Feldlagers aufzunehmen. Ein weiterer Befehl, der nicht kontrollierbar ist und zum Ungehorsam geradezu einlädt. Es waren die Kommandeure und Stabsoffiziere, die ihn zuerst missachteten. Wie hätten sie sonst nach der Rückkehr Vorträge über ihre Einsätze in der Öffentlichkeit halten können – was von ihnen erwartet wurde. Soldaten dagegen wurden in Mazar-e Scharif mit Disziplinarstrafen belegt, da sie an einem Fotowettbewerb des vorgesetzten ISAF-Hauptquartiers teilgenommen hatten. Was aber viele Soldaten den Befehl missachten ließ, waren die Angehörigen, die Familien, ihre Kinder. Wie sollten sie ihnen erklären, welche Aufgaben sie außerhalb des Lagers erfüllen, wenn nicht einmal ein Bild darüber Aufschluss geben kann. Im Ministerium haben wahrscheinlich die wenigsten realisiert, mit diesem Verbot die Erinnerungskultur der Soldaten zu beschneiden. Der Befehl verwehrt Soldaten die visuelle Erinnerung an einen Lebensabschnitt, in dem sie außergewöhnlichen Situationen ausgesetzt waren, der ihre Persönlichkeit bereichert oder auch dramatisch verändert hat. Würden alle Soldaten gehorchen, würden nur die offiziell freigegebenen Bilder zur zeitgeschichtlichen und wissenschaftlichen Bewertung der Einsätze herangezogen werden. Die Bundeswehrbürokratie erhielte so überdies einen überproportional hohen Einfluss auf die Deutung ihrer Einsätze.

Vom Umgang mit Journalisten

Wie bereits angedeutet, ist die Zusammenarbeit mit Journalisten von gegenseitiger Fairness gekennzeichnet. Die Sensibilität im Umgang mit ihnen ist vor allem den wenigen Journalisten geschuldet, die dem Grundsatz folgen, nur schlechte Nachrichten seien gute Nachrichten. Klaus Naumann beschreibt dies als Begegnung zweier Welten.[162] Der Kontrast zwischen den Sensationsmeldungen aus dem Einsatz und den schlechten Nachrichten sowie den eigenen Erfahrungen der Soldaten ist immens. Oft reagieren Soldaten aller Dienstgrade im Einsatz auf die Nachrichten in den deutschen Medien mit Kopfschütteln. Aber auch die offiziellen Presseverlautbarungen

[162] Naumann, 2014, S. 10 ff.

aus dem Bereich der Bundeswehr spiegeln die Einsatzrealität nicht wider. Daraus folgt ein zweiter Grund für die Sensibilität im Umgang mit Journalisten. Der Internetauftritt der Bundeswehr ist in weiten Teilen weichgespült, die Werbekampagnen, um den Nachwuchs zu gewinnen, blenden die Einsatzrealität bewusst aus. Warum soll darüber berichtet werden, dass den zukünftigen Soldaten Krieg erwarten kann, Verletzung, Tod oder gar Verstümmelung? Die Werbekampagnen folgen eher dem moralisch und ethisch verwerflichen Ansatz, den Kern des Soldatischen auszublenden und die zivile Qualifikation in den Vordergrund zu stellen. Solange damit der Nachwuchs gewonnen werden kann, wird sich dieser bisher erfolgreiche Ansatz nicht verändern. Man vertraut darauf, dass sich der junge Mensch in den Streitkräften sozialisiert und zum Soldaten wandelt. Ein Ansatz, der bisher getragen hat. Ein investigativer Journalist fühlt sich jedoch durch diesen Ansatz vermutlich geradezu herausgefordert. Er sucht die Möglichkeit, die in der Werbung schöngefärbte oder ausgeblendete Realität des Einsatzes mit Reportagen über den Krieg und seine Folgen zu konterkarieren.

Im Kontrast zu den Werbekampagnen stehen allerdings auch die Dokumentation über Traumatisierungen von Soldaten und die Berichte von Verwundungen und Kämpfen. So eröffnet sich zumindest für den interessierten Bewerber die Möglichkeit, sich umfassender zu informieren.

Ist man als Soldat mit Journalisten zusammen, sollte offen, ehrlich und andere Anschauungen achtend über eigene Erfahrungen gesprochen werden, ohne die Geheimhaltung zu verletzen. Ein Grundsatz sollte immer befolgt werden: Über die Familie wird nicht gesprochen. Jeder seriöse Journalist wird dies beachten. Bei Vertretern der sogenannten *Yellow Press*, die englische Bezeichnung für die Regenbogen- und Sensationspresse, ist allerdings Zurückhaltung geboten. Sie suchen die emotionale Story, die Bilder mit der Familie, den Kindern und scheuen sich nicht, Geschichten zu erfinden. Findet sich der Soldat allerdings als Akteur in einer Krise wieder, kann er die mediale Aufmerksamkeit gegenüber seiner Familie nicht verhindern. Verbieten kann man ihm nicht, sich zu seinem Beruf zu äußern. Zurückhalten sollte er sich aber doch, da in der heutigen Medienlandschaft und in den sozialen Netzwerken die Wirkung von Informationen, von Äußerungen oder Interviews nicht kontrollierbar ist. Das Grundrecht auf Meinungsfreiheit genießt er jedoch, genauso wie jeder andere Staatsbürger. Will er es nutzen, sollte er die Beratung durch Medienexperten suchen.

Wie lerne ich, nichts und nein zu sagen

Inwieweit durch die Berichterstattung in den Medien Ängste bei Angehörigen und Freunden in Deutschland geschürt werden, die selbst auf Soldaten Einfluss haben, die sich auf den Einsatz vorbereiten, ist in den vorherigen Kapiteln beschrieben worden. Wie geht man als betroffener Soldat jedoch damit um, wenn man das Interesse der Medien erweckt hat. Der heutige General Klein und seine Familie, deren Bekanntenkreis und soziales Umfeld könnten darüber Seiten füllen. Ist das Interesse der Medien einmal geweckt, muss man mit der Belagerung des Hauses oder der Wohnungstür durch Kamerateams, Fotografen und Reporter rechnen. Doch auch einzelne Anrufe von Journalisten und spontane Antworten am Telefon reichen aus, die Familie in das Licht der Öffentlichkeit zu rücken. Die Gründe für journalistisches Interesse sind vielfältig. Bei einem Soldaten wird beispielsweise ein radikalpolitischer Hintergrund vermutet. Die Hinweise darauf werden zunächst im sozialen Umfeld des Betroffenen recherchiert, bevor es an der Haustür klingelt und der die Tür öffnende Angehörige in eine Kamera blickt. Der Reporter stellt sich mit einem Satz vor, hält das Mikrofon hoch und stellt seine erste Frage. Man bezeichnet dies auch als Blutsturzmethode. Ein Extremfall? Keineswegs. Selbst die öffentlich-rechtlichen Fernsehanstalten arbeiten mittlerweile mit verdeckten Kameras.

Angehörige sollte man bereits im Vorhinein auf diese Situationen vorbereiten. Sie sollten darin unterrichtet werden, wie man freundlich, höflich und bestimmt eine Zusammenarbeit mit Medien ablehnt. Das Training ist vor allem bei Angehörigen oder Partnern von Soldaten, die im Einsatz öffentlichkeitswirksame Positionen bekleiden, sehr empfehlenswert. Doch mediale Aufmerksamkeit kann jeden treffen. In deren Folge werden nicht nur Journalisten aufmerksam und wollen berichten, sondern vielleicht auch Gegner der Bundeswehr, die ein Ziel für ihre Aktionen identifiziert haben. Die Skala möglicher Ereignisse ist vielfältig: Beleidigende oder mit Drohungen verbundene Telefonanrufe, E-Mails, Posts in den sozialen Netzwerken bis hin zu Beschädigungen am Eigentum. Insgesamt ist dies kein nennenswertes Phänomen in Deutschland. Die ausgestoßenen Drohungen werden oft nicht realisiert, doch die Betroffenen leiden darunter. Die folgenden Anregungen sollen deshalb nicht paranoide Verhaltensmuster erzeugen, sondern Möglichkeiten aufzeigen, mit der unerwünschten medialen Aufmerksamkeit umzugehen.

Mit Kindern und Ehepartnern oder Eltern sollte das Telefonieren geübt werden. Erscheint auf dem Display des Telefons keine Rufnummer oder eine unbekannte, wird auf die freundliche Begrüßung hin zunächst die Frage nach dem Namen und der Organisation des Anrufers gestellt. Diese Angaben sollte man notieren. Letzteres scheitert oft schon daran, dass die mobile Telefonstation nicht gemeinsam mit Notizzetteln und Stiften durch die Wohnung wandert.

Journalisten müssen sich mit ihrem Namen und dem Medium vorstellen, in dessen Namen sie recherchieren. Unmittelbar danach dürfen sie alle Aussagen aus dem folgenden Gespräch verwenden. Hier gilt ein Grundsatz: Es sollten auf keinen Fall spontane Telefoninterviews gegeben werden. Nachdem Name und Medium notiert sind, kann man einen Rückruf ankündigen oder aber den Interviewwunsch ablehnen. Der Rückruf sollte nicht auf die Telefonnummer des Anrufers erfolgen. Angeraten ist, das Medium anzurufen, in dessen Namen der Journalist ermittelt. Die Telefonnummer sollte im Internet oder Telefonbuch ermittelt werden. Somit wird ein Betrugsversuch ausgeschlossen, der besonders in den sozialen Netzwerken zu Spott und Häme führen kann.

Mit Kindern muss man die Gespräche trainieren. Den Namen und die Telefonnummer aufzuschreiben, keine Antworten zu geben und den Hörer aufzulegen, obwohl noch die Stimme des Anrufers zu hören ist, stellt für sie eine große Herausforderung dar. Die einseitige Beendigung eines Gespräches fällt aber nicht nur Kindern, sondern auch Erwachsenen schwer.

Nach dem ersten Anruf, der auf Medieninteresse hinweist, sollte der Anrufbeantworter eingeschaltet werden. Lediglich die eigene Rufnummer und die Bitte um Namen und Rückrufmöglichkeit sollten auf den Anrufbeantworter gesprochen werden, aber keine Hinweise auf die eigene Identität.

Einen Telefonhörer aufzulegen fällt immer noch leichter, als ein Gespräch von Angesicht zu Angesicht zu beenden. Es unterliegt anderen Bedingungen. Der Blick in das Objektiv der Kamera und auf das Mikrofon übt eine eigentümlich fesselnde Wirkung aus, von der sich manche nicht befreien können. Gleichzeitig hemmen sie den natürlichen Redefluss. Von der ersten Sekunde an werden jedoch Bilder aufgenommen, die später gesendet werden können. In den verschiedenen Shows, aber auch den Magazinen werden mit dieser Methode Menschen der Lächerlichkeit preisgegeben. Dabei gelten auch beim Erscheinen von Kamerateams im Prinzip die gleichen Regeln. Mit einer freundlichen Begrüßung, verbunden mit einem Lächeln, fragt man nach dem Namen und dem Wunsch des Reporters. Genauso freundlich sagt man, kein Interesse an einem Interview zu haben, wünscht einen schönen Tag und schließt die Tür. Dabei ist es völlig gleichgültig, ob der Reporter noch redet. Auch diesen Ablauf sollte man spielerisch mit den Kindern einüben und mit Erwachsenen trainieren.

Der Extremfall einer medialen Belagerung vor der eigenen Haustür greift massiv in den Alltag der Betroffenen ein. Ihr begegnet man mit herabgelassenen Rollläden, geschlossenen Gardinen und Medienabstinenz. Verfolgt die Familie die Belagerung des eigenen Hauses in den Medien, erwachsen daraus oft Unmut und emotionale Spannungen, die zu unüberlegten Handlungen führen können. Medienabstinenz schont deshalb alle Betroffenen. Dennoch muss man hin und wieder das Haus verlassen. Das Verlangen der Medien nach Bildern kann man jedoch sabotieren: Ein Kopftuch, ein tief in die Stirn gezogener Hut, Sonnenbrillen und Schals oder Tücher, mit denen die Mundpartie verdeckt wird, verwehren die Porträtaufnahme. Der Kopf ist dabei am besten immer gesenkt und der Blick auf den Boden gerichtet. Zurufe sollten dann auch ignoriert werden. Natürlich werden Bilder von der vermummten Gestalt erscheinen, auch Jahre später noch. Aber im Café oder auf der Straße werden die Abgelichteten nicht erkannt werden. Das ist ein unschätzbarer Vorteil, um seine Freiheit beim Spazierengehen und Bummeln in der Zukunft auch weiterhin genießen zu können.

Ein seriöser Journalist wird immer seine Recherche erklären und fragen, ob man zu einem Interview bereit ist. Der Inhalt der Fragen wird zunächst besprochen und auch die Absicht der Veröffentlichung. Ist er von einem Kamerateam begleitet, will der Kameramann die interviewte Person möglichst natürlich und authentisch filmen. Beide werden sich auch bereiterklären, das Interview vor der Veröffentlichung zur Freigabe vorzulegen. Ein solches Vorgehen liegt im beiderseitigen Interesse. Denn so können Fehler minimiert werden, die auch der Reputation des Journalisten schaden würden.

11. Im Einsatz

Auch wenn die Welt in den Einsatzgebieten sich zentral von der Lebenswirklichkeit in Deutschland unterscheidet, entkommt man der bundesrepublikanischen Ordnung nicht. Außerhalb der Lager lenkt zunächst einmal das Recht des Stärkeren den Verkehrsfluss – erstaunlich oft ohne Unfälle. Esel, Schafe sowie Pferde bevölkern tagsüber wie nachts die Straßen, auf denen man dunklen Stellen ausmacht, die sich als tiefe Krater erweisen. Kaum ist man durch die Tore in das Feldlager gefahren, erblickt man das erste Schild: »Hier gilt die Straßenverkehrsordnung«, gefolgt von einem Verkehrszeichen, mit dem die jeweilige Höchstgeschwindigkeit geregelt wird, Schrittgeschwindigkeit hier, 30 km/h dort. Die Feldjäger kontrollieren die Einhaltung der Parkordnung, der Höchstgeschwindigkeit und der Straßenverkehrsordnung.

Im Einsatz lebt man in mindestens zwei Welten, sobald man das Lager verlässt, selbst wenn man niemals in Extremsituationen verwickelt wird. Die Kampftruppen erleben Gefechte und Kampf auf den Patrouillen und Extremsituationen, wenn sie in die Gebiete fahren, die vom Gegner beansprucht werden. Die Angehörigen der Zivil-militärischen Zusammenarbeit, die CIMIC[163], erleben wiederum eine völlig andere Welt. Sie lernen die Kultur kennen, genießen die Gastfreundschaft der Einheimischen und beraten beim Wiederaufbau. Die sie begleitenden Sicherungssoldaten erleben manchmal eine überbordende Dankbarkeit in einem Dorf ein paar Kilometer entfernt vom Ort des gestrigen Gefechtes. Im gleichen Lager leben Soldaten, die darauf eingestellt sind zu töten und zu sterben, neben denen, die sich dem Wiederaufbau widmen. Andere vertiefen in Begegnungen außerhalb des Lagers ihre Kompetenz für die interkulturelle Einsatzberatung. Sie versuchen Soldaten, die ins Gefecht fahren, ein kulturell angepasstes Verhalten auch in extremen Situationen zu vermitteln. Die Eindrücke sind unglaublich vielfältig, die ein Soldat aus dem Einsatz mit zurück nach

---

163 CIMIC ist die englische Bezeichnung. Sie steht für Civil-Military Cooperation.

Deutschland nehmen kann. Sie enthalten sehr viel Positives und Negatives. Es scheint aber Eigenart der Deutschen zu sein, vor allem die negativen Erlebnisse zu beschreiben, bevor nach längerer Zeit eine positivere Bewertung des Erlebten Platz greift.

Dies spiegelt sich in den Einweisungen wider, die jeder Soldat nach seiner Ankunft im Feldlager erhält. Die stundenlangen Briefings in Mazar-e Scharif kommentierte ein Stabsoffizier mit den Worten, er habe nur mit Mühe den Hunderten von Folien während der Powerpoint-Präsentationen folgen können. Stundenlang seien er und seine Mitarbeiter über die Verbote gebrieft worden, die er in den nächsten Monaten zu beachten habe. Er hätte sich gewünscht, ihm sei nur einmal gesagt worden, was er in den folgenden Monaten erreichen solle, welche Aufgaben er zu bewältigen habe, welche Ziele gesetzt und deren Erfüllung angestrebt werde. Nichts von dem sei gebrieft worden. Soldaten wie er kämen motiviert in den Einsatz und erhielten nur Verbote. Mit dem ersten Tag begänne bereits die Demotivation. Diese Beobachtung machte nicht nur der Stabsoffizier. Hauptfeldwebel Thorsten Förster fasste seine Erfahrungen aus einem seiner Einsätze zusammen:

> »Außerdem habe ich das Gefühl, dass es an Führung fehlt.
> *ZEITmagazin*: Was meinen Sie damit?
> Förster: Ich hätte einfach gerne einen klaren, militärisch gut definierten Auftrag gehabt.«[164]

Das Interview wurde 2011 nach dem Einsatz geführt. Förster gibt seine allgemeine Einschätzung wieder, sein Einsatz in diesem Jahr sei sinnlos gewesen. Er hätte keinen klaren Auftrag erhalten, kein Ziel sei formuliert worden, aber ein nach seiner Auffassung sinnloses Stück Land sei bewacht worden. Selbst der eine gefallene Kamerad sei nur deswegen in die Luft gesprengt worden, weil die Operationen vorhersehbar gewesen seien. Es war das Jahr, in dem sich das Ende der ISAF-Mission abzeichnete. Weniger Risiko auf sich zu nehmen war bei der Führung zu einer Maxime des Handelns geworden. Förster sagt dazu:

---

[164] Koelbl, 2011, S. 2 (Kursivierung vom Verfasser)

»Ich will ja nicht, dass etwas passiert – ich will nur etwas tun. Ich brauche nicht ständig Schießereien wie letztes Mal in Kundus. Aber wenn ich schon hier bin, wenn ich diese Entbehrung auf mich nehme und von Deutschland jeden Tag 110 Euro Zulage einfordere, dann muss ich wenigstens das Gefühl haben, ich mache irgendwas.[165]«

Es würde sein Gewissen beruhigen. Andererseits muss jeder Vorgesetzte die Frage beantworten, ob es sich noch lohnt, das Leben seiner Soldaten aufs Spiel zu setzen, wenn der verlustfreie Abzug in der nächsten Zeit bevorsteht.

Die Monotonie des Lagerlebens

Vier Monate, sechs Monate, manchmal ein ganzes Jahr verbringen die Soldaten in den Einsatzgebieten. Sie sind fast ausschließlich im militärischen Umfeld tätig, sehen nur Uniformen und Trainingsanzüge. Manchmal erscheint ein Mensch in Zivil, wenn ein Mitarbeiter der Vereinten Nationen, des Auswärtigen Amtes oder der Gesellschaft für internationale Zusammenarbeit zu Besprechungen anreist. Doch die Uniformen beherrschen das tägliche Leben. Abends beim Schlafengehen sieht man die Uniform des Kameraden, mit dem gemeinsam ein Container geteilt wird. Morgens bei der gemeinsamen Morgentoilette ist man von Soldaten umgeben. Das Einsatzgebiet und die anfallenden Aufgaben, die oftmals einen Sechzehn-Stunden-Tag erfordern, tragen ebenfalls dazu bei. Der Soldat im Einsatz lebt in einer anderen Welt – einer Welt ohne Privatsphäre. Die Dinge des täglichen Lebens wie Kochen, Abwaschen, Wäsche waschen, Bügeln, Toilette putzen und vieles mehr werden ihm abgenommen. Er ist umsorgt.

Er kann sich auf des Wesentliche konzentrieren: auf die Erfüllung seines Auftrages. Wahrscheinlich reizt es deswegen viele Soldaten höheren Dienstgrades, wiederholt in Einsätze zu gehen. Sie wollen dem »Klein-Klein« des täglichen Dienstbetriebes in Deutschland entkommen und sich monatelang auf eine Aufgabe konzentrieren, die sie für sinnvoll erachten. Wird die Einsatzzeit allerdings im Lager verbracht und ist der Soldat nicht ständig in die Planung und Leitung von Operationen involviert, birgt der Alltag

165 Ebd., S. 2

die Gefahr, allzu monoton zu werden. Die Lagerroutine strukturiert den Tag. Die Zeiten für die einzelnen Mahlzeiten sind vorgegeben. Der Briefing- und Meeting-Kalender gibt feste Zeiten vor.

In den Medien ist wiederholt über den Unsinn berichtet worden, deutsche Vorschriften im Einsatz anzuwenden und zum Beispiel wegen fehlender Abgassonderuntersuchungen Fahrzeuge stillzulegen. Dies sind extreme Beispiele, die öffentlichkeitswirksam vermarktet wurden, um Bestimmungen zu ändern. Täglich beschäftigen sich aber viele Soldaten mit der Beantwortung von Fragen, die aus Deutschland in den Einsatz gesandt werden. Der oftmals vom Ministerium aus verlangte Detaillierungsgrad von Meldungen ist unvorstellbar hoch. Mit der Beantwortung von Fragen werden viele Dienstgrade unnötig lange an den Schreibtisch gebunden. Vor der Bürokratie in Deutschland wollte der Soldat entfliehen, doch sie holt ihn auch im Einsatz ein. Die Meldetermine für die umfangreichen Tages-, Wochen- und Monatsmeldungen binden ihn an den Schreibtisch. Es ist ein Faszinosum, dass sich alle am jeweiligen Prozess Beteiligten über ihn beklagen, aber keiner die Kraft findet, ihn zu vermindern oder zu beenden. Je länger ein Einsatz andauert, desto dichter wird das etablierte Kontrollregime. Es scheint von Misstrauen gespeist zu sein. Selbst wenn Kommandeure melden, sie könnten ihre Aufträge nicht hinreichend erfüllen, und um Änderung der Auftragslage bitten, wird als Antwort zunächst eine detaillierte, faktenreiche Begründung verlangt, die in Deutschland geprüft wird. Die Antwort erfolgt meist sehr spät, manchmal zu spät, um sich im Kontingent noch auswirken zu können.

Ältere Unteroffiziere und Offiziere können sich in der Routine des Lagerlebens in der Regel gut einrichten und damit umgehen. Sie treiben Sport, schreiben ein Tagebuch und treffen sich abends zu Gesprächen in den Betreuungseinrichtungen. Sie schmücken ihre Umgebung aus, legen Rosenbeete an und folgen damit dem Vorbild der afghanischen Soldaten: Denn auch die Rosenbeete vor dem Verteidigungsministerium in Kabul sind gepflegt angelegt. Man fühlt sich in eine andere Welt versetzt, wenn man die Straße zum Eingang entlangfährt. Die Rosenstöcke in den Mittelstreifen der breiten Alleen Kabuls dokumentieren den Friedenswillen eines geschundenen Volkes. In Mazar-e Scharif wie auch in Herat sind die blauen Moscheen in parkähnliche Anlagen eingebettet.

Junge Soldaten, insbesondere der Kampftruppe, kann man jedoch nicht wochenlang ohne Aufgaben belassen. Sie fühlen sich gut ausgebildet, sind motiviert und wollen das Erlernte in der Praxis erproben. Viele brennen darauf, aus dem Lager auf Patrouille zu fahren. Lässt man sie im Lager, hilft auch der tägliche Sport nicht, um sie auszulasten. Sie verspüren Langeweile und beginnen zu spielen. Oft mit Waffen und manchmal mit tödlichen Konsequenzen. Die Verletzungen wegen Spielereien mit den Waffen sowie die unbeabsichtigten Schussabgaben im Feldlager waren bei einigen Kontingenten unerträglich hoch.

Feldlagerroutine bedeutet auch, sich mit den Angehörigen der Einsatzwehrverwaltung auseinanderzusetzen. Im Einsatz ist es für einen Kommandeur ein Leichtes, Beträge in Millionenhöhe auszugeben, wenn er Luftunterstützung anfordert und hochentwickelte Munition auf Ziele feuern lässt. Den Lohn eines hochqualifizierten afghanischen Mitarbeiters kann er jedoch nicht erhöhen. Dieser soll beispielsweise um einhundert Euro steigen, weil er sonst von den besser bezahlenden Vereinten Nationen oder alliierten Partnern abgeworben wird. Vom Offizier der Einsatzwehrverwaltung, der seine zivile Kleidung mit der Uniform getauscht hat, wird ihm das nicht ermöglicht. Denn mit der erhöhten Bezahlung würde in das örtliche Lohnniveau ungebührlich eingegriffen. Auch mir wurde wiederholt von Afghanen signalisiert, sie würden gerne mit Deutschen zusammenarbeiten, aber die anderen würden besser bezahlen.

Exemplarisch für die Übertragung deutscher Standards auf die Feldlager steht die folgende Schilderung eines Offiziers: Er hatte mit seinen Soldaten eine kleine Holztreppe gebaut, um in einen auf Sockel stehenden Container steigen zu können. Der verantwortliche Beamte für die Arbeitsplatzsicherheit im Feldlager hatte zwar die Stufen trotz Anforderung nicht bauen können, doch die jetzige Ausführung wurde bemängelt. Es müsse ein Geländer angebracht werden und die oberste Stufe sei nicht exakt auf der gleichen Höhe wie der Boden des Containers. Er ließ einen fassungslosen Offizier zurück, der tagsüber auf den Wegen und Straßen außerhalb des Feldlagers durchgeschüttelt wurde und dem eine ein Zentimeter hohe Schwelle keinerlei Kopfschmerzen bereitete.

Viel Gelächter löste 2001 im Einsatz eine Weisung aus, in der festgestellt wurde, dass der deutsche Soldat während seines Einsatzes prinzipiell keinerlei sexuelle Bedürfnisse habe. Fast zeitgleich wurde vom Hauptquartier der OECD in Wien eine Analyse veröffentlicht, dass die Soldaten der internationalen Gemeinschaft die Prostitution im Kosovo förderten. Eine interne Abfrage zu dieser Anschuldigung wurde vom deutschen Kontingent verneint und ungläubig bestaunt. Es gäbe in ihrem Bereich keine Bordelle. Die Realität war jedoch eine andere. Verließ man abends eine Betreuungseinrichtung, wurde man bereits ein paar Schritte weiter von Frauen angesprochen, ob man die folgenden Minuten nicht in ihrem Container verbringen wolle, gegen Bezahlung. Franzosen, Italiener, Briten und Portugiesen schüttelten ihre Köpfe ob der deutschen ministeriellen Verklemmtheit. Die Weisung wurde Jahre später aufgehoben und auch Soldaten eine sexuelle Selbstbestimmtheit zuerkannt. Im Einsatz werden oftmals Liebesbeziehungen auf Zeit eingegangen, aber auch von Hochzeiten wird im Internetauftritt der Bundeswehr berichtet. Die Privatsphäre unterliegt im Einsatz natürlich deutlichen Einschränkungen. Doch der Umgang mit verliebten Paaren ist im Allgemeinen so unverkrampft wie zu Hause auch. Eheleuten wird normalerweise im Einsatz ein gemeinsamer Container zugewiesen, obwohl der erwähnte Internetauftritt dies vehement abstreitet und hervorhebt, dass getrennt zu Bette gegangen wird. Auch hier gestaltet sich die Einsatzrealität zuweilen anders: Erlaubt es die Unterkunftskapazität, wird auch unverheirateten Paaren ein gemeinsamer Container zugewiesen, manchmal stundenweise.

Die Anschläge der »Märtyrer«

Ein finnischer Offizier war mit einer serbischen Patrouille unterwegs, um Gebiete zu erkunden, in denen Operationen stattfinden sollten. Er war der erste Angehörige des KFOR-Hauptquartiers, der 2001 in einen Anschlag verwickelt war. Die Mine lag schon lange, sollte den Zugang zu einem Gebiet versperren und war sogar in den Unterlagen verzeichnet, die die Serben von ihren Minensperren angelegt hatten. Dennoch fuhr das erste serbische Fahrzeug auf diese Mine. Als man den KFOR-Offizier fragte, wie er die

Explosion erlebt hatte, zuckte er mit den Schultern. Er wurde von der Explosion geweckt, von der Druckwelle im Wagen durchgeschüttelt und sah weiter vorn eine Staubwolke. Er blieb auf Bitten der Serben im Fahrzeug und nach der Versorgung der Verletzen und Bergung der Toten setzten alle die Erkundung fort. Denn Minen sind eine alltägliche Gefahr in ehemaligen Kriegsgebieten.

Erlebt man den Anschlag aus unmittelbarer Nähe, dringt der ohrenbetäubende Krach in die Ohren, der Explosionsblitz blendet und eine Hitzewelle schlägt in das Fahrzeug, die ungeschützte Haut verbrennen lässt. Im Freien wird man von der Wucht der Explosion durch die Luft geschleudert, wird zum Spielball der Elemente, schlägt auf dem Boden auf. Zunächst ist man völlig orientierungslos, eingehüllt vom Staub. Der junge, kraftstrotzende Soldat, der sich dem Kampf gewachsen fühlt, erlebt, dass er den elementaren Gewalten hilflos ausgesetzt ist. Auf das, was mit ihm geschieht, kann die beste Ausbildung nicht vorbereiten. Behält er das Bewusstsein, wird er nach einer Schrecksekunde handeln, er wird funktionieren ohne nachzudenken – ganz so, wie er ausgebildet wurde. Jedes Tagebuch eines Soldaten aus den Weltkriegen und die Aufzeichnungen aus den aktuellen Einsätzen sowie die Interviews mit Soldaten geben diesen Ablauf der Geschehnisse wieder. Die Verarbeitung des Anschlages erfolgt erst viel später, normalerweise im Feldlager.

Nichts daran ist also prinzipiell neu. In jeder Armee dieser Welt werden Pioniere eingesetzt, die nicht nur darauf spezialisiert sind, Brücken und Häuser zu bauen, sondern auch Minen zu verlegen, zu sprengen und zu zerstören. Natürlich werden sie auch darin ausgebildet, versteckte Ladungen anzubringen. Die sogenannten IED, die *improvised explosive devices* (improvisierte Sprengsätze), werden in Afghanistan genauso eingesetzt, wie sie auf dem Balkan von Serben, Kroaten und Bosniaken genutzt wurden. Die Hinterhalte, die gelegt werden und mit der Sprengung des ersten und letzten Fahrzeuges den Angriff einläuten, sind völkerrechtlich erlaubte Taktiken. Die Terroristen wenden sie genauso an wie die regulären Streitkräfte. In jedem Krieg sind diese Taktiken erlaubt. Nicht aber alle Mittel. Die internationalen Abkommen verbieten den Einsatz von Splitterminen, was aber weder Serben, Bosniaken, Kroaten, Albaner oder Afghanen davon abhielt, sie einzusetzen. Aber weder in Somalia, auf dem Balkan oder in Afghanistan befand und befindet sich Deutschland im Kriegszustand, auch wenn ein Anschlag oder Gefecht die darin verwickelten Soldaten unweigerlich mitten in einen Krieg wirft. Dieser Zustand, der den Soldaten immer verbietet, Waffen, Minen, Sprengsätze oder Granaten einzusetzen, die durch das Völkerrecht, internationale Abkommen oder nationalen Bestimmungen geächtet sind, erzeugt zunächst ein Gefühl von Hilflosigkeit. Das in den Einsatzregeln oftmals enthaltene Verbot, Angriffe zu planen, verurteilt die Soldaten dazu, auf den Anschlag zu warten und erst nach einer Explosion reagieren zu können. Unmittelbar nach der ersten Explosion suchen sie nach dem zweiten Sprengsatz, der vom Gegner gezündet wird, wenn die Verletzten oder Toten des ersten Anschlages geborgen werden. Die damit verbundene beständige Aufmerksamkeit zerrt an den Nerven der Soldaten. Sie sind zunächst und vor allem Objekt eines oft unsichtbaren Gegners, das zerstört werden soll. In der Literatur wird dieser Zustand als asymetrische Kriegsführung eines Gegners bezeichnet, der sich keinerlei Recht verpflichtet fühlt und Kriegsverbrechen sowie Verbrechen gegen die Menschlichkeit als Normalität empfindet.

Hauptfeldwebel Förster überlebte in seinem letzten Einsatz den Angriff eines »Märtyrers«, um die Sprache der Taliban für Selbstmordattentäter zu benutzen. Auf seine Kolonne fuhr ein Toyota mit Kölner Kennzeichen zu, der circa 50 Kilogramm Sprengstoff geladen hatte. Er und sein Fahrer staunten noch über das Kennzeichen, da überschlug sich ihr Dingo bereits und rollte einen Abhang hinunter. Die Flammen der Explosion schlugen durch die Türdichtungen in den Dingo hinein und verursachten Brandwunden.

> »Das ist der Moment, wo man ganz tief durchatmen muss: Was habe ich in der Heimat gelernt? Also haben wir die Kameraden aus dem Fahrzeug geborgen, und ich als Zugführer habe die Koordinierung der Kräfte vor Ort übernommen. Ich wusste, wir haben zwei Möglichkeiten: Entweder wir setzen uns an den Straßenrand und weinen oder wir versuchen das Ganze zu kompensieren und ein bisschen zu verkaspern. Ich bin die zweite Variante gefahren, und das war gut so. Man macht kleine Scherze und sagt vielleicht zu einem Kameraden: Fang nicht an, das Gras anzukokeln.

> *ZEITmagazin*: Sie haben also funktioniert?
>
> Förster: Hundert Prozent. So sehr ich öfter auf das Gefechtsübungszentrum schimpfe, wenn es einem das Wochenende versaut: Hier muss ich definitiv Danke sagen, das Geübte ist so tief drin. Man ist beeindruckt von sich selbst, dass man in der Lage ist, so etwas zu leisten. Ja, wir waren stolz, dass alle der Männer verstanden hatten, was zu tun ist. Ich musste gar nicht großartig Befehle geben.«[166]

Die perfideste Art, Gegner zu töten, geschieht durch den Einsatz von Selbstmordattentätern. Es sind die intellektuellen Köpfe einer Terrorbewegung, die die grundlegenden religiösen Schriften des Islam heranziehen, den Koran und das Hadith, die »Nachrichten von Taten und Aussprüchen des Propheten Muhammad«[167], um in ihrem Buch »Märtyrer-Operationen im Islam«[168] zu beweisen, dass Selbstmordattentate mit der Religion des Islam übereinstimmen und rechtens sind. In der mir vorliegenden englischen Übersetzung wird die Schrift auf das Jahr 1383 des islamischen Kalenders datiert. Es entspricht dem Jahr 1964. Sie wurde im Jihad Printing Center im Jahr 2000 gedruckt, wahrscheinlich in Peschawar, Pakistan. Auf dem Umschlag ist der Einschlag des American-Airline-Fluges 11 in den Nordturm des World Trade Center abgebildet. Im Text wird auf 138 Seiten der Angriff auf einen Gegner als die Tat eines Märtyrers erläutert. Das frühe Publikationsdatum erklärt sich auf den ersten Seiten. Das Buch wurde ursprünglich als Anleitung für den Kampf in Palästina geschrieben, auf Tschetschenien angepasst und letztlich auf den Krieg gegen alle Ungläubigen. Der im Westen gebräuchliche Begriff Selbstmörder wird in dieser Schrift allerdings verworfen:

> »There is as big deference [difference, d. Verf.] between Martyrish operations and suicide attacks as between east and west.

---

166 Koelbl, 2011, S. 1

167 Sahīh al-Buḫārī, Nachrichten von Taten und Aussprüchen des Propheten Muhammad.«- Neben dem Koran, dem Buch Gottes, bildet das Hadith die wichtigste Grundlage der Lebensordnung der Muslime« (Klappentext)

168 Märtyrer You Al-Aeree, Martyrish Operation In Islam

The one who does suicide attack will be punished by Allah, suicide attacks are unlawful its appliers place is in hell (fire). God cite this kind of actions ghastly in his book and promised intensive persecute for offenders.«[169]

Verurteilen Muslime die Angriffe als Selbstmord und unvereinbar mit den Schriften und Werten des Islams, bestätigen sie damit den Märtyrer. Selbstmörder hingegen werden nach dieser Interpretation in der Hölle schmoren. Der Mudschahedin hingegen, der sein Leben im heiligen Krieg opfert, wird die Gnade Allahs erfahren. Zusammenfassend wird der Angriff eines Märtyrers unter folgenden Bedingungen gerechtfertigt:

»[...] majority of Islamic scholars considered following conditions for Martyrish attacks.
1. Devotion in attack.
2. Attack must result in enemy harassment.
3. Attack must cause enemy horror.
4. Must amplify Muslim Moral.«[170]

Die Anschläge bringen sicherlich Unruhe wie auch den Horror mit sich. Die Forderung, die muslimische Moral zu stärken, deutet auf die Absurdität dieser Bedingungen hin, wenn unterschiedslos mit Ungläubigen auch muslimische Glaubensbrüder, Kinder und Frauen in die Luft gesprengt werden. Es gelingt den islamistischen Terrororganisationen, die des Lesens unkundigen verarmten Kinder und Waisen von der Straße zu klauben und in ihren Medressen einer Gehirnwäsche zu unterziehen. Sie vermitteln den zukünftigen Selbstmordattentätern ihre Tat als Martyrium und verknüpfen dies mit Heilsversprechungen. Könnten die Kinder und Jugendlichen lesen, würden sie die menschenverachtende und perverse Logik ihrer Anführer erkennen. Und schlimmer noch, sie werden vom Mensch zur billigen Ware degradiert:

»Martyrish operation is one of the most effective attacks. It has the less financial deleterious and troop causality among the military operations [...]

[169] Märtyrer You Al-Aeree, Martyrish Operation In Islam, englische Übersetzung, S. 6
[170] Ebd., englische Übersetzung, S. 32

From financial site it is cheaper then the attack made by a group of arm [armed, d. Verf.] men.«[171]

Die Bedrohung, die von Selbstmordattentätern ausgeht, und die Reaktionen, die sie hervorrufen, sind in den vorherigen Kapiteln beschrieben worden. Werden Soldaten Ziel dieser Angriffe, zerstören die Explosionen genauso wie die der zuvor beschriebenen IED. Es ist die Größe der Sprengladungen, die Soldaten wie Zivilisten verwunden oder töten. Es sind im Verlauf der Einsätze Sprengsätze entdeckt worden, die mehrere Hundert Kilogramm wogen, und Lkws, die eine ähnlich große Ladung transportierten. Aus Sicht der Gegner ist jedoch der Einsatz von Märtyrern deutlich effektiver, weil er Misstrauen gegenüber der Bevölkerung säht. So werden selbst neugierige und fröhliche Kinder als mögliche Selbstmordattentäter wahrgenommen. Beispiele belegen dies: In Kandahar erlebte ich, dass Kinder immer auf Distanz gehalten wurden. Die Soldaten warfen Wasserflaschen aus gut zwanzig Meter Entfernung zu ihnen. Man hätte auch eines der Kinder zu sich winken können und ihm mehrere Flaschen zum Verteilen an seine Spielkameraden geben können. Doch nachdem ein Kind sich und kanadische Soldaten in die Luft sprengte, wurden die Sicherheitsbestimmungen verschärft.

Ein deutscher Feldwebel lotste nachts schwere Fahrzeuge durch die engen Straßen eines Dorfes. Die Kinder des Dorfes wollten sich das Schauspiel nicht entgehen lassen und bettelten um Essensrationen und Wasserflaschen. Er empfand sie jedoch als Bedrohung, zog seine Pistole und entsicherte. Glücklicherweise konnte er davon überzeugt werden, nicht zu schießen. Ein anderer beschreibt sein generelles Unwohlsein, wenn sich ihm Kinder im Dorf nähern, denn es könnten Selbstmörder sein. Auf Kinder wolle er aber nicht schießen, dies könne er sich nicht verzeihen. Die Terrorstrategie trägt also Früchte. Neben der Bedrohung für die Soldaten wird als zusätzlicher Effekt die Bevölkerung von ihnen entfremdet. Selbst die Kinder dürfen Soldaten nur noch aus der Distanz betrachten. Die oft zitierte Strategie der NATO-Nationen, die Herzen und Köpfe der Bevölkerung zu gewinnen, wird damit erfolgreich unterlaufen. So kann sich im kollektiven Gedächtnis der Bevölkerung einprägen, dass auch die deutschen Soldaten wie Besatzer auftraten und selbst Kinder bedrohten. Kinder sind die Zukunft eines vom

[171] Ebd., englische Übersetzung, S. 6

Krieg gezeichneten Landes. Sie werden aufgrund ihrer Erfahrungen als Erwachsene Jahre später die Deutschen dann eher ablehnend empfangen, falls diese nochmals in ihr Land kommen sollten.

Die Selbstmordattentäter gleichen in Kleidung und Auftreten zivilen Personen. Die in der Ausbildung vermittelte Weisheit, sie würden sich zuvor waschen, rasieren und weiße Gewänder anlegen, weil sie im Paradies Allah gegenübertreten würden, erwies sich als Mär. Es bedarf einer großen Gelassenheit, um sich von den täglichen Sicherheitswarnungen nicht so beeindrucken zu lassen, dass der Kontakt zur Bevölkerung gänzlich vermieden wird.

Gewalterlebnisse totschweigen

Wolfgang Schröder hat zusammen mit anderen Autoren 2013 das Buch »Feindkontakt – Gefechtsberichte aus Afghanistan« herausgegeben.[172] Für den Berufssoldaten, der sich auf einen Einsatz vorbereitet, müsste das Buch zur Pflichtlektüre erhoben werden. Denn darin werden in Berichten und Erzählungen Operationen aus den unterschiedlichsten Blickwinkeln beschrieben. Das Buch ist den gefallenen Soldaten gewidmet, die einer Fallschirmjägertruppe angehörten. Die im ersten Teil beschriebenen Gefechte stammen zumeist von den Soldaten dieser Truppe. Im Geleitwort schreibt der Befehlshaber des Einsatzführungskommandos der Bundeswehr, Generalleutnant Hans-Werner Fritz, wie kein anderes zuvor sei dieses Buch geeignet, aus erster Hand über die Belastungen der Soldaten im Gefecht zu erfahren. Mit der Schilderung der persönlichen Erlebnisse würde der Leser mit in den Einsatz genommen. Neben der Reflexion über das eigene Handeln würden die Verfasser noch einen Schritt weitergehen:

> »denn die Autoren erlauben dem Leser einen unverstellten Blick in ihr Innerstes, in ihre Gefühlswelt und ihr Seelenleben«[173].

---

172 Schröder,
173 Ebd., S. 15

Die Beiträge in diesem Buch zeichnen sich durch eine nüchterne und kontrollierte Beschreibung der Realität im Gefecht aus. Einige Erscheinungen des Kampfes unterliegen aber auch in diesen Berichten den etablierten Tabus. Eine Ausnahme stellt der Bericht von Tim Focken dar: »Verwundung – ein Kampf, auf den ich nicht vorbereitet war«.[174] Will man die mit einem Gefecht verbundenen Emotionen beschrieben sehen, lohnt die Lektüre des Buches »Fallschirmjäger in Kunduz – Wir kamen zu helfen, und erlebten den perfiden Terror«[175]. Der Fallschirmjäger Robert Eckhold erzählt hierin von den gleichen Operationen, die seine Vorgesetzten im Buch »Feindkontakte« beschreiben. Seine Erzählungen sind emotionaler, direkter und enttabuisieren in wenigen Zeilen das Bild vom tapferen Soldaten. Robert Eckhold gehört zu den Soldaten, die sich ihre Erlebnisse von der Seele schreiben und damit einen realistischen Einblick in die Gefechte vermitteln. Doch auch diese Berichte sprechen nicht alles an.

Sieht man einmal von der die Bundeswehr anklagenden Traumaliteratur ab, wollen Soldaten und insbesondere Offiziere offensichtlich nicht die komplexe Realität des Kampfes und der Gefechte beschreiben. Den Adrenalinschub, der den einzelne Soldaten im Gefecht überfällt, der in zu Höchstleistungen befähigt, wird nüchtern als »ich habe nur noch funktioniert« beschrieben. Die Unfähigkeit, sich dem Gewalterlebnis erneut zu stellen, das Versagen im Kampf, welches früher als Feigheit vor dem Feind durch die Militärjustiz bestraft wurde, wird sehr distanziert dargestellt:

> »Da wir im Zug ein sehr, sehr gutes Verhältnis zueinander haben, war es für sie kein Problem, zu sagen: Thorsten, hör mal zu, ich habe jetzt ein Problem vom Kopf her. Da bin ich froh, dass die Jungs zu mir kommen. Bevor der Mann nicht mehr funktioniert und wirklich Mist baut, sage ich: Klar, es ist besser für dich, fahr nach Hause.«[176]

Die Entscheidung als solche ist natürlich zu begrüßen. Die Schilderung des Hauptfeldwebels zeugt von Vertrauen und Empathie. Ausgeblendet werden im Interview jedoch die in der Literatur beschriebenen Schuldgefühle, mit

---

[174] Ebd., S. 61 ff.
[175] Eckhold
[176] Koelbl, 2011, Interview vor dem Einsatz

denen Soldaten zu kämpfen haben, wenn sie sich selbst vorwerfen, ihre Kameraden im Stich gelassen zu haben. Auch dieser Aspekt verdient der Beachtung, wird aber tabuisiert.

Der andere Aspekt, die Freude am Kämpfen, am Gewinnen, das Aufkommen archaischer Gefühle wird ebenfalls nicht beschrieben. Passt es nicht in das Bild des reflektierten Soldaten, der die Grundsätze der inneren Führung verinnerlicht hat? Aber all dies ist Realität.

Es sind schließlich die Journalisten, die diese Realität in die Öffentlichkeit bringen. Gerade diejenigen, denen man pauschal vorwirft, nur negativ zu berichten, können mit ihren Interviews in menschliche Tiefen vordringen, über die Soldaten von sich aus nicht berichten können oder wollen.

Als zwei Reporter der *Bild* einen Hauptmann interviewten, schilderte der, wie sie von Taliban auf Motorrädern angegriffen wurden.

> »Zwei der Angreifer seien umgefallen, die habe man ‚vom Motorrad geschossen'.
>
> Wenige Tage vor diesem Gefecht war der Hauptgefreite Sergej Motz gefallen, der derselben Einheit angehörte.
>
> ‚Trotzdem gab es keine Freude nach dem Motto: Juhu, ich habe jemanden erschossen', sagte der Hauptmann.
>
> Ob es denn nach dem Tod so etwas wie eine Genugtuung gewesen sei, fragten wir.
>
> ‚Ganz ehrlich, für manche war es eine Genugtuung', antwortete der Hauptmann, ‚alles andere wäre gelogen.'«[177]

Auch andere Soldaten berichten von erfolgreichen Gefechten, die natürlich nicht in Deutschland in den Medien erscheinen oder von den Presseoffizieren als Erfolgsmeldungen verbreitet werden. Diese Wahrheit kann man in den Tagebüchern von Soldaten aller Kriege lesen, aber nicht der deutschen Öffentlichkeit vermitteln. Deutsche Soldaten freuen sich nicht einen Augenblick über das Töten. Wenn sie es dennoch tun, wird es verschwiegen. Dabei erleben sie eine zutiefst menschliche Reaktion, die von ihnen in der Rückschau fast immer mit Erschrecken reflektiert wird. Es ist die Genugtuung, die jeder verspürt, wenn er immer in der Defensive war, immer die

[177] Schröder, S. 68

Anschläge ertragen musste, immer die Meldungen vom Tod der alliierten Kameraden mitanhören hören musste. »Endlich konnten wir uns wehren und haben es ihnen gezeigt« – solche Äußerungen fallen in den Feldlagern, wenn abends das Bier besonders gut schmeckt und das Überleben, die Wiedergeburt sowie der Sieg gefeiert werden. Sicherlich freuen oder prahlen nicht alle und nachdenklich werden sie, wenn sie darauf hingewiesen werden, dass sie Menschen – wenn auch rechtmäßig – erschossen haben. Zunächst flammt kurz die Genugtuung auf, der Gedanke an Rache und die gerechte Bestrafung. Beim Gefreiten, Unteroffizier, Offizier und General. Diejenigen, die Gefechte erlebt haben, wissen jedoch, dass es nur ganz wenige Soldaten gibt, die Spaß am Töten haben.

Es sind die Journalisten, die mit ihren Fragen diese Reaktionen öffentlich machen.

Am eindringlichsten sind die emotionalen Ausbrüche im Kampf in der englischsprachigen Literatur zu finden. Das Buch »War – ein Jahr im Krieg« von Sebastian Junger gehört gerade deswegen zur Pflichtlektüre.[178] Er ist einer der sogenannten *embedded journalists*, die in der US-Armee die Soldaten auch in Gefechten begleiten. Er erlebte gemeinsam mit den Soldaten Gefechte und vermittelt einen Einblick vom Gefecht, der Professionalität und der Psyche von Soldaten, der der Wirklichkeit wohl am nächsten kommt.

In der Bundeswehr ist es fast unmöglich, Reportern einen solchen Einblick zu gewähren. Mit dem Argument, das Leben der Journalisten nicht gefährden zu wollen oder keinen Versicherungsschutz gewähren zu können, wird dies abgelehnt und versucht, die komplexen Geschehnisse im Gefecht der Öffentlichkeit vorzuenthalten. Dabei befindet sich die Presseabteilung des Ministeriums in Einklang mit Intendanten des öffentlich-rechtlichen Fernsehens. Sie zogen 2001 ihre Journalisten aus dem Norden Mazedoniens ab, weil sie für Nachrichten vom Bürgerkrieg nicht das Leben ihrer Reporter aufs Spiel setzen wollten. Dies Risiko war deutschen Journalisten damals zu hoch. Sie zogen ab, übernahmen aber dankbar die Reportagen der in Mazedonien verbliebenen. Die Soldaten blieben und die Fernsehberichte in der Tagesschau und dem Heute Journal wurden von den Reportern der BBC und CNN übernommen, die weiterhin vor Ort waren. Einer dieser

178 Junger

Reporter, er trug eine Schutzweste und Helm, starb, als er aus einem umkämpften Dorf berichtete.

Es gibt aber auch in Deutschland Journalisten, die über Kriege Bericht erstatten wollen. So ist die Frage erlaubt, ob die dafür notwendige Genehmigung durch den Pressestab des Ministeriums ausbleibt, weil über die Realität des Kampfes nicht berichtet, sie totgeschwiegen werden soll. Deswegen bleibt nur der Blick in das Buch Sebastian Jungers, wenn man mehr über Situationen erfahren möchte, die in jeder Armee erlebt werden könnten.

Junger beschreibt beispielsweise eine Szene, in der ein Soldat den Tod seines Feldwebels rächen will:

> »Es ist Staff Sergeant Rougle, in die Stirn geschossen, das Gesicht dunkelrot angelaufen vom Trauma. ‚Ich wollte weinen, aber konnte nicht – so groß war der Schock', sagte Cortez. ‚Ich wollte einfach nur noch alles Töten, was mir vor die Augen kam und nicht amerikanisch war. Mir war es echt egal, wer da auftauchte – Mann, Frau, Kind, ich hätte es getan.'«[179]

Aus solchen Situationen können Kriegsverbrechen entstehen, die – wie auch in diesem Fall – glücklicherweise dann doch nicht verübt oder von Vorgesetzten verhindert werden, obwohl jene häufig das Gleiche erlebt haben. Die geschilderte Situation führt zu der Frage, was ein Soldat in solch einer extremen Situation wahrnimmt und ob er in der Lage ist, seine Gefühle zu kontrollieren. Junger beschreibt dies als Beobachter authentisch und drastisch. Die Schuldgefühle des einen Soldaten, der den Tod seines Kameraden nicht verhindern konnte und immer wieder davon träumt. Das Herumirren des anderen, der klagt und tierische Laute ausstößt, weil er nicht fassen kann, was passiert ist. Die Orientierungslosigkeit des Dritten, der nicht bemerkte, dass er sich hinter die feindlichen Linien gekämpft hatte.

Lesenswert ist ebenfalls das Buch »Der menschliche Körper« von Paolo Giordano. Er schildert unter anderem das Leben italienischer Soldaten in einem sogenannten *Forward Observation Post*, einem spartanisch eingerichteten Außenlager, und ihren Gefechtserfahrungen bei einem Anschlag. Die Schilderungen von Giordano sind prosaischer als die von Junger. Giordano

179 Junger, S. 133. Junger widmet seinen Beobachtungen im Gefecht im Kapitel »Töten« ganze 116 Seiten.

schildert die Geschehnisse aus der Sicht der Soldaten und deren Angehörigen.

Vom Funktionieren in extremen Situationen

Im Handbuch der evangelischen Seelsorge mit dem Titel »Friedensethik im Einsatz« wird die Frage nach der bewussten Willensentscheidung im Gefecht aufgeworfen. Soldaten schildern, nach einem Anschlag oder den ersten Sekunden der Überraschung kurz unter Schocks zu stehen, dann aber das in der Ausbildung drillmäßig Gelernte quasi aus dem Unterbewusstsein abzurufen. Es ermöglicht ihnen aber gleichzeitig, ihre bewusste Aufmerksamkeit auf das Geschehen um sich herum zu richten und zu handeln. Die Fähigkeit des Einzelnen, die Außenwelt wahrzunehmen, hängt allerdings wesentlich von der jeweiligen Herzfrequenz ab. Idealtypisch wäre eine Herzfrequenz von circa 115 Schlägen pro Minute. In Stresssituationen werden jedoch häufig Frequenzen von 175 Schlägen pro Minute und mehr gemessen. Damit reagiert der Körper auf die existenziellen Gefahren, denen er ausgesetzt ist. Auch die Sinne des Menschen sind davon betroffen. Sie ändern sich ebenfalls und scheinen sich auf die Bewältigung von Gefahren hin auszurichten. Der Tunnelblick oder die *target fixation* (zu Deutsch Zielfixierung) sei an dieser Stelle erwähnt. In Extremsituationen nimmt der Soldat seine Umwelt also in der Regel eher in begrenztem Umfang wahr. In den Berichten von Soldaten wird das Handeln in einer solchen Situation oftmals mit der Vokabel »funktionieren« belegt, weil sie nur so die extrem hohe psychische Anspannung bewältigen können.

Im Handbuch der evangelischen Seelsorge wird zur Psychodynamik ein von Dave Grossmann entwickeltes Phasenmodell vorgestellt, mit dem die psychosomatischen Abläufe vor, im und nach dem Gefecht erklärt werden können. Die Phasen als solche verlaufen nacheinander und in unterschiedlicher Intensität, können aber auch überschneidend erlebt werden.[180]

1. Die Beunruhigungsphase geht dem Kampf voraus. Sie kann bereits eintreten, wenn der Soldat in der Ausbildung mit Bildern, Videos und

[180] Friedensethik im Einsatz, S. 300 ff.

Aussagen von Anschlägen, Gefechten etc. konfrontiert wird. Im Einsatz beginnt sie mit der Einweisung in einen konkreten Auftrag. Die Betroffenen reagieren unterschiedlich. Angst kann entstehen. Sie versuchen die Gefährlichkeit der bevorstehenden Operation einzuschätzen und fragen sich, ob sie den Anforderungen gewachsen sein werden.

2. In der Tötungsphase wird in einer Extremsituation unter Hochstress die Entscheidung getroffen, einen Gegner zu verletzen oder zu töten. Die Überwindung der Schießhemmung erfolgt nach Grossmann bei einem trainierten Soldaten unterhalb der Bewusstseinsschwelle, was die im Folgenden aufzuwerfende Frage berührt, ob dies die Kriterien an ethisch verantwortungsvolles Handeln erfüllen kann. Der These Grossmanns zur Überwindung der Schießhemmung kann aber nicht gefolgt werden, da zum Beispiel Scharfschützen sehr bewusste Entscheidungen treffen können, ob und wann sie schießen. Gleiches gilt auch für andere Soldaten. Zunächst erfolgt eine Unterscheidung zwischen Zivilpersonen und Gegnern und die Identifizierung des Gegners, bevor geschossen werden darf. In überraschenden Duellsituationen, in denen reflexhafte Handlungen den Ausgang bestimmen, könnte die Auffassung Grossmanns tatsächlich zutreffen, dass die Handlungen unterhalb der Bewusstseinsschwelle ausgelöst werden.
3. Die Hochgefühlphase folgt schließlich nach dem durchstandenen Gefecht. Die eigenen Ängste sind überwunden worden und die Erwartungen der Umwelt wurden befriedigt. Oft erfüllt den Soldaten auch dann ein Hochgefühl, wenn er das Schießen vermeiden konnte.
4. Die Reuephase kann sich widersprüchlich auswirken. In der Erinnerung an das Geschehene wird sich der Soldat bewusst, dass er einen Menschen getötet hat. Er erschrickt über seine Freude, die ihn unmittelbar nach dem Gefecht überfallen hat. Er erlebt Scham, da er ein Leben ausgelöscht hat. Wie lange diese Phase anhält, hängt auch davon ab, wen er getötet hat und inwieweit er sich mit dem Opfer identifiziert. Ähnliche Schuldgefühle können gegenüber seinen Kameraden aufkommen, wenn der Soldat nicht geschossen hat, obwohl er es sollte. Insbesondere ist das dann der Fall, wenn wegen seiner Schießhemmung andere verletzt oder gar getötet wurden. Grossmann schreibt diese Problematik vor allem untrainierten Soldaten zu.

5. Mit der Rationalisierungsphase setzt das Nachdenken über das eigene Verhalten ein. Die eigenen Erklärungsmuster können dabei fehlerhaft sein, da die Erinnerung an das Geschehene Lücken aufweist oder eigene Fehler verdrängt werden. Dem Verhalten des sozialen Umfeldes kommt in dieser Phase in zweierlei Hinsicht größte Bedeutung bei. Zum einen gilt es, den Ablauf des Geschehenen vollständig zu erfassen, zum anderen, die Fehler als solche zu benennen, ohne den Betroffenen anzuklagen oder gleich zu verurteilen.

Birgt also das »Funktionieren«, der schlafwandlerische Ablauf im Rahmen eines Gefechts die Gefahr in sich, dass eine eigene bewusste Willensentscheidung nicht mehr erkennbar ist? Im Handbuch für Friedensethik werden die Folgen dieses schlafwandlerischen Ablaufs beschrieben:

> »Der Nachteil ist allerdings, dass der Handelnde sich u. U. nicht an den Verlauf der Handlung selbst, im Extremfall nicht einmal an den Grund seiner Auslösung erinnern kann. Eine Willensentscheidung ist hier auf den ersten Blick gar nicht mehr erkennbar. Dies gilt umso mehr, je höher die psychische Anspannung ist, unter der diese Handlung ausgeführt wird. Wie kann sie dann ethisch qualifiziert sein?«[181]

So seltsam die Frage in den Ohren der Soldaten klingt, die sich im Gefecht befanden und die Hochstressphasen durchlebten: Die Beantwortung der Frage ist wichtig, weil fast jede Handlung im Einsatz, die mit einer Verwundung oder Tötung von Menschen einhergeht, juristisch aufgearbeitet wird. Untersuchungen, Vernehmungen, staatsanwaltliche Ermittlungen und Prozesse sind die Folge. Die Tage, oft Monate nach dem Abfeuern eines Schusses, so berechtigt er aus der Sicht des Schützen auch gewesen sein mag, werden von dem lang andauernden juristischen Prozess überschattet. Ein Prozess, der aus ethischer Sicht von den Soldaten sogar selbst gefordert werden sollte.

> »Denn selbstverständlich muss die Ausübung des staatlichen Gewaltmonopols gerichtlich überprüft werden. Die Rechtgemeinschaft darf gerade

---

[181] Friedensethik im Einsatz, S. 293

> Soldaten, die tödliche Schüsse abgefeuert haben, nicht mit ihren Zweifeln allein lassen; sie sollten geradezu darauf bestehen, dass ein unabhängiges Gericht ihre Handlung als legitim erweist. Wer diese Überprüfung ablehnt, hat das Gewicht des Soldatenberufes nicht verstanden.«[182]

In den Publikationen über die Gewalterlebnisses, Gefechte und Traumatisierungen, die mir bekannt sind, fand ich diese Forderung nirgends. Der Prozess vor öffentlichen Gerichten wird eher als quälend und vorverurteilend beschrieben. Zumal auch ein Freispruch nicht von der persönlich empfundenen Schuld befreit. Deswegen setzt diese Forderung, auf ethischen Grundsätzen des Soldatenberufes basierend, eine dezidierte Auseinandersetzung mit den ethischen Grundlagen voraus, die allen Soldaten vermittelt werden müssen. Selbst dann dürfte es für den Betroffenen schwierig sein, die erhobene Forderung auch zu leben. Vorgesetzte können das hierzu erforderliche Vertrauen in die Institutionen bereits zu Beginn des beschriebenen Prozesses empfindlich stören, sogar zerstören, wenn ihr Verhalten in der Rationalisierungsphase als Anklage oder Misstrauen wahrgenommen wird.

Robert Eckhold schildert aus seiner Perspektive einen Vorfall, bei dem auf ein Auto geschossen wurde, dessen Fahrer die Zeichen zum Anhalten nicht beachtete. Bei dem Beschuss des Autos wurden afghanische Polizisten verletzt. Zum Ende der Ermittlungen wurden die staatsanwaltlich veranlassten Untersuchungen eingestellt.

> »Auch kotzte uns allmählich an, dass insbesondere die eigene Nation uns Kampftruppen aus Angst, ins Fegefeuer der Kritik durch die internationale Gemeinschaft zu geraten, nach jeder Aktion, bei der ein Afghane zu Schaden kam, ohne Umwege öffentlich an den Pranger stellte, anstatt uns zu unterstützen. Wir sind keine schießwütigen Schlächter [...] Das Misstrauen gegenüber unserer Kompetenz ist für uns untragbarer und wesentlich demotivierender als das allgemeine Desinteresse.«[183]

Wäre diese Äußerung auch getätigt worden, wenn die Ausbildung vor dem Einsatz dahingehend umfassender gewesen wäre? Sicherlich, was das bei

---

[182] Friedensethik im Einsatz, S. 302

[183] Eckold, S. 252 ff.

Eckhold beschriebene fehlende Vertrauen in die Vorgesetzten betrifft, die die juristische Aufarbeitung einleiten und begleiten. Bei ihm ist zu berücksichtigen, dass er sehr kurzfristig in den Einsatz ging. Wenn Eckhold hier die Meinung aller wiedergibt, die außerhalb des Feldlagers in gefährliche Situationen verwickelt waren, sollte man daraus auf eine mangelnde Ausbildung vor dem Einsatz schließen, die einschneidende Auswirkungen auf die Motivation der Soldaten hat? Oder beschreibt er ein Vorurteil, das Kampftruppen eher zur Waffe greifen als andere? Wahrscheinlich können beide Fragen teilweise bejaht werden. Doch sollte jedem Soldaten vor dem Einsatz bewusst sein, dass Untersuchungen eingeleitet werden, sobald die Waffen eingesetzt wurden.

Bei jedem Waffeneinsatz entstehen mit der ersten Meldung Gerüchte über das Ereignis. Als Faustregel gilt, dass etwa die Hälfte aller ersten Meldungen fehlerhaft sind und deswegen eine Beurteilung der Ereignisse erst nach Vorliegen weiterer Informationen aus anderen Quellen erfolgen kann. Durch die Verwendung moderner Kommunikationsmittel entsteht zwar den Eindruck, über ein aktuelles Lagebild zu verfügen. Die Meldungen stammen jedoch unverändert von Menschen und bleiben damit fehlerbehaftet. Als Folge der neuen Technik liegt eine fehlerhafte Situationsbeschreibung nun aber schneller in den Operationszentralen vor. Auf diese Weise entstehen Gerüchte. Ein zweites Phänomen hat seine Ursache in fehlerhaften Wahrnehmungen des Personals in der Operationszentrale, die auch mir selbst bereits unterliefen. Denn manche Meldungen klingen derart unwahrscheinlich, dass ihnen nicht geglaubt wird.

Die meldenden Soldaten führen solche Folgen verständlicherweise auf mangelndes Vertrauen in sie zurück. Doch bisweilen sind sie sich auch nicht bewusst, unbeabsichtigt die Quelle der Gerüchte gewesen zu sein.

Wie zuvor beschrieben werden in Situationen, die von höchstem Stress gekennzeichnet sind, wahrscheinlich weder alle Ereignisse noch deren zeitliche Abläufe noch die eigenen Handlungen vollständig im Gedächtnis abgespeichert. Verschärft wird dieser Zustand durch ein Schlafdefizit sowie die Ermüdungserscheinungen bei länger andauernden Gefechten. Subjektiv wird dies vom Betroffenen kaum wahrgenommen, genauso wenig wie die Verminderung seiner Leistungsfähigkeit. Die dennoch vorhandenen, unbewusst aufgenommenen Informationen können bei der späteren Rekonstruktion der Ereignisse jedoch zum Teil aufgerufen werden. Dies sollte jeder Soldat erfahren haben, der nach einer Ausbildung im Gefechtsübungszentrum an einer Auswertebesprechung teilgenommen hat. Die Auswertung präsentiert ein teilweise anderes Geschehen als das selbst erlebte. Auf das Gefecht und die Meldungen aus dem Gefecht ist diese Erfahrung uneingeschränkt übertragbar.

> »Nach objektiven Kriterien bleibt die Erinnerung an Ereignisse im Hochstress […] oft lückenhaft, verdreht oder sogar falsch […] Bei einer Nachbesprechung oder gar einer Untersuchung sieht sich der Betroffene deshalb leicht dem Vorwurf ausgesetzt, er habe Schwierigkeiten mit der Realität […] oder er versuche sich mit Schutzbehauptungen oder vielleicht sogar Lügen aus der Verantwortung zu stehlen.«[184]

Die eigene eingeschränkte Wahrnehmung des Geschehens wird durch die Unübersichtlichkeit der Gefechtssituation selbst verstärkt. Bei den Betroffenen wirken die Ereignisse noch mindestens 24 Stunden nach, bevor ein emotionaler Normalisierungsprozess einsetzt, der nach drei bis vier Tagen Vergessenes oder Verdrängtes wieder ins Gedächtnis zurückbringt.

> »Dieser Prozess kann beschleunigt werden, wenn er [der betroffene Soldat, d. Verf.] mit anderen Beteiligten oder Augenzeugen z. B. im Rahmen eines Debriefings sprechen kann. Der Nachteil ist allerdings, dass er damit Informationen erhält, die ihm vorher unzugänglich waren, und sich so seine eigene Erinnerung verändert, ohne dass der Betroffene das merkt.«[185]

Diese Erkenntnisse führten zu einer Weisung, dass nach einem Gefecht im Feldlager zusammen mit allen Beteiligten die Ereignisse zu besprechen seien. Die Gespräche sollten der Auswertung sowie der Aufarbeitung dienen und den Prozess der Normalisierung beschleunigen. Mit der Anwesenheit von Psychologen und Militärpfarrern sollten traumatische Belastungen erkannt und ihnen gegebenenfalls sofort begegnet werden können.

---

184 Friedensethik im Einsatz, S. 293

185 Ebd.

Dieses Vorhaben wurde aber unterschiedlich umgesetzt. Wiederholt wurden Soldaten, die soeben ein Gefecht überstanden hatten, mit der Rückkehr ins Feldlager voneinander getrennt und sofort vernommen. Der dies anordnende Vorgesetzte wird sicherlich sagen können, sein Verhalten sei juristisch korrekt gewesen. Dem Soldaten ist die gemeinsame Besprechung

> »in seiner Verarbeitung des Erlebnisses vielleicht hilfreich, erschwert aber die Arbeit der Ermittler. Im Extremfall könnte so ein formelles oder informelles Debriefing in einer Gruppe als Absprache zu einer Aussage gewertet werden.«[186]

Handelt ein Vorgesetzter nach dem in der Formulierung enthaltenen Generalverdacht, wird er in kürzester Zeit das Vertrauen seiner Untergebenen verlieren. Die an ihn gerichtete Forderung, seine Soldaten in Gefechte zu endsenden und ihrer Professionalität zu vertrauen, ist nur schwierig damit zu vereinbaren, alles zur Aufklärung von Vorfällen beizutragen, damit ihm selbst nicht Verschleierung vorgeworfen werden kann. Soldaten deswegen unter einen Generalverdacht zu stellen, ist jedoch sicherlich die falsche Wahl und führt zu Reaktionen, wie sie von Robert Eckhold beschrieben sind.

Eine spezielle Ausbildung, in der die ethischen Grundlagen des Soldatenberufes behandelt werden, wird dem »einfachen« Soldaten kaum angeboten. Ein korrektes oder militärisch ausgedrückt: vorschriftentreues Verhalten wird bei Soldaten dennoch erreicht. Es wird auf unterschiedlichste Weise in die Ausbildung eingebettet, sei es in den Unterrichten zur politischen Bildung, dem Rechtsunterricht, in der Ausbildung der dem jeweiligen Mandat zugeordneten Einsatzregeln, den Rollenspielen etc. Der Soldat wird auf diese Weise trainiert, sich im Normen- und Wertegefüge der Bundesrepublik Deutschland zu bewegen – auch und gerade im Gefecht. Dennoch kann es zu Fehlverhalten kommen, zu unbeabsichtigten Fehlschüssen bis hin zu Tötungen. Das ist niemals auszuschließen, wenn stundenlang unter höchstem Stress, teilweise bis zur physischen Erschöpfung, gekämpft wird. Der Bundeswehrarzt Benno Schneider schildert anschaulich die Auswirkungen des extremen Stresses auf Soldaten,

---

[186] Ebd.

»die drei Tage hintereinander beschossen worden sind. Die sehen dann mehr tot als lebendig aus. Da erzählt keiner mehr von sich, er sei `ne coole Sau. Die müssen sofort in Betreuung, raus aus dem Ganzen.«[187]

Das Wissen darum muss auch in die Öffentlichkeit vermittelt werden. Die zwangsläufig folgende juristische Bewertung muss die psychische und physische Belastungssituation des Soldaten berücksichtigen. Dies einer völlig unerfahrenen deutschen Staatsanwaltschaft und anschließend einem genauso unerfahrenen Gericht zu verdeutlichen, ist fast unmöglich. Der Freispruch eines Soldaten, der an einer Straßenkontrolle Zivilpersonen getötet hatte, erfolgte erst, nachdem sich das Gericht die Situation wie an einem Filmset hatte nachbauen lassen und so die Aussagen der Beschuldigten verifiziert werden konnten. Es dauerte bis zum 1. April 2013, bis die Staatsanwaltschaft Kempten als alleinige Schwerpunktstaatsanwaltschaft mit der Untersuchung von möglichen Straftaten bei Auslandseinsätzen der Bundeswehr betraut wurde. Im Fall der Anklage werden sie dann vor dem Amtsgericht in Kempten verhandelt. Seitdem wird dort eine enge Zusammenarbeit mit dem Einsatzführungskommando in Potsdam praktiziert. So wird eine Expertise aufgebaut, die Vorfälle im Einsatz besser bewerten und damit die Zeitdauer der Verfahren verkürzen kann.

Parallelgesellschaft Bundeswehr?

In Interviews mit Soldaten, die Gefechte erlebt und Menschen getötet haben, wird immer wieder darauf hingewiesen, das Erlebte könne man in seinen Details nur mit Kameraden teilen, die auch im Kampf standen. Außenstehenden könne man es nicht erklären, weder innerhalb der Bundeswehr und schon gar nicht in der Öffentlichkeit. Die Bindungen, die durch den Kampf geflochten wurden, seien nicht zu zerreißen. Der in diesen Aussagen mitschwingende Pathos ist unüberhörbar.

Angenehm nüchtern, fast freundschaftlich spricht dagegen ein Zugführer der Fallschirmjäger. Er hatte einem seiner Soldaten einen Fallschirmsprung versprochen. Als dieser gefragt wurde, ob der das verdient hätte,

[187] Zajček, S. 248

antwortete er mit einem Lächeln. Ja, habe er. Schließlich hätte er ihm, dem Zugführer ein paar Mal das Leben gerettet.

In dem von Ulrike Scheffer und Sabine Würich 2014 herausgegebenem Buch »Operation Heimkehr« wird von vielen der Interviewten geäußert, das Umfeld habe kein Interesse an dem im Einsatz Erlebten. Fragen danach seien aus Höflichkeit gestellt worden, doch ein richtiges Interesse daran sei nicht vorhanden.

Verstümmelte Soldaten werden manchmal gefragt, ob sie einen Motorradunfall erlitten hätten. Die Frage scheint bei dem Interviewten Kopfschütteln zu erzeugen. Aber es ist eine Frage, die aus der Lebens- und Erfahrungswelt des bundesrepublikanischen Mitmenschen erwächst.

Die daraus von fast allen gezogene Konsequenz, besteht im Rückzug in den Kameradenkreis, in dem die Erinnerung gepflegt und der Jahrestag der Wiedergeburt gefeiert wird. Diese Abkapselung kann zu einer martialischen, heroischen Einstellung führen, die jedoch nicht tolerierbar ist. Sie wird in der Auffassung eines Oberstleutnant deutlich, der unter Wahrung der Anonymität in Kunduz anmerkte:

> »Wenn es einen schon erwischt, dann möchte hier jeder ehrenhaft fallen«, erzählte uns ein Oberstleutnant in Kunduz im Mai 2009. »Keiner will auf so einen beschissenen versteckten Sprengsatz latschen. Wenn es schon passiert, sollen unsere Eltern hören: tapfer gekämpft und durch eine Kugel getötet.«[188]

Als ob Eltern das interessieren würde. Sie haben einen Sohn verloren.

Eine ähnliche Auffassung kann man sogar den Worten des ehemaligen Inspekteurs des Heeres entnehmen. Generalleutnant Hans-Otto Budde wird in einem Artikel der *Welt* aus dem Jahr 2004 zitiert:

»Wir brauchen den archaischen Kämpfer und den, der den Hightech-Krieg führen kann.«[189] Budde ist Fallschirmjäger, Angehöriger der Kampftruppe, die sich als Elite versteht, bereit zum Kämpfen und offensichtlich auch zum Sterben. Dennoch ist seine Aussage völlig falsch. Ein ar-

---

188 Reichelt, S. 43

189 Winkel zitiert den Inspekteur des Heeres, Generalleutnant Budde, ohne weitere Hintergrundinformation zum Anlass des Zitates.

chaischer Kämpfer wird kaum die universalen Menschenrechte verteidigen, die heute die ethische und moralische Rechtfertigung von Kriegseinsätzen sind. Er wird auch nicht aus humanitären Erwägungen heraus in den Krieg ziehen. Er wird kämpfen und siegen wollen, den Feind töten. Diese Einstellung zur Legitimation des Soldaten zu erheben ist sträflich.

Sie scheint sich auch in den elf folgenden Jahren keineswegs verfestigt zu haben. Wären diese archaischen Kämpfer tatsächlich in den Streitkräften produziert worden, hätten sie sich in den Kampf gegen oder mit der Terrororganisation des IS begeben. Christoph Gramm, der Leiter des Militärischen Abschirmdienstes, spricht von 20 ehemaligen Soldaten, die sich dem IS angeschlossen haben.[190] Eine beruhigend geringe Zahl angesichts von insgesamt 650 Deutschen, die sich bis zum März 2015 dem IS angeschlossen hatten.[191]

Die Auffassung von General Budde einen archaischen Kämpfer zu benötigen, wird von einem jungen Offizier der Kampftruppe in seinem Text positiv darstellt. Er sieht darin den Wandel in den Streitkräften.[192] Ein anderer junger Offizier stellt fest, dass sich die Bundeswehr bereits als parallele Gesellschaft mit eigenen Werten und Normen etabliert hat.[193] Nach seiner Auffassung kann in einer postheroischen Gesellschaft der Verlust von Menschenleben im Einsatz nicht vermittelt werden. Auch diese Auffassung ist zu hinterfragen. Der Tod als Bestandteil des Lebens wird in unserer Gesellschaft sicherlich verdrängt wie nie zuvor. Gleichzeitig akzeptiert diese Gesellschaft den jährlichen Tod von mehreren Tausend seiner Bürger im Straßenverkehr, von mehreren Tausend Patienten, verursacht durch falsche Behandlungen. Sie begreift diese Toten als hinzunehmendes Risiko einer postindustriellen Gesellschaft, als Teil ihrer Lebenswelt.

Zu hinterfragen ist auch, ob die Gesellschaft tatsächlich den Tod von Soldaten nicht akzeptieren kann oder ob dessen Unvermeidlichkeit nicht ausreichend vermittelt wird. Der Somalia-Einsatz wurde offiziell wegen des Todes von US-Marines abgebrochen, die in einen Hinterhalt geraten waren. Daraus folgerten viele Soldaten, bei Einsätzen dürften Soldaten nicht ster-

---

190 Flade, 08.03.2015

191 de Maizière, Diskussionsbeitrag in der Sendung Maybrit Illner vom 05.02.2015

192 Reitstetter, S. 56

193 Ebd., S. 107

ben, sonst sei die Mission gefährdet. Während der Operationen auf dem Balkan starben Soldaten, ohne dass der Einsatz abgebrochen wurde. Die meisten Toten waren im Einsatz in Afghanistan zu beklagen. Aufgezwungen von der öffentlichen Diskussion wurde der Tod im Einsatz nunmehr auch offiziell thematisiert. Die Bundeskanzlerin reiste erstmals nach Afghanistan und sprach bei einer Trauerfeier – Schritte, um die Gesellschaft an das Unvermeidliche zu gewöhnen. Auch deswegen konnte das Engagement in Afghanistan weitergeführt werden, obwohl mittlerweile die Mehrheit der Bevölkerung den Einsatz ablehnte. Dieser Prozess wird mit dem Folgenden Zitat treffend beschrieben:

> »... das vielleicht einzige bleibende Verdienst des zurückgetretenen Verteidigungsministers zu Guttenberg [bestand] darin [...], die Rede vom Krieg mit Blick auf die Lage in Afghanistan wieder salonfähig zu machen – erstaunlicherweise wurde diese Äußerung allseits als Befreiungsschlag empfunden, sowohl bei den pazifistisch gesonnenen Kritikern des Einsatzes wie bei den hartleibigen Militäradvokaten«[194].

Das Versagen der Bundeswehr, ihrer politischen Spitze, wie auch der Generale und Stabsoffiziere liegt in der mangelnden Bereitschaft, die Realität eines Einsatzes, die Vorhersehbarkeit des Tötens und Getötetwerdens zu erklären. Der Reflex sowohl in den Medien wie auch in der Bundeswehr selbst, die Deutungshoheit auf die namenlose Politik abzuwälzen, entschuldigt nicht dieses kommunikative Versagen. Dieses Verhalten steht überdies im Widerspruch zur Idee vom Soldaten als Staatsbürger in Uniform, zur Idee des Citoyen.

Die Streitkräfte dürfen keine archaischen Kämpfer ausbilden. Sie benötigen vielmehr einen Kämpfer, der um die archaischen Gefühle weiß, die im Kampf aufbrechen. Der von seinen Emotionen nicht überrascht ist, sondern sie kontrollieren und gleichzeitig die zur Verfügung stehende Hightech nutzen kann. Es bedarf des Kämpfers, der ein Gefecht abbricht, weil der taktische Sieg nur sinnlosen Tod erzeugen und die Strategie der Gesamtoperationen gefährden führen würde. Das primäre Ziel in den Einsätzen

[194] Naumann, 2011, S. 19

ist die Unterstützung der Zivilbevölkerung zu gewinnen, nicht den Gegner zu töten.

Das setzt eine offene, nichts beschönigende oder totschweigende Kommunikation voraus, die derzeit selbst innerhalb der Streitkräfte zu vermissen ist. Ansonsten wird das Selbstverständnis der Bundeswehr, Spiegelbild der Gesellschaft zu sein, aufgegeben. Die Streitkräfte als Parallelgesellschaft mit eigenen Normen und Werten zu etablieren, wandelt sie letztlich zum Staat im Staat und bugsiert sie damit ins Abseits.

12. Exkurs zum ethischen Handeln

Aus Solidarität mit den USA nach Afghanistan

Um zu den Wurzeln zu gelangen, aus denen das legitimierte Töten in Afghanistan wuchs, sei an den 11. September 2001 erinnert. An diesem Tag wurden die Türme des World Trade Center in New York zerstört. Die surrealistischen Bilder der Liveübertragung ließen eine zutiefst verletzte Nation zurück. Der terroristische Akt wurde als Angriff gegen die gesamte USA bewertet. Unmittelbar danach rief der damalige Präsident Bush den globalen Krieg gegen den Terror aus. Der Begriff *Global War On Terrorism* wurde bis 2009 offiziell benutzt.

Bundeskanzler Schröder führte in seiner Regierungserklärung am 12. September 2001 aus:

»Die gestrigen Anschläge in New York und Washington sind nicht nur ein Angriff auf die Vereinigten Staaten von Amerika; sie sind eine Kriegserklärung gegen die gesamte zivilisierte Welt.«[195] Das von den USA vorangetriebene Krisenmanagement band entsprechend auch die NATO-Bündnispartner mit ein. Botschafter Frank Taylor, der Koordinator für die Terrorismusbekämpfung im Außenministerium der USA, unterrichtete am 2. Oktober 2001 den Nordatlantikrat über die nationalen Erkenntnisse, wer als Verursacher der Anschläge vom 11. September anzusehen sei. Die Situation fand ihren Höhepunkt in der Presseerklärung des damaligen NATO Generalsekretärs, Lord Robertson of Port Ellen. Er führte aus:

> »On the basis of this briefing [das von Frank Taylor, d. Verf.], it has now been determined that the attack against the United States on 11 September was directed from abroad and shall therefore be regarded as an action covered by Article 5 of the Washington Treaty, which states that an armed

---

[195] Schröder, 12.11.2001

> attack on one or more of the Allies in Europe or North America shall be considered an attack against them all.«[196]

Lord Robertson schloss seine Erklärung mit der erneuten Versicherung, die USA könnten sich der völligen Unterstützung ihrer 18 Bündnispartner sicher sein. Erstmals in der Geschichte der NATO war der Bündnisfall ausgerufen worden, ohne dass die USA darum gebeten hatten.

Es folgten der durch die USA und ihre Verbündeten geführte Luftkrieg gegen Afghanistan und die Bodenoffensiven, die zur Vertreibung der Taliban aus Afghanistan führten. Pakistan, das gemeinsam mit den USA in den achtziger Jahren die Taliban im Kampf gegen die sowjetischen Truppen unterstützt hatte, flog vom Flughafen Kunduz eine unbestimmte, aber größere Anzahl an Taliban-Kämpfern und eigenen Militärberatern nach Pakistan aus. Darunter waren sicherlich auch Taliban, die zuvor von den USA mit Waffen und insbesondere Stinger-Flugabwehrraketen ausgerüstet worden waren, um sowjetische Kampfhubschrauber und Flugzeuge bekämpfen zu können.[197] Deutschland beteiligte sich ab dem Jahr 2001 mit Spezialkräften an der sogenannten Operation »Enduring Freedom«. Das Verteidigungsministerium glaubte, diese Beteiligung geheim halten zu können. Der deutschen Öffentlichkeit wurde der Einsatz vorenthalten, bis ein US-amerikanischer Oberstleutnant in einem Interview leutselig ein Loblied auf die deutschen Spezialkräfte sang. Von der Öffentlichkeit begleitet hingegen wurden die diplomatischen Aktivitäten der Bundesregierung, die mit dem Petersberger Abkommen die Grundlagen für die Interimsregierung in Afghanistan legte. Auf der Basis dieses Abkommens fußte die Resolution der Vereinten Nationen, die zur Gründung von ISAF führte. Der erste Einsatz der Bundeswehr in Kabul begann im Januar 2002. Er weitete sich zum Kampfeinsatz aus, zum Krieg gegen die Taliban, die doch 2001 so schnell verdrängt worden waren.

Gleichzeitig – und in der Erinnerung der Bundeswehr wie auch der Öffentlichkeit mittlerweile fast verdrängt – wandelte sich die Bundeswehr zur größten Wach- und Schließgesellschaft in Deutschland. Mehrere Tausend

---

196 Lord Robertson, 02.10.2001

197 Die USA verneinten offiziell, von dieser Evakuierung zu wissen bzw. sie mit Pakistan abgestimmt zu haben.

Soldaten bewachten ab 2004 die US-Einrichtungen und Kasernen, damit die in Deutschland stationierten Streitkräfte sich auf den Krieg in Afghanistan konzentrieren konnten. Das Ende von ISAF wurde mit dem Tod von Osama bin Laden eingeläutet. Die USA hatten den Mord an ihren Bürgern gerächt. Nun sollten die Afghanen wieder die Verantwortung für ihr Land übernehmen.

In diesem Kapitel werden die möglichen Ursachen für das Wiedererstarken der Taliban nicht diskutiert. Unter ethischen Gesichtspunkten ist jedoch zu fragen, warum Bundeswehrsoldaten in Afghanistan töten dürfen. Die Bundesregierung und die politischen Parteien sind hierzu Antworten schuldig geblieben. Betrachtet man die soeben ansatzweise geschilderte Historie, die zum »Krieg in Afghanistan« führte, so die US-amerikanische Bezeichnung, oder zum dortigen »Einsatz«, so die offizielle deutsche Verniedlichung, sind neben einigen anderen vor allem zwei kritische Aspekte zu bedenken.

Die Taliban sind von Pakistan und den USA großgezogen worden. Kaum der Mutterbrust entwöhnt, errichteten sie das Kalifat in Kandahar, terrorisierten mit einer Diktatur Afghanistan. Letztlich wandten sie sich gegen ihre Ernährer. Sie trugen den Terror in die USA und schließlich auch nach Pakistan. Der Terror solidarisierte die westliche Welt – angeführt von der Weltmacht USA – gegen die Taliban, die in Afghanistan besiegt wurden. Wegen der Befreiung von den Taliban und der anlaufenden Wiederaufbauhilfe waren die USA 2001 in Afghanistan sehr geschätzt. Meinungsumfragen belegten dies. Doch die durch das US-amerikanische Militär dominierte Afghanistan-Strategie scheiterte letztlich, weil sie die kulturellen Werte der Afghanen, insbesondere der Paschtunen, wiederholt missachteten. Immer wieder und zunehmend aggressiver wurde von afghanischen Würdenträgern Kritik geäußert. Schließlich auch von Präsident Hamid Karzai. Zum einen waren es die gewaltsamen Hausdurchsuchungen, die die Ehre ihre Frauen verletzten, zum anderen die durch Bombardierungen verursachten Toten unter der Zivilbevölkerung, die einen inakzeptabel hohen Blutzoll von der afghanischen Bevölkerung verlangten. Letztlich verhinderten aber die Operationen von ISAF das Wiedererstarken der Taliban nicht. All dies führte zu einem unglaublichen hohen Vertrauensverlust in der afghanischen Bevölkerung. Schlussendlich kämpften also Soldaten der NATO, auch der

Bundeswehr gegen einen Gegner, der zwei Mal wegen US-amerikanischen Verhaltens mächtig wurde.

Die Unterstützung der Taliban besonders durch den pakistanischen Geheimdienst wurde niemals gänzlich aufgegeben. Mir wurden schon 2005 in Afghanistan Videos von Hasspredigten gezeigt. Die Aufnahmen waren aus Koranschulen auf dem Gebiet Pakistans geschmuggelt worden, in denen Selbstmordattentäter herangezogen wurden. Selbstverständlich war die Existenz dieser Medressen den pakistanischen Institutionen bekannt. Doch erst als die Taliban ihren Terror auf indischem und pakistanischem Gebiet verbreiteten, griff das pakistanische Militär ein. De facto wurde ein Bürgerkrieg gegen die Taliban in den westlichen Provinzen Pakistans geführt. Dadurch wurde der Einfluss der Taliban reduziert, doch nicht eliminiert. Unverändert sind die Grenzregionen Pakistans Rückzugsgebiete für die in Afghanistan operierenden Taliban, die weiterhin die Unterstützung vom pakistanischen Geheimdienst genießen. Offiziell hingegen beteiligt sich Pakistan am Kampf gegen den Terror. Also bekämpfen die Soldaten der NATO und der Bundeswehr die Taliban gemeinsam mit Pakistan, das letztere aber gleichzeitig durch seinen Geheimdienst unterstützt.

Von Söldnern behauptet man, sie würden auch unter solchen Rahmenbedingungen kämpfen. Sind also die Soldaten der Bundeswehr, die in Afghanistan kämpfen, nichts anders als staatlich legitimierte Söldner?

Kritiker behaupten dies, indem sie auf die Ursachen des Konfliktes hinweisen. Bringt man den Mut auf, die politischen Rahmenbedingungen für den Einsatz in Afghanistan zu Ende zu denken, kann man sich dieser Kritik nicht entziehen. Zumal eine existenzielle Bedrohung Deutschlands, die den Einsatz von Streitkräften zur Verteidigung rechtfertigen würde, niemals von Afghanistan ausging. Auch der Terror, so furchtbar er durch Anschläge wütet, bedroht Deutschland keinesfalls existenziell. Als 2002 an der Führungsakademie der Bundeswehr in einem Seminar die Frage untersucht wurde, inwieweit Streitkräfte gegen den Terrorismus eingesetzt werden könnten, war das Ergebnis zunächst überraschend. Für dessen Bekämpfung sind Streitkräfte denkbar ungeeignet, sieht man von einigen speziell ausgebildeten Kräften ab, die für gezielte Operationen zur Gefangennahme eingesetzt werden können. Mittlerweile ist dies eine allgemeine Erkenntnis.

Sicherlich ist der Terror eine Bedrohung, jedoch nicht für die Existenz westlicher Staaten. Zuletzt bewiesen wurde dies durch die Pariser Anschläge auf die französische Satire-Zeitschrift Charlie Hebdo. Mehrere Tage lang beherrscht ein Anschlag dieser Tragweite die öffentliche Diskussion und schränkt das öffentliche Leben ein. Doch das ist ein vorübergehender, kurzer Zeitraum. Was bleibt, ist die Trauer der Hinterbliebenen, eine durch die Anschläge erzeugte Verunsicherung und der Ruf nach mehr Sicherheit. Bisher haben jedoch alle Anschläge zur weiteren Solidarisierung der westlichen Staaten im Kampf gegen den Terrorismus beigetragen.

Die Qualifikation der Bundeswehr zur Terrorbekämpfung entfällt somit als Begründung für den Afghanistaneinsatz. Das verbietet allein der militärische Sachverstand. Die Begründung ist eher in den Prinzipien der bundesrepublikanischen Außenpolitik zu suchen. Deutschland hat nach den Erfahrungen der Weltkriege des 20. Jahrhunderts seine Sicherheit und seinen Wohlstand der Einbettung in multinationale Strukturen zu verdanken. Die Bündnissolidarität ist unverändert eine, wenn nicht die bestimmende strategische Größe deutscher Außen- und Sicherheitspolitik. Dafür einzustehen liegt unverändert im strategischen, langfristigen Interesse Deutschlands. Die uneingeschränkte Solidarität bekundete der damalige Bundeskanzler Gerhard Schröder sicherlich unter dem Schock über die einstürzenden Türme des World Trade Center. Abgesehen von der Uneingeschränktheit, die man einem Bündnispartner gegenüber niemals zusichern sollte, stimmten seine Worte mit der grundlegenden nationalen Position überein. Nichts anderes kann als ursächliche Begründung für den Afghanistaneinsatz herangezogen werden.

Der auf der Pressekonferenz am 5. Dezember 2002 vom damaligen Verteidigungsminister Dr. Peter Struck geprägte Satz: »aber theoretisch könnte man schon sagen, die Sicherheit der Bundesrepublik Deutschland wird auch am Hindukusch verteidigt«[198] muss demnach tatsächlich in den Bereich der Theorie geschoben werden. Selbst bei sehr weiten Auslegung des Sicherheitsbegriffes beinhaltete im Jahr 2002 die Situation in Afghanistan und Pakistan keinerlei existenzielle Bedrohung für die Bundesrepublik Deutschland. Den Einsatz der Bundeswehr mit der Bedrohung am Hindukusch zu rechtfertigen trug schon damals nicht.

---

198 Struck, 05.12.2002

Ein Dilemma prägte den Einsatz in Afghanistan über Jahre hinweg. Kein Politiker konnte sich dazu durchringen, die tatsächliche Begründung, nämlich die Bündnissolidarität mit den USA, öffentlich zu erläutern. In den Streitkräften war dieser Fakt nicht nur bei den Eliten bekannt. Daraus erwuchs Frustration und mangelndes Vertrauen in Politiker, die den Mut nicht aufbrachten, ihre Entscheidungen in die öffentlichen Debatten einzubringen. Stattdessen begründeten die Regierungsmitglieder den Einsatz mit der Hilfe für ein geschundenes Land und vertrauten auf die Wirkung der Bilder aus dem zerstörten Afghanistan und von der leidenden Bevölkerung. So konstruierte man die humanitäre Hilfe als Grund des Einsatzes. Es funktionierte, genauso wie auch bei den vergangenen Einsätzen.

Bereits vor der ersten Präsidentschaft Obamas wurde in den Hauptstädten des Bündnisses und im Hauptquartier von ISAF über die Beendigung des militärischen Einsatzes nachgedacht. Als erstes Datum für die Beendigung des ISAF-Mandates ist mir das Jahr 2010 in Erinnerung. Ein Datum, dass von allen anwesenden Generalen und Stabsoffizieren mit Kopfschütteln als vollkommen unrealistisch kommentiert wurde. Tatsächlich hing aber das Engagement der USA in Afghanistan von der Ergreifung Osama bin Ladens ab. Nach seinem Tod im Jahr 2011 erklärte Präsident Obama in seiner Kampagne zur Wiederwahl 2012, er wolle den Kriegseinsatz in Afghanistan 2014 beenden und 2016 alle Soldaten abgezogen haben. Die Verantwortung für die Sicherheit des Landes lag wieder in afghanischen Händen. Berater und Spezialtruppen zur weiteren Bekämpfen von al-Qaida blieben im Land. Da Deutschland die Solidarität zum Primat des Einsatzes erhoben hatte, wurde keine eigene strategische Zielsetzung formuliert. Was nicht weiter verwunderte, da keine Vorstellungen darüber existierten, wie die Bundeswehr als Instrument der Außenpolitik eingesetzt werden kann, um nationale Interessen zu wahren. Dem Primat folgend wurde zur Strategie erhoben, gemeinsam mit den Bündnispartner in den Einsatz zu gehen und gemeinsam wieder hinaus. Die Einweisungen, die im Verteidigungsministerium für das sogenannte Schlüsselpersonal der einzelnen Kontingente erfolgte, konzentrierten sich daher auf funktionale Aspekte des Einsatzes. Sicherheitspolitische, militärpolitische oder militärstrategische Zielsetzungen wurden nicht diskutiert. Sie existierten schlichtweg nicht. Dies betraf auch die Frage, welche Bedingungen zu schaffen seien, um den Einsatz beenden zu können. Im militärischen Sprachgebrauch als Endzustand bzw. *end state* bezeichnet. Nach der Theorie, die für militärische Planungen angewandt wird, ist ohne die Definition eines Endzustandes eine Operation nicht planbar. In der Praxis wurde er jedoch in diesem Falle nicht definiert. Dieses Verhalten der verantwortlichen Politiker führte ebenfalls zur Irritation unter Soldaten. Ernüchterung und Resignation waren die Folge, die sich in Sarkasmus und in Wortspielen über den Primat und Primaten der Politik äußerten.[199]

Fast 30 Jahre lang litt Afghanistan unter der sowjetischen Besatzung, einem zerstörerischen Bürgerkrieg und dem Terrorregime der Taliban. Eine Generation lang würde es dauern, so die Einschätzung aufgrund der Erfahrungen auf dem Balkan, bis die Afghanen wieder ohne Krieg miteinander auskommen könnten. Doch schon nach 14 Jahren wird das militärische Engagement der NATO beendet. Es gehört zu den irritierenden Erlebnissen, dass Soldaten aus dem Einsatz zurückkehren und mit sichtbarem Stolz von ihren Aufgaben sowie dem Erlebten erzählen. Doch auf die Frage, ob die Operation zum Erfolg führen werde, kommt die Antwort schnell und von Herzen: nein. In der Öffentlichkeit wird die Antwort vorsichtiger formuliert: Die Demokratisierung sei nicht erreicht worden. Da sei man zu optimistisch gewesen, so die sehr zurückhaltende Beschreibung einer vollständigen Fehleinschätzung der gesellschaftlichen Bedingungen in Afghanistan. Man dürfe aber den Fortschritt nicht übersehen, der in den letzten Jahren erzielt worden sei. Die zunehmende Professionalisierung der afghanischen Sicherheitskräfte, deren Ausbildung weiterhin unterstützt wird, lasse zuversichtlich in die Zukunft schauen.

Ist also der 13 Jahre andauernde Einsatz der Bundeswehr in Afghanistan unter den geschilderten Prämissen aus ethischer Sicht zu rechtfertigen? Ist eine militärische Strategie verantwortbar, die in den USA über 2300, in Großbritannien über 450 tote und dazu viele verwundete Soldaten kostete?[200] Genannt seien nur die Zahlen für einige Staaten, die sich militärisch in Afghanistan engagierten. Die Zahlen der getöteten afghanischen Zivilisten, Polizisten und Soldaten gehen weit darüber hinaus. Für Deutschland

199 Kohler, 28.03.2014

200 Statista, 19.03.2015. Die Statistik zählt die gefallenen und verwundeten Soldaten der Operation ENDURING FREEDOM. Die Zahlen schließen ebenso ISAF ein.

starben 54 Soldaten? Offensichtlich sind die eigenen Verluste gerechtfertigt, sonst wären mehr Nationen dem Beispiel der Niederlande und Kanadas gefolgt und hätten den Truppenabzug eher begonnen.

Dabei leben die Afghanen heute unverändert in einer Gesellschaft, die von Korruption geprägt ist, und unter der Bedrohung der Taliban, die erneut mit Hilfe von Terror ein Kalifat errichten wollen. Doch die Frage muss bejaht werden, ob das Engagement der internationalen Gemeinschaft gerechtfertigt war. Die afghanische Bevölkerung ist zumindest 13 Jahre von einer Terrorherrschaft und einem allumfassenden Bürgerkrieg befreit gewesen. Es war eine humanitäre Begründung, die bereits 2001 im ersten ISAF-Mandat angeführt wurde. Die Verluste hingegen werden immer wieder dem Kampf, dem Krieg gegen den Terror zugeschrieben.

Vom »gerechten Krieg« zum Krieg um die Menschenrechte

Fast alle monotheistischen Religionen verbieten das Töten des Nächsten oder gestatten es nur unter bestimmten Bedingungen. Dennoch sind unzählige Kriege im Namen des jeweiligen einzigen Gottes geführt worden. Selbst in der christlichen Kirche, die Nächsten- und Feindesliebe zum Maßstab des Handelns erhoben hat, werden im Namen des Vaters, des Sohnes und des Heiligen Geistes noch heute Waffen gesegnet. Im Gegensatz dazu empörten sich Politiker und Soldaten einvernehmlich, als die Ratsvorsitzende der evangelischen Kirche in Deutschland, Margot Käßmann, am 1. Januar 2010 in der Frauenkirche in Dresden predigte:

> »Nichts ist gut in Afghanistan. All diese Strategien, sie haben uns lange darüber hinweggetäuscht, dass Soldaten nun einmal Waffen benutzen und eben auch Zivilisten getötet werden. […] Wir brauchen Menschen, die nicht erschrecken vor der Logik des Krieges, sondern ein klares Friedenszeugnis in der Welt abgeben, gegen Gewalt und Krieg aufbegehren und sagen: Die Hoffnung auf Gottes Zukunft gibt mir schon hier und jetzt den Mut von Alternativen zu reden und mich dafür einzusetzen.«[201]

[201] Käsmann, 22.03.2015

In ihrer Predigt nutzte sie wiederholt die Formel »Nichts ist gut«, um Missstände beim Klimaschutz, bei der Kinderarmut, der Altenbetreuung oder im Spitzensport anzuprangern. In der gleichen Predigt sagte sie:

> »Das wissen wir doch alle: Es gibt kein perfektes oder makelloses Leben.«

Was also unterscheidet diese Predigt von der über viereinhalb Jahre später getätigten Aussage eines ehemaligen Pfarrers der gleichen evangelischen Kirche, der zum Bundespräsident gewählt wurde? Joachim Gauck führte in einem Interview im Deutschlandfunk aus:

> »Und in diesem Kampf für Menschenrechte oder für das Überleben unschuldiger Menschen ist es manchmal erforderlich, auch zu den Waffen zu greifen […] Und dann ist als letztes Mittel manchmal auch gemeinsam mit anderen eine Abwehr von Aggression erforderlich. Deshalb gehört letztlich als letztes Mittel auch dazu, den Einsatz militärischer Mittel nicht von vornherein zu verwerfen.«[202]

Auch diese Äußerung wurde im öffentlichen Raum emotional und kontrovers diskutiert. Es mag als Anzeichen gedeutet werden, wie schwer es Christen auch heute noch fällt, sich mit der Frage des »gerechten Krieges« zu beschäftigen. Dabei sind beide Aussagen im Kern wesensgleich. Wenn Margot Käsmann einen Wunsch formuliert und gleichzeitig einräumt, es gebe kein perfektes und makelloses Leben, worin unterscheidet sie sich im Kern von der Aussage des Bundespräsidenten? Er will den Einsatz von Soldaten als letztes Mittel nicht von vornherein verwerfen. Er weiß wie Margot Käsmann, dass es kein makelloses Leben gibt. Natürlich begrüßten viele die klaren Worte des Bundespräsidenten, andere bedauerten sie. Vielleicht rührt es daher, dass kaum einer die jeweiligen gesamten Ausführungen gelesen hat?

Es ist nicht meine Absicht, in eine tiefergehende Diskussion über die umfassende Lehre des »gerechten Krieges« oder des »Rechtes zum Krieg« einzutreten. Den »gerechten Krieg« kann es nicht geben, da auch er immer mit

---

[202] Gauck, 20.03.2015

Unheil und Übel einhergeht. Dieter Baumann, Doktor der Theologie und Generalstabsoffizier in der Schweizer Armee, fordert einen Paradigmenwechsel, der in den Äußerungen von Bundespräsident Gauck bereits vollzogen ist:

> »[…] der entscheidende Grundbegriff für eine Militärethik kann nicht mehr derjenige des Krieges sein, sondern derjenige des gerechten Friedens, zu dessen rechtlichem Schutz unter Umständen von staatlichen oder multinationalen Institutionen militärische Gewalt angewendet werden muss. Dies bedeutet für die Kirchen und Christen daher auch, *grundsätzlich* pazifistische Positionen kritisch zu hinterfragen.«[203]

Konsequenterweise darf auch nicht vom christlichen Soldaten gesprochen werden. Er wäre dann ein Gotteskrieger und würde aus seinem Glauben die Gewissheit ableiten, töten zu dürfen. Der Christ als Soldat hingegen verlässt den religiösen Raum, die Kirche, und wirkt in der säkularen Welt. Eingebunden in einen rechtsstaatlichen und völkerrechtlichen Rahmen greift er zu den Waffen, um einen Krieg zu beenden, Frieden zu schaffen und den Menschenrechten wieder zur Geltung zu verhelfen. Unter diesen Rahmenbedingungen darf er töten. Trifft diese Rahmenbedingung zu, ist die Diskussion um den »gerechten Krieg« obsolet geworden, weil sie aus dem christlichen Glauben gespeist wird. Ein militärischer Einsatz hingegen ist völkerrechtlich legitimiert und grundsätzlich dem Schutz der Menschenrechte gewidmet. So ist auch Soldaten, die anderen Religionsgemeinschaften angehören, Agnostikern und Atheisten eine Militärethik vermittelbar, die auf der Achtung vor der Würde jedes einzelnen Menschenlebens basiert.

Die internationalen politischen Prozesse, die im Sicherheitsrat der Vereinten Nationen zu einem Mandat führen, stützen die soeben beschriebene säkulare Begründung einer Militärethik. Fast alle Staaten haben die Menschenrechtscharta der Vereinten Nationen unterschrieben, gleich welche Religion im jeweiligen Staat vorherrscht oder in ihm zur Staatsreligion erhoben ist. Die Menschrechtscharta als Teil des humanitären Völkerrechtes legitimiert somit das ethische Handeln in Kriegen.

Daraus sollte nicht gefolgert werden, die christliche Ethik zur Begründung von Gewaltanwendung und des Tötens beiseitezulegen. Die historische

---

203 Baumann, 2007, S. 304

Ableitung hilft nicht nur, die Genese der Menschenrechtscharta zu verstehen, sondern auch die Grundzüge unserer Rechtsordnung. Christliche Ethik allein kann jedoch ethisches Handeln im Krieg nicht universell gültig begründen. In der multireligiösen Gesellschaft Deutschlands und ihren Streitkräften legitimieren allgemeinverbindlich nur die staatliche Rechtsordnung und das humanitäre Völkerrecht sowie die Menschenrechte als deren unverzichtbarer Bestandteil.

Das ethische Dilemma des Soldaten

In der Präambel der Menschenrechtscharta der Vereinten Nationen ist die Einhaltung der Menschenrechte »als das von allen Völkern und Nationen zu erreichende gemeinsame Ideal« eingefordert. Die Staaten sollen »sich diese Erklärung stets gegenwärtig halten und sich bemühen, durch Unterricht und Erziehung die Achtung vor diesen Rechten und Freiheiten zu fördern«[204].

Dienen Einsätze der Bundeswehr zur Verteidigung der Menschenrechte, müsste deren Charta in den Unterrichten oder Seminaren der Bundeswehr eine prominente Rolle spielen. In über 40 Dienstjahren habe ich mich mit dieser Charta jedoch nie beschäftigen müssen. Auch nicht nach der Vereinigung Deutschlands, als die ersten größeren Auslandseinsätze humanitär begründet wurden. Mit dem Grundgesetz und dem Soldatengesetz setzt man sich in der Bundeswehr jedoch intensiv auseinander. Die Grundrechtsartikel unserer Verfassung stimmen in ihrem Wesensgehalt in weiten Teilen mit den Artikeln der Menschenrechtscharta überein. Beide sind Folgen der christlich-abendländischen Ethik.

In den Rechtsunterrichten wurde neben der Wissensvermittlung vor allem auf die Einschränkungen des Grundgesetzes durch das Soldatengesetz verwiesen. Die Unterrichtung war juristisch orientiert. Sich in der Rechtsordnung Deutschlands bewegen zu können und unter Beachtung der Gesetze handeln zu können, war Ziel der Ausbildung. Ethische Fragen wurden in Diskussionen um den Widerstand gegen Hitler thematisiert. Die Diskussion, wann Widerstand erlaubt sei, ist allerdings theoretischer Natur, da Deutschland in nächster Zeit kaum in eine Diktatur abgleiten wird.

---

[204] Präambel der UN-Menschrechtscharta

In Artikel 1 des Grundgesetzes heißt es:

»Die Würde des Menschen ist unantastbar. Sie zu achten und zu schützen ist Verpflichtung aller staatlichen Gewalt.«[205]

Er gleicht nicht unbedingt dem Artikel 1 der UN-Menschenrechtscharta, der lautet:

»Alle Menschen sind frei und gleich an Würde und Rechten geboren. Sie sind mit Vernunft und Gewissen begabt und sollen einander im Geiste der Brüderlichkeit begegnen.«

Im letzteren Artikel wird das grundlegende ethische Dilemma für einen Soldaten deutlich. Es besteht darin, einen gegnerischen Soldaten als Menschen zu behandeln, der mit Würde und Rechten ausgestattet ist. Einen Menschen, der in Übereinstimmung mit dem Kriegsvölkerrecht dazu legitimiert ist, einen selbst und seine Kameraden zu töten. Einen Menschen, den man mit der gleichen Legitimation töten darf. Diese grundsätzliche Frage wurde in der militärischen Ausbildung nicht thematisiert. Erstmals in Seminaren der Militärdekane während der Generalsstabsausbildung erlebte ich Diskussionen darüber. Es ist bemerkenswert, dass die Deutungshoheit über zentrale ethische Fragen, die den einzelnen Soldaten zutiefst bewegen sollten, den Vertretern der christlichen Kirchen überlassen wurde und wohl auch in Zukunft noch überlassen wird.

Die Umsetzung des christlichen ethischen Gedankengutes in konkretes Handeln hingegen wird im Rechtsunterricht gelehrt, wenn es darum geht, wie man sich als Soldat im Rahmen der deutschen Rechtsordnung und im Kriegsvölkerrecht bewegen darf. Der Fokus der Unterrichtung war auf die Verbote und Gebote gerichtet. Selten wurden juristische Fragen dahingehend untersucht, welche Operationen im rechtlichen Rahmen möglich seien. Die Beschäftigung mit dem humanitären Völkerrecht in einer Weiterbildung oder in Seminaren erlebte ich nicht. In meinem ersten Einsatz war ich jedoch unmittelbar mit Fragen des Völkerrechts befasst. Offensichtlich teilte ich dieses Schicksal auch mit den deutschen Rechtsberatern, die in

[205] Quelle: http://dejure.org/gesetze/GG/1.html, 20.03.2015

den Einsätzen beraten sollten. Sie waren sicherlich qualifiziert, Operationen auf ihre Übereinstimmung mit dem Soldatengesetz und dem Strafrecht zu prüfen. Fragen, welche Möglichkeiten das humanitäre Völkerrecht zu bieten habe, um Operationen in seinem rechtlichen Rahmen zu gestalten, wurden eher mit Hinweisen beantwortet, was verboten sei. Zu oft ist das religiöse Gebot, nicht zu töten, in das humanitäre Völkerrecht übertragen worden, das ja, wie der oben geschilderte Fall des Oberst Klein zeigte, unter bestimmten Umständen die Tötung von Zivilpersonen erlaubt. So wurde juristischer Rat in der Folge eher bei britischen und US-amerikanischen Juristen gesucht, die eine deutlich pragmatischere, ebenfalls mit dem Völkerrecht übereinstimmende Auslegung des internationalem Recht lebten und Möglichkeiten aufzeigten, wie zu operieren war..

Mit der Dauer der Einsätze hat sich dies sicherlich bei den deutschen Rechtsberatern zum Positiven gewandelt. Die Gesetzte und Verordnungen, in denen ethische Normen operationalisiert sind, erhalten durch die juristisch dominierte Ausbildung jedoch unverändert Vorzug vor der Beschäftigung mit ethischen Grundsatzfragen. So ist auch die Beschäftigung mit den Einsatzregeln, den sogenannten *rules of engagement* primär juristischer Art. Im Handlungstraining wird der Einsatz wie auch das Verbot des Einsatzes von Schusswaffen geübt. Eine Ausbildung, die oft mit Kommentaren der Ausbilder begleitet wird. Sie sei auch deswegen wichtig, um nach dem Einsatz von Schusswaffen und der Verletzung oder Tötung von Zivilpersonen vor der staatsanwaltlichen Untersuchung bestehen zu können. Das Wissen des Soldaten über das richtige Verhalten im Gefecht wird also primär durch die Beschäftigung mit Rechtsfragen erreicht. So werden selbst ohne Kenntnis einer spezifischen Militärethik für friedensstiftende Einsätze deren Normen verinnerlicht.

Damit werden jedoch nicht die im Gefecht von Vorgesetzten geforderten Qualifikationen vermittelt. Die ethische Auseinandersetzung mit dem Verhalten im Gefecht ist unabdingbare Voraussetzung, um zum Beispiel die in Afghanistan gültige *counter insurgency strategy* zu verstehen und insbesondere die oftmals im Zusammenhang mit der Bombardierung der Tanklaster bei Kunduz erwähnte Direktive anzuwenden, die General Stanley A. McChrystal, der damaligen Kommandeur von ISAF, erlassen hatte.

Der Schutz der Zivilbevölkerung

Sowohl im humanitären Völkerrecht wie auch im Kriegsvölkerrecht ist die Forderung enthalten, die Zivilbevölkerung zu schützen. Aus dem Bedürfnis, Unschuldige so weit möglich von den Folgen des Krieges zu verschonen, erwuchs diese Verpflichtung. In einer Strategie zur Bekämpfung von Aufständischen wird der Schutz der Zivilbevölkerung aus einem anderen Motiv notwendig. Ohne deren Unterstützung ist eine *counter insurgency strategy* (COIN) nämlich zum Misserfolg verurteilt. Die Strategie sollte in Afghanistan mit den Schlagworten *»shape, clear, hold and build«* in Operationen angewandt werden. Der im September 2009 vom Center for Strategic & International Studies (CSIS) veröffentlichte Bericht über die Lehren aus den Kriegen in Afghanistan kritisierte sehr deutlich, dass die US-Streitkräfte als führende Macht in Afghanistan diese Strategie nicht nur nicht umsetzen, sondern deren Ziel verfehlten:

> »In the case of Afghanistan, the challenge is to reverse a war that US incompetence has let slide into becoming a serious conflict that it is now decisively losing.«[206]

Als Ursache wurde hervorgehoben, dass *»shape«* – eine Phase, in der die Voraussetzungen zu einer einzelnen Operation geschaffen werden – in der Phase *»clear«* zu kleinen taktischen Gefechten degenerierte und zum Ziel hatte, Aufständische zu bekämpfen, nicht aber sie dauerhaft zu vertreiben. Am Abend kamen die Taliban zurück in die Dörfer und bestraften diejenigen, die mit den Streitkräften zusammengearbeitet hatten. Damit wurden die Phasen *»hold«*, in der das gewonnene Terrain, das von Taliban befreite Gebiet, genauso wenig erreicht wie die Phase *»build«*, in der ein Wiederaufbau eingeleitet werden sollte. Die angestrebte Unterstützung der Zivilbevölkerung wurde nicht erreicht.

Betrachtet man die Operationen der Bundeswehr im Norden unter diesem Blickwinkel, ergibt sich ein ähnliches Bild. Mit der nationalen Umsetzung einer COIN-Strategie und dem sich daraus ergebenden Engagement hat sich in Deutschland kaum jemand beschäftigt. In der Studie der Stiftung

---

206 Cordesman, CSIS Report, 2009

Wissenschaft und Politik zur *counter insurgency strategy* stellt der Autor Peter Rudolf in zusammenfassenden Urteil lediglich fest:

> »Coin ist – das sollte die Analyse der fragwürdigen Prämissen und der strategischen Dilemmata sowie der Blick auf die empirische Evidenz deutlich gemacht haben – ein überaus problematisches politisches Konzept.«[207]

Diese Schlussfolgerung wie auch die gesamte Studie beschränkt sich auf die Kritik der US-amerikanischen Konzeption von COIN. Sie enthält wenige Anhaltspunkte, die für die Umsetzung der Theorie in die Praxis hilfreich wären. Den COIN-Ansatz halte ich unverändert für richtig. Zur Umsetzung – das erkennt Rudolf auch – bedarf es aber eines deutlich höheren Engagements des Innenministeriums und des Ministeriums für wirtschaftliche Zusammenarbeit und Entwicklung. Betrachtet man die von diesen Ministerien bereitgestellten finanziellen und personellen Ressourcen, so wird deutlich, dass sie weit hinter denen des Verteidigungsministeriums zurückbleiben. Allein damit lässt sich das Scheitern der Strategie erläutern. Scheitern muss eine solche Strategie in Afghanistan allerdings auch, wenn einer westlichen Illusion nachgehangen wird. Die zentrale Regierung wird von Kabul aus Afghanistan nicht regieren können. Die kulturell bedingten eigenständigen Strukturen in den Provinzen, Regionen und in den Tälern des Hindukusch, aus denen sich das Rechts- und Regierungssystem nährt, müssen für längere Zeit als Tatsache akzeptiert werden. So blieb COIN in Afghanistan eine militärische Strategie, die selbst in diesem Bereich nicht zu Ende geführt wurde. Den Schutz der Zivilbevölkerung als oberstes Gebot zu postulieren, setzt die COIN-Strategie nur ansatzweise um. Die nächtlichen Operationen gegen die Taliban, die vor allem von Spezialkräften geführt werden, zermürben zwar den Gegner. Er ist sich der ständigen Bedrohung bewusst und wechselt immerzu seinen Aufenthaltsort. Der Ansatz widerspricht aber der Zielsetzung, die Unterstützung der Bevölkerung zu erlangen. Da der Gegner in den Dörfern Unterschlupf findet, verängstigen die nächtlichen Operationen die Zivilbevölkerung. Die Dorfbewohner teilen mit den Taliban das gleiche Schicksal. Zum Ersten können sie nicht schlafen, zum Zweiten suchen plötzlich Aufständische ihr Haus auf,

---

207 Rudolf, 2011, S. 20

um Zuflucht zu finden und zum Dritten befürchten sie die Explosion einer Bombe oder den unmittelbaren Beschuss.

Bereits 2008 wurde von General McKiernan, dem damaligen Kommandeur von ISAF, eine Direktive herausgegeben, in der die Unterstützung durch die Zivilbevölkerung als wichtigstes Ziel der *counter insurgency strategy* beschrieben wurde. Folglich waren zivile Verluste wenn immer möglich zu vermeiden. Diese Direktive unterlag der Geheimhaltung, weswegen in der öffentlichen Wahrnehmung die am 6. Juli 2009 von General McChrystal in Teilen veröffentliche Direktive als Wendepunkt in der strategischen Ausrichtung der ISAF-Operationen angesehen wurde.[208]

> »[...] there is a struggle for the support and will of the population. Gaining and maintaining that support must be our overriding operational imperative – and the ultimate objective of every action we take.«[209]

Dies ist die zentrale Aussage der Direktive. Die Bevölkerung steht plötzlich im Zentrum militärischer Aktionen, nicht die Terror verbreitenden Taliban.

> »Following this intent requires a cultural shift within our forces – and complete understanding at every level – down to the most junior soldiers.«[210]

Auch wenn sich diese Aufforderung insbesondere an die Soldaten der Armeen wendet, deren Soldaten vor allem zum Kampf ausgebildet werden, ist der angesprochene kulturelle Wandel für alle Kampftruppen aller Armeen verpflichtend. Wird die Forderung konsequent umgesetzt, die Zivilbevölkerung zu schützen, bedeutet dies, den Kampf abzubrechen, wenn sie einer Gefährdung ausgesetzt wird. Auch dieses Dilemma adressiert McChrystal in seiner Direktive. Denn sie hebt natürlich das universelle Recht auf Selbstverteidigung nicht auf. Er fordert aber von seinen Kommandeuren, Verluste unter der Zivilbevölkerung zu vermeiden, selbst wenn die eigenen Truppen

208 ISAF, 06.07.2009. Die Direktive ist nur zum Teil der Öffentlichkeit zugänglich. Teile der Direktive, die konkrete Handlungsanweisungen formulieren, werden unverändert geheim gehalten. Gegner sollen sich nicht auf die taktischen Operationen einstellen und so eigenen Truppen Verluste zufügen können.

209 ISAF, 06.07.2009

210 Ebd.

unter Beschuss liegen. In einem US-amerikanischen Artikel ist die Konsequenz dieser Forderung beschrieben:

> »And hardest of all for a fighting force of warriors, sometimes we will just walk away and fight the same guys another day. Infuriating, yes but necessary to a long war strategy.«[211]

Um es anhand eines Beispiels deutlicher zu beschreiben: Eine Patrouille ist in einen Hinterhalt geraten. Sie kämpft gegen einen sich in Häusern versteckenden Gegner. Eigene Kameraden sind verwundet, Tote sind zu beklagen. Nun bricht der Vorgesetzte wegen des Schutzes der Zivilbevölkerung das Gefecht ab, obwohl er militärisch betrachtet gewinnen könnte. Die Artillerie schießt Nebel, unter dessen Schutz sich die Soldaten zurückziehen. Ihre Toten und Verwundeten nehmen sie mit. McChristal beschreibt dies in seiner Direktive:

> »While this is also a legal and moral issue, it is an overarching operational issue …«[212]

Er führt rechtliche und moralische Gründe an, ein Verweis auf das humanitäre Völkerrecht, wonach er den Abbruch des Gefechtes auch unter ethischen Gesichtspunkten rechtfertigen könnte. Doch die Begründung tritt hinter den übergeordneten militärischen Zweck zurück, die Unterstützung der Zivilbevölkerung zu erhalten. Dem Vorgesetzten vor Ort, der die Entscheidung zum Rückzug trifft, hilft diese Begründung kaum. Er muss ethisch gefestigt und charakterlich stark sein, damit er seinen Soldaten den als Niederlage empfundenen Rückzug erläutern kann, der auch den Tod der Kameraden ungesühnt lässt. Angenommen, er kann dies. Wird er trotzdem weiterhin das Vertrauen seiner Untergebenen behalten? In der Direktive wird dies auf einer abstrakten Ebene erläutert:

> »The Taliban cannot militarily defeat us – but we can defeat ourselves.«[213]

---

[211] Blackfive, 23.07.2009
[212] ISAF, 06.07.2009
[213] ISAF, 06.07.2009

Der Staatsbürger in Uniform als ethisch handelnder Soldat

Baumann stellt unter Überschrift »Militärethik als Tugendethik« die These auf, ein Soldat habe »sich aufgrund der Bedrohungsformen, seines möglichen Einsatzspektrums sowie der notwendigen militärethischen Werte durch folgende acht Tugenden auszuzeichnen«[214].

In der zentralen Dienstvorschrift zur Inneren Führung in der Bundeswehr sucht man das Wort Tugend jedoch vergeblich. Die Vorschrift wählt anstelle von Tugend die Begriffe Fähigkeiten, Kenntnisse und Kompetenzen.[215] Auch der Begriff Ethik wird lediglich einmal in der Verbindung mit dem Begriff Philosophie erwähnt. Beide Begriffe, Ethik und Philosophie, werden ohne weitere Erläuterung dazu genutzt, das Wertesystem des Grundgesetzes historisch abzuleiten. Gefordert wird vom Soldaten

> »eine ausgeprägte ethische Kompetenz:
> Richtschnur dafür ist ein soldatischer Wertekanon, der von den Grundsätzen der Inneren Führung abgeleitet ist:
> Soldatinnen und Soldaten der Bundeswehr sind überzeugt von den Werten und Normen des Grundgesetzes. In diesem Sinne sind sie
> - tapfer,
> - treu und gewissenhaft,
> - kameradschaftlich und fürsorglich,
> - diszipliniert,
> - fachlich befähigt und lernwillig,
> - wahrhaftig gegenüber sich und anderen,
> - gerecht, tolerant und aufgeschlossen gegenüber anderen Kulturen und
> - moralisch urteilsfähig.«[216]

Die Worte Tapferkeit, Kameradschaft, Disziplin, die als wesentliche Tugenden des Soldaten bezeichnet werden können, sind im Grundgesetz entweder nicht zu finden oder in einem Zusammenhang, aus dem kaum ein sol-

---

214 Baumann, S. 487 ff.

215 Zentrale Dienstvorschrift ZDv 10/1. Im Zuge der geänderten Nummerierungen in A-2600/1 Innere Führung umbenannt.

216 ZDV A-2600/1, Ziffer 507

datischer Wertekanon abgeleitet werden kann. Leider fehlt eine erläuternde Ableitung, mit der die Verbindung des Wertekanons zu den Werten und Normen des Grundgesetzes ersichtlich wird. Hier hilft die Beschäftigung mit den durch Baumann vorgeschlagenen Tugenden, die zum Nachdenken und zur Diskussion anregen sollen.

> »a) Achtung der Menschenwürde: [...] besteht minimal in dem Respekt und der Einhaltung der jedem Menschen zustehenden Rechte«[217]

Dieser Respekt geht mit einer Abscheu vor unwürdiger Behandlung des anderen einher, die weiter greift als eine unter Strafe stehende Tat.

> »b) Qualifizierte Rechtsbefolgung: [...] Diese Tugend zeigt sich für den Soldaten unter anderem in der Rechtstreue, das heißt, dem bestehenden Recht aus Einsicht zu folgen. Hinzu kommt ein aufgeklärter Rechtssinn [...] Recht nicht nur wörtlich, sondern auch nach seinem Sinn anzuwenden. Dazu gehört im Extremfall, korrumpiertes Recht zu bekämpfen.«[218]

Eine Tradition in der Bundeswehr und auch in der Gesellschaft gründet im Erinnern an den militärischen Widerstand der Männer des 20. Juli 1944 gegen Hitler. Im Artikel 20 des Grundgesetzes ist dieses Recht auf Widerstand niedergelegt. Baumanns Begriff des »korrumpierten Rechts« weist auf das im Grundgesetz zugebilligte Grundrecht zum Widerstand. Weder im Hauptteil der Vorschrift Innere Führung noch in dem in der Anlage abgedruckten Traditionserlass wird hingegen auf die Problematik eines solchen Widerstandes eingegangen. In den Katalog der Tugenden ist es zu Recht aufgenommen, weil oftmals allein das Militär über die Mittel verfügt, erfolgreich Widerstand gegen ein Unrechtsregime zu leisten. Gerade in Auslandseinsätzen stellt sich diese Frage unmittelbar. Ein lokales Rechtssystem existiert dort häufig als Folge kriegerischer Auseinandersetzungen nicht, sondern wird zum Beispiel durch Warlords und den ihnen ergebenen Richtern korrumpiert, die Folter als legitimes Mittel anwenden.

---

217 Baumann, S. 487

218 Ebd.

> »c) Verantwortungsbewusstsein: [...] Soldaten haben die Pflicht, sich entsprechend ihrer Funktion wissend und fähig zu machen und [...] entsprechend ihrer Funktion Verantwortung zu übernehmen.
>
> d) Moralische Urteilskraft: Ethische Prinzipien und Rechtsnormen sind keine ‚Naturgegebenheiten', sondern können hinterfragt und geändert werden [...] Ebenso werden sie mit konkreten Situationen konfrontiert, die eine kontextgebundene, oft emotional beeinflusste Anwendung erfordern. [...] In der heutigen Zeit gehört dazu eine hohe kulturelle Sensibilität.«[219]

Die »Moralische Urteilsfähigkeit« steht in einer ständigen Wechselwirkung mit der »qualifizierten Rechtsbefolgung«, da beide in einem Umfeld stattfinden, das Änderungen unterliegt. An die ständige Weiterentwicklung des Völkerrechtes sei erinnert. Für die Soldaten und insbesondere die Vorgesetzten erlangen bei Auslandseinsätzen zwei Aspekte besondere Bedeutung: Zum einen ist in den Einsätzen die Rechtsnorm Deutschlands gültig. Sie konkurriert gegebenenfalls mit den Rechtsnormen der Bündnispartner, oft aber mit dem im Einsatzgebiet gültigen Rechtssystem. Als Beispiel sei an die Diskussion erinnert, wie lange ein vorläufig Festgenommener in Gewahrsam gehalten werden darf. Nach deutscher Rechtsnorm bis zum Ablauf des nächsten Tages. Darf er anschließend einem lokalen Rechtssystem übergeben werden, in dem der Festgenommene mit Gewissheit gefoltert werden wird? Oder wird er entlassen, um am nächsten Tag erneut Soldaten anzugreifen? Der andere Aspekt betrifft die Regelungsdichte, die Bürokratisierung innerhalb der Bundeswehr. Sie macht es einem Vorgesetzten schon in Deutschland unmöglich, immer Gehorsam zu leisten. Im Einsatz führt die Unzahl an Regelungen dazu, dass sich Operationen zeitlich verzögern oder Befehle umgangen werden, um sie überhaupt zu beginnen. Da dieses Verhalten kaum mit den hier vorgestellten Tugenden gerechtfertigt werden kann, wird das Ideal des Staatsbürgers in Uniform und des ethisch handelnden Soldaten ebenso wie auch der soldatische Wertekanon aufgeweicht. Die Feststellung leitet über zur nächsten Tugend:

---

219 Baumann, S. 487

> »e) Pflichterfüllung [...] weist dazu an, die in der Funktion [den Dienstposten, d. Verf.] entsprechenden Fachkenntnisse und körperlichen Voraussetzungen zu erwerben [...] Hinzu kommt die Tugend der Tapferkeit, das heißt, des selbstlosen und couragierten Einsatzes und der Inkaufnahme von Risiken, die mit der eigenen Funktion in Zusammenhang stehen.«[220]

In diesem Zusammenhang wird die Vorschrift Innere Führung deutlicher:

> »Denn der militärische Auftrag erfordert in letzter Konsequenz, im Kampf zu töten und dabei das eigene Leben und das Leben von Kameraden einzusetzen.«[221]

Schlussendlich bedeutet dies für den Soldaten wie für den Gegner, verwundet, verstümmelt oder getötet zu werden.

> »f) Disziplin und Gehorsam: [...] werden oft als die Soldatentugenden schlechthin dargestellt ... ‚Absolute' Befehlsgewalt und ‚blinder' Gehorsam sind in vielen Armeen von der ‚Befehlsgewalt in Dienstsachen' [Befehle nur zu dienstlichen Zwecken, d. Verf.] und dem ‚qualifizierten' Gehorsam abgelöst worden.«[222]

Die von Baumann erläuterte Tugend deckt sich inhaltlich mit den Prinzipien der Inneren Führung. Befehle dürfen nur zu dienstlichen Zwecken erteilt werden. Zum Gehorsam ist der Soldat nur unter dieser Prämisse verpflichtet. Darüber hinaus braucht er Befehle nicht befolgen, wenn sie gegen geltendes Recht verstoßen. Den Gehorsam muss er sogar verweigern, wenn er dadurch eine Straftat begehen würde. Um in der Gehorsamspflicht Rechtssicherheit zu erlangen, wäre eine intensive juristische Ausbildung notwendig, die der einfache Soldat nicht erhält, ja nicht erhalten kann. Daher muss der Vorgesetzte das Vertrauen erwerben, Befehle nur in Übereinstimmung mit dem Recht zu geben. Wie schwierig die Umsetzung in der Realität ist,

---

220 Ebd.

221 ZDV A-2600/1, Ziffer 505

222 Baumann, S. 487

wurde oben im Zusammenhang mit den unterschiedlichen Rechtssystemen in den Einsatzgebieten kurz beleuchtet.

In seiner letzten Tugend äußert Baumann schließlich Gedanken, die zu ihrer Kommentierung reizen:

> »g) Loyalität und Integrität: Einer recht verstandenen Pflichterfüllung mit dem entsprechenden Verantwortungsbewusstsein sowie der Kameradschaft geht eine wachsam kritische und mehrdimensionale Loyalität einher. Dies meint die Grundhaltung, diejenigen Aufträge und Befehle nach bestem Wissen und Gewissen sowie integer auszuführen, die im Sinne des legitimen und rechtlichen Auftrages der Institution Armee sind.
>
> Achtung der Menschenwürde aller beteiligten Personen und Rechtsbefolgung sind die zentralen Werte einer rechtsstaatlichen Armee. Diese Prinzipien geben allen wichtigen Soldatentugenden erst die richtige und entscheidende Richtung.«[223]

So begrüßenswert der letzte Satz ist, so irritierend sind auf den ersten Blick die Aussagen zu einer »wachsam kritischen und mehrdimensionalen Loyalität« und zum legitimen Auftrag der Armee in Abgrenzung zum rechtlichen. Der legitime Auftrag der Armee leitet sich aus dem nationalen rechtlichen Rahmen ab. Er wird durch Vorschriften und Befehle in diesem rechtlichen Rahmen konkretisiert.

Unter »kritisch« versteht Baumann die Herausforderung, in der konkreten Situation gerecht zu handeln. Das betrifft eine Personalentscheidung im Alltag ebenso wie den Befehl zum Waffeneinsatz. Die »wachsam kritische und mehrdimensionale Loyalität« ist umfassend zu verstehen. Sie bezieht die eigene Person ein, das dienstliche Umfeld, die Institution Bundeswehr sowie die Gesellschaft. Der Loyalität eines Soldaten können sich sein dienstliches Umfeld, die Institutionen und die Gesellschaft so lange sicher sein, wie sie nicht gegen das humanitäre Völkerrecht oder das Rechtssystem Deutschlands verstoßen. Der Soldat muss sich selbst einer kritischen Selbstreflexion ob seiner Loyalität unterziehen. Das Ergebnis davon wird

---

223 Baumann, S. 487

sein, dass er integer und authentisch auftreten kann.[224] An anderer Stelle vertritt Baumann die Auffassung, wer dies persönlich nicht könne, solle besser nicht in einer Armee dienen. Dem ist nichts hinzuzufügen.

224 Baumann, S. 522 ff.

13. Empfehlungen für Vorgesetzte

In diesem Kapitel wendet sich der Autor vor allem an die Leser, die bisher über keine oder geringe Einsatzerfahrung verfügen. Die Anmerkungen und Vorschläge resultieren aus meiner Erfahrung. Wiederholt geriet ich in Situationen, für die ich entweder nicht oder falsch ausgebildet wurde und deswegen nicht vorbereitet war. Die in diesem Buch beschriebenen Zustände waren ein Grund für das Verfassen dieses Buches. Doch soll nicht nur der vergangene und gegenwärtige Ist-Zustand aufgegriffen werden. Vielmehr erscheint mir sinnvoll zu sein, Hinweise zu geben, die helfen, zukünftig besser mit Situationen umzugehen.

Bereits vor einer konkreten Einsatzplanung sollte auf die Erfüllung der Weisung »Zielvorgaben und Mindestleistungen der individuellen Grundfertigkeiten und der körperlichen Leistungsfähigkeit« IGF/KLF) bestanden werden. Die dargestellten Standards sind zwar für alle Soldaten verbindlich, werden aber gerade in höheren Stäben und von älteren Soldaten weniger erfüllt. Überlegungen, deswegen Standards für bestimmte höhere Stäbe oder Kommandos auszusetzen, dürfen nicht akzeptiert werden, um weiterhin glaubwürdig erlassene Befehle durchsetzen zu können.

Die Einplanung für einen Einsatz erfordert eine konzentrierte Ausbildung und Vorbereitung. Schon Monate vor dem ersten Einsatz sollte ein Stellvertreter die volle Verantwortung für die eigenen Aufgaben übertragen bekommen. Dies fällt jedoch insbesondere Einheitschefs, Kommandeuren und Disziplinarvorgesetzten schwer. Sollten sie während der Vorbereitungszeit Leerlauf befürchten, ist die Lektüre von Büchern über das Einsatzgebiet empfohlen. Dazu gehören auch Sagen und Märchen. Die Vita von Schriftstellern gibt oftmals Hinweise, wie sie von den verschiedenen Ethnien im Einsatzgebiet akzeptiert werden. Dieses Wissen ist bei Gesprächen mit der Bevölkerung vorteilhaft.

Allen Soldaten sollte vor dem Einsatz die Möglichkeit gegeben werden, sich zu erholen und sich von ihrem sozialen Umfeld zu verabschieden. Der Begriff »Kuschelwoche« ist für die Regeneration vor dem Einsatz verfehlt. Die Soldaten sollten aufgefordert werden, insbesondere mit ihren Angehörigen über den bevorstehenden Einsatz offen zu reden, um deren Ängste zu verringern.

In der militärischen einsatzvorbereitenden Ausbildung sollte auf die Einsatzrealität vorbereitet werden. Es müssen Medienprodukte gezeigt werden, in denen die Folgen von Gewalt, Kampf, Gefecht, Entführung und Terror dokumentiert werden. Ein Vortrag von Augenzeugen mit anschließender Diskussion ist besonders wertvoll. Für einzelne sind die Informationen schwer ertragbar. Die Diskussion mit denjenigen, die sich in extremen Situationen befanden und sie bewältigt haben, ist äußerst wertvoll, um beim Unerfahrenen das Vertrauen zu wecken, auch bestehen zu können. Erkennt ein Soldat, nicht dazu in der Lage zu sein, in diesen extremen Situationen zu bestehen, sollte er dies frei äußern können und gehört werden. Er sollte im gegenseitigen Einvernehmen und zum beiderseitigen Vorteil in eine andere Verwendung geführt werden. Für alle anderen wird die mentale Vorbereitung auf die Grausamkeiten des Krieges die Gefahr einer Traumatisierung mildern.

Kein Vorgesetzter sollte sich dahingehend äußern, dass er alle ihm unterstellten oder anvertrauten Soldaten unversehrt aus dem Einsatz zurückbringen kann. Verletzungen und Tod, Verwundungen und Gefallene sind unvermeidbare Begleiter eines robusten Einsatzes. In jedem Einsatz habe ich dies erlebt.

Briefe an die Angehörigen von Gefallenen zu schreiben, sollte geübt werden. In der konkreten Situation, die von emotionaler Belastung angesichts des Verlustes eines Kameraden geprägt ist, hilft es, die Kondolenzschreiben abzufassen. Es ist auch für die Angehörigen Trost spendend, persönlich gehaltene Zeilen zu lesen, mit denen die Wertschätzung über den Gefallenen oder Verunglückten ausgedrückt wird.

Im Einsatz ist etwa die Hälfte der ersten Meldungen fehlerhaft oder falsch. Mit modernen Kommunikationsmitteln liegen sie schneller vor, was nichts an ihrem fehlerhaften Inhalt ändert. Deswegen ist jede erste Meldung durch eine zweite, wenn möglich von einem anderen Verfasser erstellte, zu bestätigen.

Gerüchte entstehen und verbreiten sich in Einsätzen mit rasender Geschwindigkeit. Sie zu unterbinden ist extrem wichtig, Dazu gehört eine ausführliche Information aller, wenn sich über eine Situation ein ausreichend klares Lagebild ergeben hat.

Gleichbehandlung ist ein wichtiges Gebot im Einsatz, das fordert, alle Ethnien im Einsatzgebiet gleich zu behandeln. In der Ausbildung wird leider immer noch fälschlich gelehrt, der Soldat trete im Einsatz unparteiisch auf.

Doch der Soldat ist selbstverständlich parteiisch, weil ihn sein Mandat dazu verpflichtet. Er tritt für die Einhaltung der grundlegenden Menschenrechte ein wie auch der Grundrechte des Grundgesetzes. Werden diese Rechte verletzt, kann er Waffengewalt anwenden, wenn sein Mandat es fordert, dass er sie ahnden muss. Er wendet sich jedoch immer gegen Folter, Steinigungen, gegen Verbrechen gegen die Menschlichkeit. In vielen Kulturen wird er sich damit gegen die dort herrschenden Werte, Normen oder Sitten stellen müssen.

Deswegen ist er parteiisch.

Die interkulturelle Kompetenz ist eine Schlüsselkompetenz, die jeder Vorgesetzter erwerben sollte. Sie erfordert, sich über die Kultur im Einsatzland zu informieren und vorurteilsfrei in diese Kultur einzutauchen. Das Bewusstsein, dass jede Handlung von Menschen in einer fremden Kultur vernünftig ist, bewahrt vor Verurteilungen und Vorurteilen, die in ein arrogantes Verhalten münden und den westlichen Kulturimperialismus erzeugen. Da man den Grundrechten und den Menschenrechten verpflichtet ist, tritt man den Angehörigen einer fremden Kultur immer als gleichwertigem Menschen entgegen. Herabwürdigende Bezeichnungen, wie Soldaten sie gerne in Bild und Wort verwenden, sind inhuman und gefährden den Erfolg von Operationen.

Die Sicherheitsbestimmungen im Umgang mit Waffen sind von eminenter Bedeutung. Soldaten aller Dienstgrade neigen dazu, mit Waffen zu spielen. In den chirurgischen Abteilungen der Bundeswehrkrankenhäuser sind Fotos über die Auswirkungen von Schüssen auf Kameraden zu sehen. Die Bilder sind schockierend und sollten deswegen gezeigt werden und nicht wie bisher außerhalb des Sanitätsdienstes verborgen bleiben.

Die ethischen Grundlagen des Soldatenberufes werden fast ausschließlich in christlich geprägten Schriften diskutiert. Die Deutungshoheit für ethische Grundlagen wird der evangelischen und katholischen Kirche übertragen. Humanitäre Einsätze sind jedoch über das allgemeine Völkerrecht legalisiert, welches religionsübergreifende Gültigkeit beansprucht. Die Reduktion auf christlich fundierte ethische Grundlagen wird dem nicht gerecht.

Mit den Emotionen, die extreme Situationen hervorrufen, sollte bereits vor dem Einsatz offen umgegangen werden. Ängste, Trauer, Verzweiflung, Schuld, Weinen, Lachen und Abstumpfung sollten als Reaktion auf extreme Situationen besprochen werden und vor allem nach einem Gefecht im Beisein der Beteiligten kommuniziert werden. Die juristische Aufarbeitung eines Geschehens darf diese Gespräche nicht verhindern.

In den Einheiten sollten Verfahren und Checklisten erstellt werden, die im Todesfall eines Angehörigen der Einheit Handlungssicherheit ermöglichen. Die traditionelle Forderung, der Disziplinarvorgesetzte habe die Todesnachricht zu überbringen, wird den gesellschaftlichen Bedingungen nicht mehr gerecht. Familien leben nicht am Standort der Einheit. Auch ist es notwendig, sich auf die Situation vorzubereiten, dass der Tod von mehr als einem Angehörigen der Einheit zu beklagen ist.

Die erforderlichen Maßnahmen zu einer offiziellen oder privat gehaltenen Bestattung sollten in den Verfahren und Checklisten festgehalten werden.

Soldaten, die aus den unterschiedlichsten Gründen aus dem Einsatz nach Hause gesandt werden, entwickeln oft Schuldgefühle wegen ihres so empfundenen Versagens den Kameraden gegenüber. Ihnen sollte in einem ersten Gespräch vor allem zugehört und die Versicherung ausgesprochen werden, dass sie eine Zukunft in der Einheit haben, falls sie dies wünschen.

14. Rückkehr in die neue alte Welt

Bei der Ankunft in Kabul waren die Bäume grau, staubbedeckt und vertrocknet. Je mehr Tage vergingen, umso grüner wurden sie. Erst die Fahrt über den Salangpass nach Norden brachte die Farben wieder zurück. Leuchtend blühende Obstbäume, grüne Reisfelder und klares, sprudelndes Gebirgswasser – welch ein Kontrast zu der grün-bläulichen, ölig schimmernden Kloake, in die sich im Sommer der Kabul-Fluss verwandelt. Die Straßen sind voller Schlaglöcher, bis auf die wenigen neu gebauten. Im Gebirge, den tief eingeschnittenen Tälern des Hindukusch, verschwinden sie plötzlich unter dem Geröllabgang vom letzten Winter oder dem Schlamm des letzten sintflutartigen Regens. Dann heißt es, der Himmelsrichtung folgen über Geröll und durch Schlamm, bis der Weg wieder erscheint oder andere Autospuren einen neuen zeigen. Die Insassen der Autos werden durchgeschüttelt. In der Provinzhauptstadt brennt nachts eine einzige Straßenlaterne und die Milchstraße mit ihren Milliarden Sternen erleuchtet den Himmel. Zurück in Kabul sind die Bäume wieder staubbedeckt und scheinen mit der Zeit wieder grüner zu werden. Staub, Hitze, wochenlange Trockenheit sowie der Verwesungsgeruch toter Tiere und brennender Müllkippen sind ständige Begleiter. Die Luft brennt beim Joggen in den Lungen.

Nach sechs Monaten schaut der Einsatzheimkehrer aus dem Flugzeug und erblickt das hell erleuchtete Deutschland. Er steigt aus und atmet eine klare Luft. Auf der Fahrt nach Hause spannt er im Auto alle Muskeln an, um die Schlaglöcher abzufedern, doch es geschieht nichts. Er staunt über die Stille, die im Fahrzeug herrscht, über das Grün, das im Licht der Scheinwerfer aufleuchtet. Er wundert sich, warum der Fahrer an einer Ampel hält, nur weil sie auf Rot geschaltet hat. Er fixiert den Mülleimer an der Bushaltestelle, das neben dem Baum stehende Mofa und will dem Fahrer zurufen: »IED ausweichen«. Doch der fährt seelenruhig weiter, als hätte er beides nicht gesehen.

Der Fahrer fragt nach Straße und Hausnummer. Die Hausnummer hat er vergessen, das Haus würde er aber wieder erkennen. Dann muss er zweimal schauen. Zu Hause hängt ein großes »Willkommen« über der Tür. Bunte Buchstaben, von den Kindern ausgeschnitten und auf die Schnur gezogen. Sie durften wach bleiben, laufen aufgeregt zu ihm hin. Er schließt sie in die Arme und sie bleiben fremd. Sie riechen an ihm. Er verbreitet Afghanistan, Termez und Militär im Wohnzimmer. Die Kinder müssen zu Bett, am nächsten Morgen müssen sie zur Schule. Er freut sich auf intime Umarmungen mit seiner Frau, hat sich die Geborgenheit im Flugzeug vorgestellt und sitzt noch Stunden später völlig überwältigt auf dem Sofa. Nicht einmal die Stiefel hat er ausgezogen.

Jeder Mensch ändert sich – positiv wie negativ

Der Einsatz verändert die Persönlichkeit eines jeden Menschen. Die Diskussion über diese Veränderungen war in den Streitkräften zunächst vom Negativen geprägt. Insbesondere Piloten beklagten, die Persönlichkeitsveränderung würde bereits nach Wochen im Einsatz eintreten. Deswegen wurden die damaligen sechsmonatigen Einsatzzeiten geteilt und damit auf jeweils drei Monate reduziert. Bei der Marine stieß die gesamte Diskussion auf Unverständnis. Ihre Angehörigen sind traditionell an längere Abwesenheitszeiträume gewöhnt. In der öffentlichen Diskussion überwog die Berichterstattung über die Traumatisierung durch Einsätze. Die ersten empirisch belegbaren Feststellungen konnten aber erst mit den Befragungen des 22. Kontingentes getroffen werden, die im Einsatz und zwei Jahre nach ihrer Heimkehr durchgeführt wurden. Deren Ergebnis überraschte die interessierte Öffentlichkeit. Danach beobachten fast siebzig Prozent der Befragten selbst zwei Jahre nach der Rückkehr aus dem Einsatz eine positive Veränderung ihrer Persönlichkeit.[225]

Die Mehrheit der Befragten hat sich schnell wieder in ihr altes Leben eingefunden, ist selbstbewusster geworden und weiß das Leben mehr zu schätzen. Immerhin geben circa 40 Prozent an, gelassener und psychisch belastbarer zu sein. Aber ein Fünftel ist auch »leichter genervt«, über zehn

---

[225] Seiffert, 2014, S. 40 ff.

Prozent brauchten längere Zeit, um sich wieder in Deutschland einzuleben. So tragisch es für die Betroffenen auch ist: Insgesamt gesehen sind es glücklicherweise nur vier Prozent, die sich nach dem Einsatz fremd im eigenen Leben fühlen[226].

Sind Soldaten mit den Lebensbedingungen in den Einsatzländern intensiver in Kontakt gekommen, haben sich meist auch ihre Wertvorstellungen verändert. Sie wissen um den Luxus, in dem die Deutschen leben, dessen Wert sich für sie relativiert hat, leben teilweise bewusster als vorher und nehmen sich neben dem Beruf mehr Zeit für die Familie. Manche schildern, dass sie reizbarer auf das soziale Umfeld reagieren, wenn Umstände beklagt werden, die in ihren Augen völlig unwichtig sind:

> »Letztes Mal hat's n halbes Jahr gedauert, bis das wieder eingerenkt war. [...] Also das sind keine großen Gründe, ne? Nicht dass man Angst hat, die Ehefrau ist untreu oder man fühlt sich in seiner Position in der Familie geschwächt, weil die Frau sich inzwischen weiterentwickelt hat oder selbst verwirklicht hat oder weiß der Teufel was, sondern es sind die Gewichtung von verschiedenen Aspekten im Leben, die im häuslichen Zusammenleben dann zu Problemen führen.«[227]

Einige beobachten an sich eine größere emotionale Distanz, die auch als Kälte empfunden wird. Wenn Journalisten, Politiker oder Experten dann Katastrophen und Verbrechen mit den Worten »unfassbar« und »unvorstellbar« bezeichnen, kommentieren sie dies abwertend als Worthülsen und als Unfähigkeit der Vertreter von Politik und Medien, sich der Lebenswirklichkeit außerhalb Deutschlands zu stellen. Ihr Umfeld mag dies als emotionale Kälte empfinden. Doch sie selbst erlebten Katastrophen und extreme Situationen. Leid, Schmerz und Tod haben sie enttabuisiert, weswegen sie für sie fassbar und vorstellbar sind. Trotz dieser Wahrnehmung durch ihre Umwelt sind sie aufgrund ihrer Erlebnisse emphatischer als zuvor.

Das Einfinden in die Wirklichkeit Deutschlands dauert nach dem ersten Einsatz erfahrungsgemäß am längsten. Zeiträume bis zu einem halben Jahr

---

226 Ebd.

227 Näser-Lather, S. 159

werden von den Rückkehrern angeführt. Nach meinem ersten Einsatz habe ich dies ebenso erlebt. Auslöser waren Gespräche mit Studenten und jungen Menschen aller Ethnien im Kosovo. Jede Ethnie behauptete von der anderen, mit ihnen könne man nicht kommunizieren. Eine verständliche Reaktion auf die Gewalterfahrungen der unmittelbaren Vergangenheit, die fast alle Anwesenden nachhaltig traumatisiert hatten. Unabhängig von ihrer ethnischen Zugehörigkeit waren alle davon davon überzeugt, der Kosovo böte keine Zukunft. Im Einsatz wurden die Aussagen aufgenommen und ausgewertet. Die Ergebnisse flossen in die Produkte der KFOR-Medien ein, die für eine bessere Zukunft warben. Wieder zu Hause und den Urlaub genießend, überfielen mich in der Erinnerung an den Einsatz Zweifel am Sinn meines sechs-monatigen Einsatzes. Sie gipfelten in der Frage, ob es wert gewesen sei, sich derart zu engagieren, wenn selbst die privilegierte Jugend des Kosovo keine Zukunftshoffnung hat. Es bedarf also keineswegs der Extremerfahrung im Kampf, um am Sinn eines Einsatzes zu verzweifeln.

Gelingt die innere Distanzierung zu dem Erlebten, ohne das Engagement im Einsatz zu schmälern, wird ein zweiter leichter zu bewältigen sein. Auch in Afghanistan führte ich mit Frauengruppen Gespräche, deren Mitglieder fast alle Vergewaltigungen erlebt und Tod gesehen hatten. Die Verarbeitung des Erlebten fiel mir jedoch leichter und das Wiedereingliedern in Deutschland war von kürzerer Dauer.

Wiederkehrende Einsätze werden grundsätzlich auch deshalb leichter absolviert, da die Verfahren und im Idealfall das Einsatzgebiet bereits bekannt sind. Auf zwei Aspekte sei aber hingewiesen.

Die bisherigen Einsätze der Bundeswehr wurden für die Öffentlichkeit fälschlicherweise vor allem mit einer humanitären Verpflichtung gegenüber leidenden Menschen begründet. Und der Wiederaufbau war die Begründung für das Mandat des Bundestages, auch wenn es dadurch robuster wird, dass Kampfhandlungen zu bestehen sind.

Aus dem ersten Einsatz kehrt ein Soldat oft mit der Überzeugung zurück, Sinnvolles zum Wiederaufbau geleistet zu haben. Erlebt er zwei Jahre später das gleiche Einsatzgebiet, führt dies zur Desillusion, weil sich der Fortschritt nicht so schnell einstellte wie erwartet oder sogar ein Rückschritt zu verzeichnen ist. Überspitzt formuliert wandelt sich die Haltung vom

Engagement zum Durchhalten, zum Abzählen der Tage, bis man wieder zu Hause ist. Verschlimmert wird die Empfindung, wenn das persönliche Engagement nicht anerkannt oder verhindert wird.

»*ZEITmagazin*: Herr Förster, Ihr Einsatz in Afghanistan ist vorüber. Was konnten Sie in diesen sechs Monaten bewegen?

Förster: Nichts. Denn das ist es, was wir die ganze Zeit gemacht haben: nichts. Ich bin sehr enttäuscht, das hier war definitiv der schlechteste meiner vier Einsätze. Ich hatte noch nie so sehr das Gefühl, Deutschlands Steuergelder zu verschwenden.

ZEITmagazin: Sie hatten gesagt, Sie wollten die freiheitlich-demokratische Grundordnung Deutschlands verteidigen ...

Förster: Ja, das habe ich gesagt. Davon bleibt dieses Mal überhaupt nichts. Ich persönlich denke, wir haben in diesem halben Jahr mehr kaputt gemacht, als wir gut gemacht haben.«[228]

Dies Erleben betrifft vor allem Soldaten, die sich in allen Einsätzen vollständig einbringen. Ihnen droht ein Burn-out, wenn sie trotz des persönlichen Engagements wenig Erfolg verzeichnen können. Der viermonatige Rotationsrhythmus kann dies noch verschlimmern. Soldaten, die ihren zweiten oder dritten Einsatz absolvieren, müssen ihre damals initiierten und gebilligten Projekte wieder von vorn beginnen. In der Zwischenzeit hatten die Nachfolger auf ihrem Dienstposten andere Prioritäten. Die Erkenntnis, man müsse immer wieder von vorne anfangen und es würden immer noch die gleichen Fehler gemacht, begleitet den zweiten und die folgenden Einsätze.

Die Folgen dieser Burn-Outs oder auch der mangelnden Aufarbeitung des Erlebten wird in der sogenannten Veteranenstudie ausgewertet. vier Prozent der Befragten gaben an, sich in ihrem Leben fremd zu fühlen. Für weitere sechs Prozent treffe dies teilweise zu. Seiffert führt dazu aus:

[228] Koelbl, 2011, Interview nach dem Einsatz

> »Fremdheitsgefühle signalisieren dabei ebenso wie der Rückzug vom privaten Umfeld eine mögliche Spätfolge der erfahrenen Belastungen und Beanspruchungen.«[229]

Im Internetauftritt der Bundeswehr sind 627 Soldaten aufgeführt, die in den Einsätzen psychisch erkrankten, 417 davon an der Posttraumatischen Belastungsstörung (PTBS).[230] Die Zahl soll lediglich einen Anhaltspunkt geben, da mit ihr sicherlich nicht alle Angehörigen der Streitkräfte erfasst sind, die an PTBS oder anderen psychischen Erkrankungen leiden. Andreas Timmermann-Levanas kritisiert die Angaben der Bundeswehr über die Anzahl der von PTBS-Betroffenen deutlich. Nach seiner Hochrechnung müssten nämlich bis zu 20.000 aktive und ehemalige Angehörige der Bundeswehr durch die Einsätze schwer traumatisiert sein.[231] Eine Zahl, die eher auf Mutmaßungen und schwer nachzuvollziehenden Annahmen beruht. Seine hauptsächliche Kritik gegenüber der Bundeswehr bezieht sich jedoch darauf, dass Soldaten mit der Entlassung aus dem Dienst in ein Loch fallen. Ihre auf den Dienst zurückzuführenden Erkrankungen werden im Zentrum für Psychiatrie und Psychotraumatologie bzw. dem Psychotraumazentrum des Bundeswehrkrankenhauses Berlin nur behandelt, wenn sie nach dem Ausscheiden aus der Bundeswehr Privatpatienten sind. Erst im Jahr 2010 wurde das Zentrum gegründet. Auf der Internetseite wird festgestellt:

> »Bezüglich des Themengebiets Psychotraumatologie bei deutschen Soldaten besteht ein erheblicher wissenschaftlicher Forschungsbedarf. Seitdem [2010, d.Verf.] hat sich eine psychosoziale Forschungsaktivität etabliert, die ständig erweitert wird.«[232]

---

229 Seiffert, S. 42

230 Neue PTBS-Zahlen – mehr Neuerkrankungen im Jahr 2014, Quelle: www.bundewehr.de – Einsätze – Belastungsstörungen – Stand und Maßnahmen – Aktuelle Zahlen, Stand 12.02.2015

231 Timmermann-Levanas, S. 142. Levanas gibt für seine Berechnungen keinen Zeitraum an.

232 Bundeswehrkrankenhauses Berlin, 02.06.2015

Im Internetauftritt des Bundeswehr und des Bundeswehrkrankenhauses Berlin sind alle Informationen enthalten, deren es bedarf, um sich bei einer Erkrankung als Soldat in Behandlung begeben zu können.

Über Zahlen lässt sich trefflich streiten, weswegen die Berechnungen von Timmermann-Levanas hier nicht weiter diskutiert werden. Fest steht, dass jeder Angehörige der Bundeswehr, der sich in eine Behandlung wegen einsatzbedingter Belastungen begibt, medizinische Hilfe erhält. Die Problematik liegt daher größtenteils bei den Soldaten selbst. Zum einen müssen die Betroffenen einen Arzt aufsuchen, zum andern müssen Vorgesetzte einen Soldaten zum Arzt befehlen, wenn sie Änderungen in seinem Verhalten erkennen; auch wenn diese behaupten, sie seien gesund. Letztlich müssen die Vorgesetzten die langwierige Therapie des erkrankten Soldaten unterstützen. Trotz aller Darstellungen in den Internetauftritten der Bundeswehr ist dies nicht überall Praxis. Spätestens mit seiner Rückkehr aus dem Einsatz sollte sich jeder Soldat, der Veränderungen an seiner Persönlichkeit feststellt, den nächstgelegenen Sanitätsbereich aufsuchen.

Schritte zurück in den Alltag

Die Wege zurück in den Alltag sind so unterschiedlich wie die Persönlichkeiten, die sie beschreiten. Einige fahren am Morgen nach der Rückkehr schon wieder in den Dienst, um die eigene Familie nicht mit der 24 stündigen Präsenz zu überfordern und um sich selbst langsam wieder an sie anzunähern. Andere fahren sofort in den Urlaub, entfernen sich von der Kaserne und zu Hause, um sich zu erholen. Ein Dritter bleibt erst einmal zu Hause, weil er schnell bei seiner Familie beziehungsweise in seinem gewohnten Alltag ankommen will. Jeder sollte für sich entscheiden, wie er dies gestalten will. Eines erfährt jedoch fast jeder, wenn er einen fordernden Einsatz absolviert hat: die Entschleunigung des Alltags.

Fährt der Rückkehrer am nächsten Morgen in die Kaserne, wundert er sich spätestens um halb vier Uhr nachmittags über die Ruhe, die in der Dienststelle einkehrt. Der mehrmonatige 14- bis 16-stündige Diensttag ist plötzlich auf acht Stunden reduziert. Täglich war er Sonne und Hitze ausgesetzt, die in braungebrannt haben. So wird der lange, fordernde Einsatz in Deutschland auf die Frage nach seinem Urlaubsort reduziert.

Es kann ihm aber auch passieren, dass er als »Held« angesehen wird.

> »Ich selbst habe es erlebt, wie es ist, als Held gefeiert zu werden, denn als wir aus Kambodscha zurück gekommen sind, wurden wir so gesehen. Im Nachhinein muss ich sagen, das war ganz schlimm. Für uns hatte sich alles verändert, die Distanz zum Leben hier in Deutschland war riesig. Wenn man dann noch einem Heldenepos unterliegt, wird das regelrecht fixiert.«[233]

Aber wirklich interessiert an den Erfahrungen im Einsatz ist die Dienststelle nicht. Sie fühlt sich mit den Problemen des Bundeswehralltages ausgelastet. Manchmal wird man zu einem Vortrag hier und dort eingeladen, »was erwartet werde. Aber das war's dann auch«, resümierte ein hochrangiger General seinen Einsatz.

Bleibt er zu Hause, stellt er fest, wie wenig er gebraucht wird und wie lange es dauern wird, bis er seinen gewohnten Alltag wieder aufnehmen kann.

> »Und daran muss sich die Frau erstmal wieder gewöhnen, dass der Mann wieder da ist, der vielleicht auch seine eigentlichen Aufgaben vielleicht übernimmt, und der Mann muss sich auch wieder dran gewöhnen, dass er im Einsatz war möglicherweise Vorgesetzter oder so und hatte was zu sagen, und hat gesagt ‚Ihr geht jetzt rechts rum'. Wenn der nach Hause kommt, sagt Muttern, ‚wir gehn aber jetzt nach links, gehn da lang', und dann sagen die Kinder alle, ‚ja, wir gehn da lang', und man steht da – öh.«[234]

In den Gesprächen am Abend versteht er nicht, warum bestimmte dahingesprochene Sätze bei allen Gelächter auslösen. Ihm fehlt ein gemeinsamer Lebensabschnitt, der langsam wieder über die Zeit zu einer gemeinsamen Erinnerung werden kann. Gleiches erlebt er in seinem sozialen Umfeld.

---

233 Scheffer, S. 82. Zitiert wird Andreas Lison, der als Arzt in Kambodscha im Einsatz war.

234 Näser-Lather, 2011, anonymisiertes Interview vom 12.06.2006, Zeichensetzung angepasst.

Zur Urlaubsplanung nach dem Einsatz ist bereits geschrieben worden. Da der Zeitpunkt der Rückkehr aus dem Einsatz nicht genau bestimmt werden kann, sollte zwischen geplantem Einsatzende und gebuchtem Urlaubs mindestens eine Woche liegen. Für Familien mit schulpflichtigen Kindern richtet sich der gemeinsame Urlaub nach den Schulferien. Kinderlose Paare oder solche mit erwachsenen Kindern genießen oftmals einen Urlaub, der unmittelbar nach der Rückkehr aus dem Einsatz angetreten wird. Eine allgemein gültige Regel, zu welchem Zeitpunkt ein Urlaub angetreten werden sollte, kann es nicht geben. Nur eines sollte der Heimkehrer beachten. Den Einsatz sollte er nicht in die Koffer packen.

Wiederholt nehmen sich Soldaten nach dem Einsatz keine Zeit zur Regeneration. Entweder halten sie sich selbst für zu unersetzlich, ihre Präsenz wird vom Vorgesetzten eindringlich erbeten, sie behaupten fit zu sein oder plagen sich mit einem schlechten Gewissen, wenn ihre Kameraden ihre Arbeit weiterhin übernehmen müssen. Fragen sind zu beantworten, warum man jetzt auch noch die aufgelaufenen sechs Wochen Urlaub nehme angesichts der Vorhaben, die in der Einheit anstehen. Die zwei Antworten liegen auf der Hand und sind dennoch schwer zu vermitteln. Sie lauten: 1. Um sich die nächsten zwanzig, dreißig Jahre einsatzbereit zu halten, benötigt jeder Mensch Erholung. 2. Der Einsatz ist erst mit der Regeneration abgeschlossen. Keine Dienststelle sollte den Rückkehrer vor dessen Urlaub zu Diensten einplanen. Zur Regeneration nach dem Einsatz gehören auch die sogenannten dreiwöchigen Präventivkuren. Sie werden fast ausnahmslos allen jenen angeboten, die außerhalb der Feldlager tätig oder über einen längeren Zeitraum im Einsatz waren. Und letztlich sollte man das Angebot der Sportschule Warendorf nutzen. Der Lehrgang »Sporttherapie nach Einsatzschädigung« ist eingeführt worden, um Soldaten wieder ein besseres Leben im Alltag zu ermöglichen.[235]

Letztlich ist dann auch empfehlenswert, das Einsatznachbereitungsseminar zu besuchen. Es bietet die Möglichkeit, im Kreis der Kameraden das Erlebte Revue passieren zu lassen, die Rückkehr nach Hause zu thematisieren, vor allem aber auch die Ängste zu besprechen, die Einzelne erfahren haben, doch nicht den Mut hatten, sie bisher anzusprechen. Diese Seminare sollten

---

235 Sport als Medizin, http://www.sanitaetsdienst-bundeswehr.de/portal > Über uns > Sport als Medizin

in ziviler Kleidung immer außerhalb der Kasernen abgehalten werden. Die Bundeswehrverwaltung mahnt hier an der falschen Stelle zur Kostensenkung. Trotz zivilem Umfeld, offener Gesprächsatmosphäre und der Versicherung, das Gesprochene bleibe im Raum, sind die Vorgesetztenverhältnisse präsent. Sie hindern den Untergebenen, sich zu öffnen, weil sie Nachteile befürchten, und den Vorgesetzten, weil er glaubt, die Wahrnehmungen über seine Untergebenen nicht öffentlich aussprechen oder seine Emotionen nicht zeigen zu können. Es fehlen deshalb Nachbereitungsseminare für Kommandeure.

15. Schlussbemerkungen

Zum Mantra der deutschen Außenpolitik gehört seit Jahren die Aussage, Krisen könnten nicht mit militärischen Mitteln gelöst werden. Die ständige Wiederholung ändert jedoch nichts an der Unsinnigkeit dieser Aussage. Ein Blick auf das Engagement von Streitkräften in den letzten zwanzig Jahren auf dem Balkan belegen just das Gegenteil. Andererseits sollten sich Soldaten über die Haltung der Regierung und des Bundestages freuen, den Einsatz der Bundeswehr nur nach sorgfältiger Überlegung und eher zögerlich zu beschließen. Schließlich tragen sie als Erste die Lasten, die sich aus dem Mandat des Bundestages ergeben, in einem fremden Land militärisch tätig zu werden. Denn die Sicherheit Deutschlands wird definitiv nicht in einem Land verteidigt, von dem keine Bedrohung gegenüber Deutschland ausgeht. Doch der Ausspruch des ehemaligen Verteidigungsministers ist so eingängig, dass er gerne von Politikern wie Medien und auch innerhalb der Bundeswehr zitiert wird. Damit wird jedoch die Begründung für einen Einsatz deutscher Streitkräfte verschleiert. Es war nicht die Bekämpfung des Terrorismus, sondern die Einbindung in multinationale Sicherheitsstrukturen, die den Einsatz in Afghanistan erforderte. Die Solidarität mit den Bündnispartnern in der NATO, die sich in der Plattitüde »gemeinsam hinein – gemeinsam hinaus« zeigt, war die Begründung für den Einsatz in Afghanistan. Es ist die Solidarität in einem Bündnis, das von der Führungsnation USA im Afghanistaneinsatz jedoch nicht mehr als Bündnis bezeichnet wird, sondern als Koalition.

Die Bundeswehr ist in der gegenwärtigen politischen Situation Deutschlands ein Instrument der Außenpolitik, keine Armee zur Verteidigung Deutschlands. Mit der wiederholten Positionierung der Bundeskanzlerin und des Außenministers, dass Krisen nicht militärisch zu lösen sind, wird ein sogenannter robuster Einsatz der Bundeswehr in naher Zukunft kaum zu erwarten ein. Selbst dort, wo eine terroristische Organisation junge Menschen aus Deutschland rekrutiert, die als »lebende Bomben« zurückkehren könnten, beschränkt sich das militärische Engagement an der Quelle der Gefahr auf eine Ausbildungsunterstützung der Peschmerga, denen Waffen und Fahrzeuge geliefert werden. Deutschlands führende politische Klasse will den Tod von Soldaten nicht beklagen müssen. Es darf nachhaltig bezweifelt werden, ob die Bündnisnationen dies als adäquaten Beitrag betrachten, weswegen das Gewicht Deutschlands im Militärbündnis NATO beständig gesunken ist. Militärs mögen das ernüchternd feststellen oder auch beklagen, es hat an der Prosperität der Nation und an deren Sicherheit nichts geändert. Der Lackmustest hierfür wird nicht in Afghanistan, dem Irak oder Libyen bestanden, sondern im Umgang mit dem wiederbelebten Großmachtstreben Russlands, das Nachbarstaaten völkerrechtswidrig angreift und okkupiert.

Im militärpolitischen Raum ist daher auch eine Debatte erforderlich, in der die nationale Position zu der sogenannten *counter insurgency strategy* entwickelt wird. Diese Strategie ist in der NATO-Operation in Afghanistan angewendet, aber in Deutschland weder diskutiert noch verstanden worden, so mein Eindruck. Anstelle dessen fokussierten sich die Streitkräfte auf die Bekämpfung von Aufständischen als primäre militärische Aufgabe und verloren das tatsächliche Ziel, die Unterstützung der Zivilbevölkerung, aus den Augen. Wenig tröstlich ist, dass seitens renommierter US-amerikanischer Institute auch den US-Streitkräften attestiert wird, in der Anwendung der Strategie versagt zu haben. Humanitär begründete Einsätze, die der Beendigung von Konflikten und der Unterstützung des Wiederaufbaus von Nationen dienen, zwingen jedoch zur Beschäftigung mit dieser Strategie und ihrer Umsetzung.

Da die Bundeswehr Instrument der Außenpolitik geworden ist, werden die in der Eidesformel gesprochen Worte »das Recht und die Freiheit des deutschen Volkes tapfer zu verteidigen« bei weltweiten Einsätzen zu leeren Worthülsen. Dafür rücken die zuerst gesprochenen Worte in den Vordergrund, nämlich »der Bundesrepublik Deutschland treu zu dienen«.

Im Paragraph 7 des Soldatengesetzes ist die Eidesformel zwar als Grundpflicht wieder aufgenommen, doch in den aktuellen Einsätzen der Bundeswehr wird weder die Freiheit noch das Recht des deutschen Volkes tapfer verteidigt. Die Legitimation für Einsätze kann sich also nur aus der Pflicht zum treuen Dienen ableiten. Während man die Legitimation zur Verteidigung des eigenen Landes nicht erläutern oder begründen muss, erfordert ein Einsatz, der sich aus der Pflicht zum treuen Dienen legitimiert, eine detaillierte Erläuterung der politischen Hintergründe und politischen Ziele, die mit dem Einsatz erreicht werden sollen. Diese Verpflichtung ist natürlich den Angehörigen der Regierung und den Abgeordneten des Bundestages auferlegt, in der Vergangenheit aber nicht erfüllt worden. Verschleierungen der Gründe für den Einsatz und Beschönigungen der Einsatzrealität kennzeichneten fast zwanzig Jahre lang die Aussagen der Politiker und deren Versagen, bis endlich zu Guttenberg vom Krieg sprach und Trauerreden der Bundeskanzlerin zu hören waren.

Der Reflex der Kommandeure, Stabsoffiziere, Generale und Admirale, auf die Politik zu verweisen, wenn Einsätze begründet werden sollten, trägt natürlich genauso zum Versagen in der Kommunikation mit der Öffentlichkeit bei. Politiker aller Ebenen wehren sich dagegen, von Soldaten in der Öffentlichkeit kritisiert zu werden. Soldaten als Element der Exekutive haben den politischen Willen umzusetzen und zu gehorchen. Deswegen wird öffentliche Kritik von insbesondere höheren Dienstgraden mit Forderungen nach deren Amtsenthebung oder Entlassung gerügt. Das Leitbild der Inneren Führung, der Unternehmungsphilosophie der Bundeswehr, wird mit diesen Forderungen zunichte gemacht. Der General wird zum Befehlsempfänger degradiert, nicht als Staatsbürger in Uniform anerkannt.

Der Reflex wirkt aber auch in die Bundeswehr hinein, weil offizielle Formulierungen übernommen werden, die mit der erlebten Realität der Soldaten nicht übereinstimmen. Es existiert allerdings ein Unterschied: Beide Seiten wissen, dass die Realität sich von den geäußerten Sätzen unterscheidet. Die in den Streitkräften vorherrschende Kultur, sich weder in der Öffentlichkeit noch innerhalb der Streitkräfte offen und ehrlich – und damit authentisch – zu äußern, hat deswegen maßgeblich zur Entfremdung zwischen Basis und Führung innerhalb der Streitkräfte sowie zwischen dem Militär als solchem und der Politik beigetragen. Die beklagte zunehmende Frustration innerhalb der Streitkräfte hat vor allem darin ihre Ursachen.

Die Klagen über Ausrüstungsmängel und Unterfinanzierungen sowie der ausufernden, lähmenden Militärbürokratie sind deswegen nicht Ursache der um sich greifenden Frustration, sondern verstärken sie. In den Medien, den Interviews und den Publikationen von Angehörigen des Heeres wird jedoch der gegenteilige Eindruck vermittelt. Alle intensiven Diskussionen in den Streitkräften um deren Zustand, Ausrüstungsmängel etc. enden mit der Feststellung, die militärische Führung äußere sich nicht deutlich genug. Doch selbst wenn sich die militärische Führung dahingehend äußern würde, entstehen daraus noch keine Änderungen. Der politischen Klasse fehlen die Bereitschaft und der Wille, die Zustände zu ändern. Aus der Einschätzung, selbst die Kommandeure seien machtlos, beziehungsweise der Wahrnehmung, sie würden sich ohnehin nicht äußern, resultiert die hohe Anzahl an Eingaben an den Wehrbeauftragten und Briefe an den Bundeswehrverband in der Hoffnung, durch diese Institutionen notwendige Veränderungen schneller erreichen zu können. Es wäre interessant zu untersuchen, inwieweit dadurch die auf Hierarchien aufgebaute Struktur der Streitkräfte einen zunehmenden Vertrauensverlust erfährt oder sogar unterhöhlt wird.

Die zentrale Frage, ob sich die soeben geschilderten Beobachtungen auf die Einsatzbereitschaft der Streitkräfte auswirken, ist gegenwärtig mit Nein zu beantworten. Die Klagen über Ausrüstungs- und Ausbildungsmängel sind völlig berechtigt, dennoch werden die Aufträge durchgeführt. Die Bereitschaft, mit Hilfen von Improvisationen zu bestehen, auch im Gefecht, ist unverändert extrem hoch ausgeprägt. Wenn aber die überwiegende Mehrheit der Berufssoldaten ihren Kindern empfiehlt, einen zivilen Beruf zu ergreifen, die freiwillig Längerdienenden sich über unbefriedigende und unterfordernde Tätigkeiten beklagen sowie die kampferfahrenen Soldaten beständig Kritik äußern, wird sich dies langfristig auf die Gewinnung qualifizierten Personals auswirken.

Der derzeitige Schwerpunkt der Werbekampagnen der Bundeswehr blendet die Realität des Einsatzes, die Gewalterfahrungen, Verwundung und Tod, aus. Die Bundeswehr wird als Arbeitgeber angepriesen und es wird auf die zivilberuflich verwertbaren Qualifikationen verwiesen. Solange mit diesen Kampagnen der qualifizierte Nachwuchs der Bundeswehr gewonnen werden kann, bedarf es aus der Sicht der Werbeagenturen keiner Änderung der Schlüsselbotschaften. In einer Gesellschaft, die den Tod als allgegenwärtige

Gefahr ausgeblendet hat, würde eine Kampagne, die Gewalterfahrungen als berufsimmanent darstellt, nur unnötige Diskussionen auslösen und im Extremfall die Bewerberzahlen senken. Die hierin zum Ausdruck kommende Pragmatik ist zwar erfolgreich, aber ethisch und moralisch verwerflich. Sie setzt auf die Arglosigkeit junger Menschen.

Die politische Elite dürfte diesem pragmatischen Ansatz aufgeschlossen gegenüber stehen. Er entbindet sie von der Notwendigkeit, bereits im Vorfeld von Einsätzen die ethischen und moralischen Werte und Normen zu erläutern, mit denen sie Soldaten in einen Kampf sendet. Dabei ist, wie oben aufgeführt, das treue Dienen der Bundesrepublik primärer Legitimationsgrund. Die Verteidigung des eigenen Landes braucht man Familien nicht zu erklären, sehr wohl aber, warum ihre Töchter und Söhne im Ausland zu Tode kommen können. Diese Aufgabe überlässt die Politik den Streitkräften. Die wiederum blicken auf die evangelische und katholische Kirche. Deren Veröffentlichungen erklären und erläutern die ethischen Grundlagen des Soldatenberufes. Die Deutungshoheit über die existenziellen Kernfragen des Berufes, weshalb Soldaten im Einsatz kämpfen und töten dürfen, weshalb sie sich selbst töten lassen und warum sie das Leben von Unbeteiligten schonen müssen, überlässt man den Vertretern der christlichen Religionen des Abendlandes, den Pfarrern, Priestern, Dekanen und Bischöfen der evangelischen und katholischen Militärseelsorge. Da die im Grundgesetz verankerten Grundrechte, die Menschrechtscharta der Vereinten Nationen und die Bestimmungen des humanitären Völkerrechtes mit christlichen Werten weitgehend übereinstimmen, erscheint dies folgerichtig. Doch andere Religionen, mit deren Gläubigen die Soldaten in den Einsatzgebieten zusammentreffen, leben andere ethische Werte und leiten das Recht zum Krieg wie auch das Verhalten im Krieg von unterschiedlichen Glaubenssätzen ab. Deren religiöse Autoritäten müssen in der ethischen Ausbildung in den Streitkräften ebenfalls repräsentiert sein – insbesondere wenn Religionen den Anspruch erheben, die Lebenswelt ihrer Gläubigen bestimmen zu dürfen. Christliche Geistliche werden dies höchstens eingeschränkt verdeutlichen. Zudem würde mit einem solchen Ansatz die interkulturelle Kompetenz der Soldaten gesteigert.

Die durch die Politik vorgelebte Tabuisierung von Tod und Verwundung setzt sich auch in der Bundeswehr selbst fort. Zwar wird mittlerweile über die Behandlung von traumatisierten Soldaten berichtet und der Tod als solcher genannt, aber die Visualisierung unterliegt immer noch dem Gebot, schreckliche, das heißt realistische Bilder zu vermeiden. Auch innerhalb der Streitkräfte setzt sich diese Tendenz fort. Eine Bilderserie, die Folgen von spielerischem Schusswaffengebrauch aufzeigen sollte, durfte die Verletzungen von Soldaten nicht bildlich darstellen. Neben der Besorgnis, die Bilder würden den Weg in die Öffentlichkeit finden, steht die Befürchtung, zu drastische Bilder würden die Soldaten verschrecken. So bleibt nur der Weg ins Internet, in dem die Propagandavideos von Taliban und IS einen ungeschminkten Einblick erlauben.

Trotz der offiziellen Tabuisierung von Gewalt, die wegen der Gewaltdarstellungen im Internet ins Leere läuft, haben die Kampftruppen, die am ehesten im Einsatz mit ihr konfrontiert werden, am wenigsten unter Nachwuchssorgen zu leiden. Bei ihnen wird die Diskrepanz zwischen Erlebtem und Gesagtem am deutlichsten. Sie ist sogar durch einen eigenen Wertekanon manifestiert. Es sind nicht umsonst die Angehörigen der Kampftruppen des Heeres, die von einer Parallelgesellschaft sprechen, eigene Werte wie Ehre und Treue überhöhen und der Idee des archaischen Kämpfers frönen. Die Tabuisierung von Gewalt, so könnte man folgern, führt in parallele Welten, und das verbunden mit einem Elitegedanken, der den Prinzipien der Inneren Führung zentral widerspricht. Wird darin eine Strömung sichtbar, dass in der deutschen von überbordendem Sicherheitsdenken gekennzeichneten Gesellschaft, Jugendliche das Risiko suchen und es als Soldat leben können? Es gibt zu denken, dass in unserer Gesellschaft der Clint Eastwood Film »American Sniper«, in dem die gezielte Tötung von Hunderten Menschen gezeigt wird, über Wochen auf den Plätzen zwei bis vier der Kinocharts steht und von über 300.000 meist jungen Zuschauern angesehen wird. Dieses Phänomen der virtuellen Heroisierung könnte in den eben beschriebenen parallelen Gesellschaften zur Realität werden. Dies alles sollte Gegenstand empirischer Forschung werden, die jedoch im unabhängigen wissenschaftlichen Feld angesiedelt sein sollte. Untersuchungen des sozialwissenschaftlichen Institutes der Bundeswehr unterliegen sicherlich auch wissenschaftlichen Standards, die Veröffentlichungen ihrer Ergebnisse müssen jedoch die Zustimmung des Verteidigungsministeriums erhalten. Zu oft verstauben Studien in den Aktenschränken des Ministeriums, wenn die Ergebnisse unangenehm erscheinen. Man kann der Generalität im Ministerium nur den Mut wünschen, die Untersuchungen an zivile Universitäten zu vergeben.

Literaturverzeichnis

Amt für Geoinformationswesen der Bundeswehr: Militärlandeskundliche Unterlagen Afghanistan, Euskirchen 2007

ARD, Afghanistan-Umfrage: Das Ansehen des Westens ist so schlecht wie nie, 06.12.2010. Quelle: http://www.tagesschau.de/ausland/afghanistanumfrage190~_page-2.html (Stand 15. April 2015)

Axel, M. und J. Prümper: Interkulturelle Kompetenz durch interkulturelles Training. In: A. Clermont & W. Schmeisser (Hrsg.): Internationales Personalmanagement (S. 349–371), München 1997

Barnitzke, Heike: Auf Immer-wiedersehen. So gelingen Fernbeziehungen, Hannover 2009

Barschow, Boris: Kabul, ich komme wieder, Lüneburg 2007

Baumann, Dieter: Militärethik, Theologische, menschenrechtliche und militärwissenschaftliche Perspektiven. (Hrsg.): Institut für Theologie und Frieden, Stuttgart 2007

Baumann, Marc (Hrsg.): Feldpost: Briefe deutscher Soldaten aus Afghanistan, Bonn 2011

Biehle, Alfred: Unterrichtung durch den Wehrbeauftragten Jahresbericht 1993 (35. Bericht). Deutscher Bundestag 12. Wahlperiode Drucksache 12/6950, Bonn, 08.03.1994

Blackfive: McCrystal tactical Directive for Afghanistan. Posted by Uncle Jimbo on Thursday, July 23, 2009. Quelle: http://www.blackfive.net/main/2009/07/mcchrystals-tactical-directive-for-afghanistan.html (Stand 15.06.2015)

Brackmann, Thomas: Hier Drei, stehe im Feuerkampf, 04.12.2013. Quelle: http://www.y-punkt.de/portal/a/ypunkt/!ut/p/c4/LYvBCsIwEAX_KJvgQfRmK4IXeylovUjarCUkTcK6sQh-vAn4BuYyPLhDIei3nTXbGLSHGwyT3Y-rGFeDj0_KwbHQjjN6L15MaNmRxicjXOvZoJhiQK5mDGyLZ9IcSaRI7GvJRKUIa2CQ6tiojZL_qe-2b9q-3Ul1vpw6SMty-AGkQgw_/ (Stand 15.04.2015)

Braun, Harald: Evaluierung von Auslandseinsätzen – Die Bewertung der Qualität von Auslandseinsätzen der Bundeswehr, Potsdam, 04.12.2013. Quelle: http://www.readersipo.de/portal/a/sipo/!ut/p/c4/VU1NC4JAEP1F7rqEIN0MCbrULbNLrO6

oQ-usjKNC9OPTOvUevMv70ne9kuyMrRUMZL2-6bLGfbWoanHwGHEIS tjS2ATuvxmVRD16FAuMY91B1FlyfqJ2bMA7YPUM9IJBIJqBG9sxUPS_oIvt 1YGqA4FsKkCCq7ZsJbAaAovfnInXtih0uoxNfjA7s4t_MO80ueZZYdLkd D5e9ND32QdQT6eI/ (Stand 13.04.2015)

Bundesamt für das Personalmanagement der Bundeswehr (Hrsg.): Sozialdienst der Bundeswehr, Sozialdienstverzeichnis, Anschriften und Zuständigkeitsbereiche. Quelle: http://www.Sozialdienst.Bundeswehr.de (Stand 15.04.2015)

Bundesministerium der Verteidigung (BMVg) (Hrsg.): Vor dem Einsatz, Bonn, ohne Datum (PDF-Datei vom 11.01.2013)

Bundesministerium der Verteidigung (BMVg) (Hrsg.): Im Einsatz, Bonn, ohne Datum (PDF-Datei vom 19.11.2003)

Bundesministerium der Verteidigung (BMVg) (Hrsg.): Nach dem Einsatz, Bonn, ohne Datum (PDF-Datei vom 19.11.2003)

Bundesministerium der Verteidigung (BMVg) (Hrsg.): Karl der Bärenreporter im Einsatz bei der Marine, Bonn 2009

Bundesministerium der Verteidigung, Inspekteur des Heeres: Operative Leitlinie, Bonn, 08.02.1994

Bundeswehrkrankenhaus Berlin, Zentrum für Psychiatrie und Psychotraumatologie. Quelle: http://www.bundeswehrkrankenhaus-berlin.de/portal/a/berlin/!ut/p/c4/DcLBDYAgDADAWVyA_v25hfohhRBogEKgSGR6zR3c8GN8yKNQYUxww mVpN1OtjqzNjNq4loiVI25kgwz2KpZcnTheqvbXhiINR0ao8dg-mVtsow !!/%2012.04.2015 (Stand 03.06.2015)

Butler, Judith: Raster des Krieges, Frankfurt am Main 2010

Chiari, Bernhard und Agilof Keßelring (Hrsg. im Auftrag des militärgeschichtlichen Forschungsamtes): Wegweiser zur Geschichte des Kosovo, Paderborn 2006

Chiari, Bernhard (Hrsg. im Auftrag des militärgeschichtlichen Forschungsamtes): Wegweiser zur Geschichte Afghanistans, Paderborn 2007

Cordesman, Anthony: Shape, Clear, Hold, and Build: »The Uncertain Lessons of the Afghan & Iraq Wars«, (Hrsg.): Center for Strategic & International Studies (CSIS), Washington, 23.09.2009, Quelle: http://csis.org Home > Publications > Content (Stand 15.04.2015)

Dausend, Peter: Beruf: Töten, *Zeit Online* vom 20.05.2011, Quelle: http://www.zeit.de/2011/21/Berufsbild-Soldat (Stand 15.04.2015)

Daxner, Michael und Hannah Neumann (Hrsg.): Heimatdiskurs – Wie die Auslandseinsätze der Bundeswehr Deutschland verändern; Edition Politik Band 10; Bielefeld 2010

de Maizière, Thomas: in: Marbrit Illner, Sendung vom 05.03.2015, Quelle: http://www.zdf.de/ZDFmediathek/beitrag/video/2356038/maybrit-illner-vom-5.-Ma

erz?setTime=1066.245#/beitrag/video/2356038/maybrit-illner- (Stand 05.03. 2015)

Der Generalbundesanwalt beim Bundesgerichtshof – 3 BJs 6/10-4 –: Ermittlungsverfahren gegen Oberst Klein und Hauptfeldwebel Wilhelm, hier: Einstellung des Verfahrens, Karlsruhe, 16.04.2010

Der Spiegel: Die Deutschen müssen das Töten lernen. Quelle: *Der Spiegel* Ausgabe 47/2006; www.spiegel.de/spiegel/print/d-49612698.html (Stand 23.08.2014)

Der Spiegel: Ein deutsches Verbrechen. Quelle: *Der Spiegel* 5/2010, S. 34–56, Hamburg, 01.02.2010

Deutscher Bundestag: Beschlussempfehlung und Bericht des Verteidigungsausschusses als 1. Untersuchungsausschuss. Drucksache 17/7400 Berlin, 25.10.2011

Die deutschen Toten des Afghanistankrieges. Quelle: http://www.aixpaix.de/afghanistan/deutsche_tote.html (Stand 15.04.2015)

Die Welt: Steinmeier warnt vor Stellvertreterkrieg im Irak. Quelle: http://www.welt.de/politik/deutschland/article129082121/Steinmeier-warnt-vor-Stellvertreterkrieg-im-Irak.html (Stand 15.06.2014)

Die Welt: Die Bundeswehr – Eine demoralisierte Armee, Quelle: http://www.welt.de/politik/deutschland/article137955013/Die-Bundeswehr-Eine-demoralisierte-Armee.html (Stand 01.03.2015)

Dörfler-Dierken, Angelika und Gerhard Kümmel: Identität, Selbstverständnis, Berufsbild – Implikationen der neuen Einsatzrealität für die Bundeswehr. Schriftenreihe des Sozialwissenschaftlichen Institutes der Bundeswehr, Band 10, Wiesbaden 2010

Dollinger, Hans: Kain, wo ist dein Bruder – Was der Mensch im Zweiten Weltkrieg erleiden musste – dokumentiert in Tagebüchern und Briefen, Köln 2003

Durchschlagende Wirkung: Optimierter Waffenmix steht in Afghanistan zur Verfügung, 10.09.2012, Quelle:http://www.deutschesheer.de/portal/a/heer/!ut/p/c4/NYzBCsIwEET_aDcpCuLN0otXPdj2tk2XJpomZd3qxY83FZyBgeENgz0WJ3qFiTTkRBFb7Fw4Dm_wzAL00JVjhETOS3BeOcGdvFTGVvDkRXke-Nfwtl2NDC4n1i3LVkPJSUizwJJF40ZWkUIgjNgZ29Rmb_6yn0Pb19dut7PNub7gMs-nL6koKLk!/ (Stand 12.04.2015)

Eckhold, Robert: Fallschirmjäger in Kunduz, 2. Auflage, Limbach-Oberfrohna 2010

Ehlers, Jürgen (Hrsg. und Übersetzer): Ferdausi, Abu´l-Qasem: Schāhnāme. Die Rostam-Legenden, Reclam, Stuttgart 2002 und 2010

Einsatzführungskommando der Bundeswehr: Die Bundeswehrbetreuungsorganisation stellt sich vor, 2. Auflage; Potsdam 2014. Quelle: http://www.einsatz.bundeswehr.de/portal/a/einsatzbw/!ut/p/c4/04_SB8K8xLLM9MSSzPy8xBz9CP3I5E yrpHK9pPKU1PjUzLzixJIqIDctMTczJzM1Lym1pCi1tDQvXb8g21ERA-De3g6M!/ (Stand 23.02.2015)

Evangelisches Kirchenamt für die Bundeswehr (Hrsg.): Friedensethik im Einsatz – Ein Handbuch der Evangelische Seelsorge in der Bundeswehr, Gütersloh 2009

Flade, Florian und Thorsten Jungholt: Abschirmdienst warnt vor Islamisten in Bundeswehr, in: *Die Welt* vom 08.03.2015; Quelle: http://www.welt.de/politik/deutschland/article138183348/Abschirmdienst-warnt-vor-Islamisten-in-Bundeswehr.html (Stand 12.04.2015)

Fischer Sebastian und Veit Medick: Bundeswehr in Afghanistan: Köhler entfacht neue Kriegsdebatte. In: *Spiegel online*, 27.05.2010, Quelle: http://www.spiegel.de/politik/deutschland/bundeswehr-in-afghanistan-koehler-entfacht-neue-kriegsdebatte-a-696982.html (Stand 02.06.2015)

Focken, Tim: Verwundung – ein Kampf, auf den ich nicht vorbereitet war. in: Brinkmann, Sascha, Hoppe, Joachim und Wolfgang Schröder (Hrsg.): Feindkontakt – Gefechtsberichte aus Afghanistan, Hamburg 2013

Gauck, Joachim: Auch zu Waffen greifen. Joachim Gauck im Gespräch mit Hans-Joachim Wiese. Deutschlandfunk, 14.06.2014. Quelle: http://www.deutschlandfunk.de/aussenpolitik-gauck-auch-zu-waffen-greifen.694.de.html?dram:article_id=289120 (Stand 20.03.2015)

Ghelli, Fabio: Italien Andreotti nimmt Geheimnisse mit ins Grab, *Zeit Online*, 06.05.2013, Quelle: http://www.zeit.de/politik/ausland/2013-05/italien-giulio-andreotti (Stand 17.05.2015)

Göllner, P. Jonathan: Einsatzrealität Kunduz – ein Erfahrungsbericht. in: Militärseelsorge. Dokumentation. 47/2009, Heft Juli, S. 57–61

Gross, Heike: Ein schöner Tag zum Sterben. 3. Auflage, Frankfurt am Main 2009

Gross, Heike: Das ist auch euer Krieg – Deutsche Soldaten berichten von ihren Einsätzen, Frankfurt am Main 2010

Groß, Jürgen (Hrsg.), Bald, Detlef und Hans-Günther Fröhling: Bundeswehr im Krieg – wie kann die Innere Führung überleben? Hamburg 2009

Haak, Karen: Das neue Schießausbildungskonzept Hammelburg, 15.04.2013. Quelle: http://www.bundeswehr.de/portal/a/bwde/!ut/p/c4/NYu7DsIwEAT_yGc34dERRUJQUNBAaKJLfIosHNu6nEnDx2MX7ErTzC68oDTgx80oLgb08IR-cdxU-NmSeFbMnlPq8K8DpZ4EM4pETzqsQymGEgqhYK4wplRIqsUWXw1mbkY5Sz02nSt2el_zPfQ3M7NVe91d2nvkJbl9ANyQMfD/ (Stand 15.04.2015)

Haberman, Jürgen und Jaques Derrida: Philosophie in Zeiten des Terrors, Berlin und Wien 2004

Hauf, Thomas: Das Todesverständnis in der Arbeitshilfe Zentrum Innere Führung – »Umgang mit Tod und Verwundung im Einsatz«. Jahresarbeit Führungsakademie der Bundeswehr, Hamburg, 20.02.2002

Headquarters International Security Assistance Force: Tactical Directive, Kabul 06.09.2009, Quelle: www.nato.int/isaf/.../Tactical_Directive_090706.pdf (Stand 22.03.2015)

Heringer, Hans Jürgen: Interkulturelle Kommunikation, 2. Auflage, Tübingen 2007

Herzog, Alf und Peter Müller: Am Einsatz orientiert: Neues Schießausbildungskonzept, 25.11.2013, Quelle: http://www.deutschesheer.de/portal/a/heer/!ut/p/c4/NYzBCsIwEET_aDctKNZbiwhe9CTa3tZ0aaJpUpZtvfjxpoIzMDC8YbDD7EiLH0h9ihTwjq31-8cbHLMAvXTmECCSdeKtU47wJCelKQzEtPD44F_B2_rUM9gUWdfMU_U5ByFNAlMSDSuZRTIB32NrikNjNuav4rOru-ralNX2dD5ecBrH-guiTLtm/ (Stand 15.04.2015)

Hofmann, Jürgen: Kriegseinsatz – Umgang mit Tod, Verwundung und Gefangenschaft. Jahresarbeit Führungsakademie der Bundeswehr, Hamburg, 15.01.1999

International Criminal Court: ICC-01/05 -01/08, The Prosecutor v. Jean-Pierre Bemba Gombo. Quelle: http://www.icc-cpi.int/en_menus/icc/situations%20and%20cases/situations/situation%20icc%200105/related%20cases/icc%200105%200108/Pages/case%20the%20prosecutor%20v%20jean-pierre%20bemba%20gombo.aspx (Stand 01.09.2014)

ISAF Headquarters: Tactical Directive. Kabul 06.07.2009. Quelle: http://www.nato.int/isaf/docu/pressreleases/2009/07/pr090706 tactical-directive.html (Stand 03.06.2015)

Jünger, Ernst: In Stahlgewittern, Stuttgart 1978

Jung, Volker: Durchschlagende Wirkung: Optimierter Waffenmix steht in Afghanistan zur Verfügung, 25.11.2013, Quelle: http://www.deutschesheer.de/portal/a/heer/!ut/p/c4/NYzBCsIwEET_aDcpCuLN0otXPdj2tk2XJpomZd3qxY83FZyBgeENgz0WJ3qFiTTkRBFb7Fw4Dm_wzAL00JVjhETOS3BeOcGdvFTGVvDkRXke-Nfwtl2NDC4n1i3LVkPJSUizwJJF40ZWkUIgjNgZ29Rmb_6yn0Pb19dut7PNub7gMs-nL6koKLk!/ (Stand 15.04.2015)

Junger, Sebastian: WAR – Ein Jahr im Krieg, 3. Aufl., München 2010

Junger, Sebastian: How PTSD Became a Problem Far Beyond the Battlefield. Vanity Fair, Juni 2015, Quelle: http://www.vanityfair.com/news/2015/05/ptsd-war-home-sebastian-junger (Stand 02.06.2015)

Justenhoven, Heinz-Gerhard und William A. Barbieri: FROM JUST WAR TO MODERN PEACE ETHICS. Berlin und Boston 2012

Jysch, Arne: Wave and smile, Hamburg 2012

Kaptein, Daniel: Das Infantriespezifische Training, Marburg 2015

Käßmann, Margot: Predigt im Neujahrsgottesdienst in der Frauenkirche Dresden, 01.01.2010. Quelle: http://www.ekd.de/predigten/kaessmann/100101_kaessmann_neujahrspredigt.html (Stand 22.03.2015)

Koelbl, Herlinde: Ich hatte noch nie so sehr das Gefühl, Steuergelder zu verschwenden. in: *ZEITmagazin* Nr. 49/2011, Hamburg, 30. November 2011

Koelbl, Suanne: Geliebtes Dunkles Land, München 2007

Könighaus, Helmut: Unterrichtung durch den Wehrbeauftragten Jahresbericht 2010 (52. Bericht). Deutscher Bundestag 17. Wahlperiode Drucksache 17/4400, Bonn, 25.01.2011

Könighaus, Helmut: Unterrichtung durch den Wehrbeauftragten Jahresbericht 2013 (55. Bericht). Deutscher Bundestag 18. Wahlperiode Drucksache 18/300, Bonn, 28.01.2014

Könighaus, Helmut: Unterrichtung durch den Wehrbeauftragten Jahresbericht 2014 (56. Bericht). Deutscher Bundestag 18. Wahlperiode Drucksache 18/3750, Bonn, 27.01.2015

Kohler, Berthold: Primat der Politik. In: *FAZ*, 28.03.2014. Quelle: http://www.faz.net/aktuell/politik/fraktur/fraktur-die-sprachglosse-primat-der-politik-12868593.html (Stand 03.06.2015)

Kormbaki, Marina: Bundeswehr-Auszeichnungen – Die Ehre des Soldaten Pordzik, In: *Hannoversche Allgemeine*, 19.02.2015. Quelle: http://m.haz.de/Nachrichten/Politik/Deutschland-Welt/Die-Ehre-des-Soldaten-Pordzik (Stand 15.04.2015)

Kurbjuweit, Dirk: Kriegsbraut, Berlin 2011

Kutz, Martin: Deutsche Soldaten, Eine Kultur- und Mentalitätsgeschichte, Darmstadt 2006

Lao Tse: Tao te King, Das Buch vom rechten Weg und von der rechten Gesinnung, Hamburg 1980

Laszowski, Kerstin: Körperliche und seelische Unversehrtheit, Beobachtungen einer Mutter, in: Heike Gross: Das ist auch euer Krieg – Deutsche Soldaten berichten von ihren Einsätzen, Frankfurt am Main 2010, S. 132–136

Lather, Dietger: Strategische Kommunikation – Eine neue Herausforderung für Einsätze der Bundeswehr. in: Zowislo-Grünewald, Natascha, Schulz, Jürgen und Detlef Buch (Hrsg.): Den Krieg erklären, Frankfurt 2011, S.59–78

Lather, Dietger: Informationsoperationen – Erfahrungen aus dem Einsatz. in: Bockstette, Carsten, Jertz, Walter und Siegfried Quandt (Hrsg.): Strategisches Informations- und Kommunikationsmanagement, Bonn 2006

Lord Robertson of Port Ellen: Statement by NATO Secretary General, Lord Robertson, 02.10.2001. Quelle: http://www.nato.int/docu/speech/2001/s011002a.htm (Stand 03.06.2015)

Lysk, Stefan: Im Einsatz gibt es keinen Erholungsurlaub – oder doch?, Deutscher Bundeswehrverband, Nov 2010, Quelle: www.dbwv.de/C12574E8003E04C8/Print/W28AK8XF428DBWNDE (Stand 07.04.2015)

Marguier, Alexander: Katastrophengebiet Banda Aceh – Ein Feldlazarett für die Hölle. *FAZ* vom 09.01.2005. Quelle: http://www.faz.net/aktuell/gesellschaft/unglueck/katastrophengebiet-aceh-ein-feldlazarett-fuer-die-hoelle-1211296.html (Stand 03.06.2015)

Märtyrer You Al-Aeree: Übersetzung: Abdul Hameed »Atal«: Martyrish Operation In Islam. Jihad printing center, vermutlich Peschawar 2000

McMahan, Jeff: Killing in War, Oxford 2009

Meyer, Simone: Feldpost-Skandal von Sortiermaschine verursacht. Quelle: http://www.welt.de/politik/article108267010/Feldpost-Skandal-von-Sortiermaschine-verursacht.html (Stand 05.04.2015)

Muth, Marcel: Sicher im Nahkampf. In: Y-Das Magazin der Bundeswehr, 04.12.2013. Quelle: http://www.y-punkt.de/portal/a/ypunkt/!ut/p/c4/LYvLCsIwEEX_KNOgorir-MCNrkTrRtJmLEPTJIwTi-DHm4D3wNkcLtwh482beiMUvHFwg6ajdTupdrL4-MTkB1FmkITOqZcwkgxs8CkI13K2qLrgUYoFvVB2z0YCqxhYXCmJORdFFppKbzd6pqv_9Hd1qHfzy1Ivjqf9GeI41j-_HuE_/ (Stand 02.06. 2015)

Mödl, Johanna: Wir schaffen das! – Eine Hilfestellung für Eltern, die mit ihren Kindern die Zeiten berufsbedingter Trennung meistern wollen, Eichstätt 2006

Näser-Lather, Marion: Bundeswehrfamilien. Die Perzeption von Elternschaft und die Vereinbarkeit von Familie und Soldatenberuf, Baden-Baden 2011

Näser-Lather, Marion: smelling fire, sensory experiences of German soldiers in Afghanistan. Vortrag auf der Konferenz: Sensing War. War, violence, militarism, bodies, sensation; London, 12.–13.06.2014

Naumann, Klaus: Was vom Krieg übrig bleibt – Vergegenwärtigungen zur deutschen Sicherheitspolitik, in: Galling-Stiehler, Andreas (Hrsg.) und Dirk Spreen: Ästhetik & Kommunikation – Kriegsvergessenheit in der Mediengesellschaft, Berlin 2011

Naumann, Klaus: A Troubeld Partnership – Zum Verhältnis von Politik und Militär im ISAF-Einsatz. in: Seifert, Anja u. a.: Der Einsatz der Bundeswehr in Afghanistan, Wiesbaden 2012, S. 51

Naumann, Klaus: Begegnungen zweier Welten – Heimkehrer in der Friedensgesellschaft, in: Scheffer, Ulrike und Sabine Würich: Operation Heimkehr, Berlin 2014, S. 10 ff.

Penner, Wilfried: Unterrichtung durch den Wehrbeauftragten Jahresbericht 2001 (43. Bericht). Deutscher Bundestag 12. Wahlperiode Drucksache 14/8330, Bonn, 12.03.2002

Rudolf, Peter: Zivil-militärische Aufstandsbekämpfung – Analyse und Kritik der Counterinsurgency- Doktrin. Stiftung Wissenschaft und Politik- Studie, Berlin, Januar 2011

Petersen, Lars: Keiner kämpft allein. in: Y – Magazin der Bundeswehr, 04.12.2013, Quelle: http://www.y-punkt.de/portal/a/ypunkt/!ut/p/c4/ LYvBCsIwEAX_KJsgVvBmUUEQxZPWi6TNWkLSJKwbi-DHm4BvYC7DgzsUgn7bUbONQXu4QTfYdT-Lfjb4-KQcHAvtOKP34sWElh1pfDLCtZ4NiiEG5GrGwLZ4JM2RRIrEvpZMVIqwBjqptq1aKPmf-q6Wl117lE1zOO3PkKZp8wMzyZoI/ (Stand 15.04.2015)

Presse- und Informationsstab BMVg: Neue PTBS Zahlen – mehr Neuerkrankungen im Jahr 2014, Quelle http://www.bundeswehr.de/portal/a/bwde/!ut/p/c4/FccxDoNADETRs3ABu0-XW4Q0q1kYgcXiINmAxOkD-nrF16_eOQ6bkPZzNP1oP9irnlLPkULzAPOibFmjPJvGSSLhY9lvKyIc80oXLLmzNZYLc6Prtry7P2PdVdY!/ (Stand 11.04.2015)

Rathje, Stephanie: Interkulturelle Kompetenz – Zustand und Zukunft eines umstrittenen Konzepts. Zeitschrift für Interkulturellen Fremdsprachenunterricht 11: 3, 2006, S. 17.

Redaktion der Bundeswehr: Verwundet im Einsatz – Soldaten erzählen ihre Geschichte, Quelle: https://www.youtube.com/watch?v=Pv0ndpr97Ps (Stand 15.04.2015)

Redaktion der Bundeswehr: Todesfälle in der Bundeswehr. Quelle: http://www.bundeswehr.de/portal/a/bwde/!ut/p/c4/DcjBDYAgDAXQWVyA3r25hXohxX6xgRSDKOtL3u3RToPxp5GbFuNMK22HzqG70AUuQmAJ5loRPCcjZ3g1L6g-vDau46p0p2X6Aerb0XM!/ (Stand 15.05.2015)

Reichelt, Julian und Jan Meyer: Ruhet in Frieden Soldaten! Wie Politik und Bundeswehr die Wahrheit über Afghanistan vertuschen, 2. Auflage, Köln 2010

Reitstetter, Lukas J.(Hrsg.) und Marcel Bohnert: Armee im Aufbruch – Zur Gedankenwelt junger Offiziere in den Kampftruppen der Bundeswehr, Berlin 2014

Reltz, Christiane: Auslandseinsatz – Dein, Mein, Unser Einsatz, Ratgeber für Soldatenfamilien. (Hrsg.): Zentrum Innere Führung (ZInFü), Koblenz, Stand August 2011

Rückert, Friedrich und Wolfram von Keitz (Hrsg.): Rostam und Sohrab: Eine Heldengeschichte in zwölf Büchern, Berlin 2010

Sahīh al- Buḫārī: Nachrichten von Taten und Aussprüchen des Propheten Muhammad, Stuttgart 1991

Sayin, Daniel: Trainiere wie Du kämpfst. Wildflecken, 29.07.2009. Quelle: http://www.y-punkt.de/portal/a/ypunkt/!ut/p/c4/LYvBCsIwEAX_KJvgQfGmqCiUehKtF0mbtYSkSVg3FsGPNwHfwFyGB3coBP22o2Ybg_Zwg26w634W_Wzw

8Uk5OBbacUbvxYsJLTvS-GSEaz0bFEMMyNWMgW3xSJojiRSJfS2ZqBRh DXRS7bZqoeR_6ru87I9ts1Ly1B7OkKZp8wM_HLu9/ (Stand 15.04.2015)

Seifert, Anja, Langer, C. und Carsten Pietsch (Hrsg.): Der Einsatz der Bundeswehr in Afghanistan; Schriftenreihe des Sozialwissenschaftlichen Institutes der Bundeswehr, Band 11, Wiesbaden 2012

Scheffer, Ulrike und Sabine Würich: Operation Heimkehr, Berlin 2014

Schneider, Wolf: Der Soldat – Eine Weltgeschichte von Helden, Opfern und Bestien – Ein Nachruf, Hamburg 2014

Schnitt, Jonathan: Foxtrott 4 – Sechs Monate mit deutschen Soldaten in Afghanistan, München 2012

Scholz, Marita: Heimatfront – Mein Leben mit einem Kriegsheimkehrer, Freiburg im Breisgau 2012

Scholzen, Reinhard: Nach Schweizer Vorbild. in Allgemeinen Schweizer Militärzeitschrift, Heft 01/02/2012, S. 12–13, Quelle: www.asmz.ch/fileadmin/asmz/Dokumente/Schiessausbildung.pdf (Stand 14.04.2015)

Schröder, Gerhard: Regierungserklärung des Bundeskanzlers Gerhard Schröder zu den Anschlägen in den Vereinigten Staaten von Amerika. 12. September 2001. Quelle: http://www.documentarchiv.de/brd/2001/rede_schroeder_terror-usa.html (Stand 03.06.2015)

Schröder, Wolfgang (Hrsg.), Hoppe, Joachim und Sascha Brinkmann: Feindkontakt – Gefechtsberichte aus Afghanistan, Hamburg 2013

Schulz von Thun, Friedemann (Hrsg.) und Dagmar Kumbier: Interkulturelle Kommunikation: Methoden, Modelle, Beispiele. 6. Auflage, Hamburg 2011

Skopnick, Claudia: Fehler Sechsdreizehn, Koblenz 09.02.15. Quelle: http://www.sanitaetsdienst-bundeswehr.de/portal/a/sanitaetsdienst/!ut/p/c4/NYtBC4JAEEb_0cx6KLRb4qHoJkHZbVoXHdBZGSeD6Me3e-h78C6PDx-YENp4IOMoNOEdO8-H5xs-KwmsQTf2AYT8qOxHw1t-9AF8lGDZFsQ4eVCyqLBEtSmXl2oqwD12rmhqV7r_im91vZz2u7Iqm3Pd4jLPxx81Xoql/ (Stand 15.04.2015)

Seifert, Anja, Langer, C. und Carsten Pietsch (Hrsg.): Der Einsatz der Bundesehr in Afghanistan; Schriftenreihe des Sozialwissenschaftlichen Institutes der Bundeswehr, Band 11, Wiesbaden 2012

Seiffert, Anja und Julius Heß: Afghanistanrückkehrer – Der Einsatz, die Liebe, der Dienst und die Familie: Ausgewählte Ergebnisse der sozialwissenschaftlichen Langzeitbegleitung des 22. Kontingents ISAF. (Hrsg.): Zentrum für Militärgeschichte und Sozialwissenschaften der Bundeswehr, Potsdam, Forschungsbericht Juni 2013, veröffentlicht im Juli 2014

Sportmedizinisches Institut der Bundesweh in Warendorf: Sport als Medizin, 26.10.2012,Quelle:http://www.sanitaetsdienst-bundeswehr.de/portal/a/sanitaets

dienst/!ut/p/c4/NYqxDsIwDAX_KE6BIWKjVJVYWaDd3NaqLLVO5TogIT6eZOCddMs96CEj-OIZjaPgAk_oRj4Pb_fZUVyigTTJDo9ynMiNUciKjcQ4e1a0qG6LakspSTUXxxN0vmpqH_x_1Tf0bXs9nsKhudV32Nb18gMUw84a (Stand 12.01.2015)

Statista – Das Statistik Portal: Anzahl gefallener oder verunglückter Soldaten von westlichen Staaten, die an der Operation Enduring Freedom in Afghanistan beteiligt waren, von 2001 bis 2014, Quelle: http://de.statista.com/statistik/daten/studie/2006/umfrage/gefallene-oder-verunglueckte-soldaten-der-westlichen-koalition-in-afghanistan (Stand 19.03.2015)

Strohmeier, Gerd: Bericht zur Mitgliederbefragung des Deutschen Bundeswehrverbandes. Passau, 26.04.2007

Struck, Peter: Pressekonferenz zur Weiterentwicklung der Bundeswehr. Berlin, 05.12.2002, Quelle: http://www.bmvg.de/portal/a/bmvg/!ut/p/c4/NY3BCsIwEET_KGkOFetNUUEPetR6KWmypItNUjabevHjTYXOwBzmDYx8yeKgZ3SaMQY9yqdsDe76j-j97ITHgImBMHvhIJkBzcDQ_dkMxIAWXQ4urcMuAXKnmroWliYoTWLK5i0fy5MFYWIAXpIhMJZ0pDmSmCLxuJBMVIhAK9tKHQ-Vqlap72bbXk9NqS63811O3u9_-L2Ycw!!/ (Stand 26.08.2014)

Timmermann-Levanas, Andreas und Andrea Richter: Die reden Wir sterben – Wie unsere Soldaten zu Opfern der deutschen Politik werden, Frankfurt/Main 2010

Tomforde, Maren: Interkulturelle Kompetenz im Auslandseinsatz, in: Chiari, Bernhard und Agilof Keßelring (Hrsg. im Auftrag des militärgeschichtlichen Forschungsamtes): Wegweiser zur Geschichte – Auslandseinsätze der Bundeswehr, Paderborn 2010

Tomiak, Kerstin: Drachenwind. Mein Jahr in Afghanistan, München 2009

Uhlmann, Ludwig W.: Das Undenkbare Denken, in: Arbeitsberichte Psychologischer Dienst der Bundeswehr Nr. 2/00 vom Mai 2000, S. 21–37

Ulrich, Uwe: Interkulturelle Kompetenz in der Bundeswehr. In Hans-Christian Beck und Christian Singer(Hrsg.): Entscheiden, führen, verantworten: Soldatsein im 21. Jahrhundert, Berlin 2011

Ulrich, Uwe: Interkulturelle Kompetenz in der Bundeswehr – Einführung für Multiplikatoren. Zentrum Innere Führung, Zentrale Koordinierungsstelle Interkulturelle Kompetenz, Arbeitspapier 3/2011, Koblenz 2011

Ulrich, Uwe: Interkulturelle Kompetenz in der Bundeswehr – Entwurf einer funktionalen Analyse, in: Uwe Hartmann und Claus von Rosen (Hrsg.): Jahrbuch Innere Führung 2013 – Wissenschaften und ihre Relevanz für die Bundeswehr als Armee im Einsatz. Berlin 2013. S. 250–265

Vereinte Nationen – A/Res/217 A (III): Menschrechtscharta, New York, 10. 12.1948

Volkery, Carsten: Maggie Thatcher und die Wiedervereinigung »Die Deutschen sind wieder da!«, in: *Spiegel Online*, 10.09.2009 (Stand 17.05.2015)

von der Leyen, Ursula: Interview der Bundesministerin der Verteidigung mit der Redaktion Bundeswehr, Berlin, 27.02.2015, Quelle: www.bundeswehr.de – Startseite – Ministerium – Die Ministerin – Reden und Interviews: Ursula von der Leyen: »Gutes überschüssiges Material wird nicht mehr verschrottet« (Stand 08.04.2015)

Walhalla Fachredaktion: Vorsorge-Handbuch Auslandseinsatz, Regensburg 2012

Wendl, Peter: Soldat im Einsatz – Partnerschaft im Einsatz, 3. Auflage, Freiburg 2011

Wendl, Peter: Gelingende Fernbeziehungen, 6. erweiterte Auflage, Freiburg 2013

WAZ: Tagebuch eines Deutschen in Afghanistan, 25.10.2010, Quelle: http://www.derwesten.de/nachrichten/tagebuch-eines-deutschen-in-afghanistan-id3869265.html#plx643502949 (Stand 12.04.2015)

WAZ: US-Task Force-Leute sind ein Killerkommando, 01.11.2010, Quelle: http://www.derwesten.de/politik/us-task-force-leute-sind-ein-killerkommando-id3891661.html#plx825156786 (Stand 12.04.2015)

WAZ: Soldat klagt über absurde Vorschriften, 26.10.2010, Quelle: http://www.derwesten.de/politik/soldat-klagt-ueber-absurde-vorschriften-id3872697.html#plx1858736788 (Stand 12.04.2015)

WAZ: Lieber drei tote Soldaten als ein toter Zivilist, 27.10.2010, Quelle: http://www.derwesten.de/nachrichten/lieber-drei-tote-soldaten-als-ein-toter-zivilist-id3876426.html#plx764565238 (Stand 12.04.2015)

WAZ: Soldat hat Angst dass es ihn als Nächsten trifft, 28.10.2010, Quelle: http://www.derwesten.de/nachrichten/soldat-hat-angst-dass-es-ihn-als-naechsten-trifft-id38880825.html (Stand 28.10.2010, im Internet nicht mehr aufrufbar)

WAZ: Die Taliban sitzen uns direkt im Nacken, 29.10.2010, Quelle: http://www.derwesten.de/nachrichten/die-taliban-sitzen-uns-direkt-im-nacken-id3884003.html#plx1677689842 (Stand 12.04.2015)

WAZ: Plötzlich stand die Patrouille mitten im Minenfeld, 01.11.2010, Quelle: http://www.derwesten.de/politik/ploetzlich-stand-die-patrouille-mitten-im-minenfeld-id3891146.html#plx187645510 (Stand 12.04.2015)

WAZ: Das Leben nach dem Afghanistan-Einsatz, 02.11.2010, Quelle: http://www.derwesten.de/nachrichten/das-leben-nach-dem-afghanistan-einsatz-id3897417.html#plx1978039991 (Stand 12.04.2015)

Winkel, Wolfgang: Bundeswehr braucht archaische Kämpfer. in: *Welt am Sonntag*, 29.02.2004, Quelle: http://www.welt.de/print-wams/article107173/Bundeswehr-braucht-archaische-Kaempfer.html (Stand 10.4.2015)

Wittmann, Klaus: Für den Erhalt der allgemeinen Wehrpflicht, in: Deutscher Bundeswehrverband, Heft 2/2010. Quelle: https://www.dbwv.de/C12574E8003E04C8/Print/W2824HUC816DBWNDE (Stand 03.06.2015)

Wohlgetan, Achim: Endstation Kabul, Berlin 2008

Zajček, Johanna: Unter Soldatinnen. Ein Frontbericht, München 2010

Zeit Online: Merkel sollte den Konflikt endlich zur eigenen Sache machen. Quelle: www.Zeit.de/politik/ausland/2010-05/struck-afghanistan-sicherheit (Stand 26.08.2014)

Zentralinstitut für Ehe und Familie in der Gesellschaft (ZFG) der Kath. Universität Eichstätt-Ingolstadt (Hrsg) in Zusammenarbeit mit dem Katholischen Militärbischofsamt: Zusammen schaffen wir das! Informationen und Hilfen für Eltern, Kitas und Schulen rund um Auslandseinsatz und Wochenendbeziehung, Eichstätt 2015.

Zentrum für Psychiatrie und Psychotraumatologie/Psychotraumazentrum, Quelle: http://www.bundeswehrkrankenhaus-berlin.de/portal/a/berlin/!ut/p/c4/DcLBDYAgDADAWVyA_v25hfohhRBogEKgSGR6zR3c8GN8yKNQYUxwwmVpN1OtjqzNjNq4loiVI25kgwz2KpZcnTheqvbXhiINR0ao8dg-mVtsow!! (Stand 12.04.2015)

Zentrum Innere Führung: Karl, der Bärenreporter im Einsatz, Koblenz 2008

Zentrum Innere Führung: Auseinandersetzung mit Verwundung, Tod und Trauer im Einsatz, Arbeitspapier 1/2010, Koblenz 2010

Zirker, Hans (Übersetzer): Koran, Darmstadt 2003

Daniel Kaptain

Das Infanteriespezifische Training (IST)

Ein innovatives Trainingsprogramm
im Bereich Military Fitness

2015, 311 Seiten
Hardcover
39,95 € [D] / 41,10 € [A]
ISBN 978-3-8288-3485-9

Die körperlichen Belastungen von Fallschirmjägern der Bundeswehr sind höher denn je. Um diesen besonderen Herausforderungen an die spezialisierten Infanteristen zu begegnen, hat Daniel Kaptain in Zusammenarbeit mit der Luftlandeschule der Bundeswehr ein spezielles Training entwickelt: Das IST (Infanteriespezifisches Training) umfasst Elemente des Athletik-, Kraft- und Konditionstrainings, benötigt keine Trainingsmaschinen und ist an die Anforderungen des modernen Infanteristen angepasst. Die probeweise Implementation in die militärische Ausbildung zeigt große Erfolge: Sowohl Testergebnisse als auch die persönliche Rückmeldung von Ausbildern und Soldaten sprechen für ein innovatives, produktives Konzept.

Kaptain präsentiert die Hintergründe, den Aufbau und die detaillierten Inhalte des Programms bis hin zu den Ergebnissen und deren Bewertung. Damit gibt er Ausbildern und Soldaten einen Leitfaden zur Umsetzung des Trainings an die Hand und zeigt, wie eine Kombination aus funktionellem Krafttraining und einem intensiven Ausdauerprogramm in nachhaltig positiven Effekten resultieren kann.

Daniel Kaptain, Reserve-Offizier, arbeitet seit vielen Jahren als Trainer und ist neben seiner Dozententätigkeit (DHfPG – Deutsche Hochschule für Prävention und Gesundheitsmanagement) als Berater für betriebliches Gesundheitsmanagement für diverse Firmen, Verbände und Institutionen tätig.